曾智明"曾子学术基金"科研成果。

山东大学曾子研究所科研成果。

山东大学儒学高等研究院科研成果。

曾子研究院科研成果。

论语解诂

曾振宇 校注

上海三联书店

目　　录

例言 ･･･ 1

卷一　学而第一　凡十六章 ･･････････････････････････ 1

卷二　为政第二　凡二十四章 ･･･････････････････････ 13

卷三　八佾第三　凡二十六章 ･･･････････････････････ 27

卷四　里仁第四　凡二十六章 ･･･････････････････････ 40

卷五　公冶长第五　凡二十八章 ･･･････････････････ 51

卷六　雍也第六　凡三十章 ･･････････････････････････ 67

卷七　述而第七　凡三十八章 ･･･････････････････････ 82

卷八　泰伯第八　凡二十一章 ･･････････････････････ 101

卷九　子罕第九　凡三十一章 ･･････････････････････ 113

卷十　乡党第十　凡二十七章 ･･････････････････････ 130

卷十一　先进第十一　凡二十六章 ･･･････････････ 147

卷十二　颜渊第十二　凡二十四章 ･･･････････････ 167

卷十三　子路第十三　凡三十章 ･･･････････････････ 182

卷十四　宪问第十四　凡四十四章 ･･･････････････ 199

卷十五　卫灵公第十五　凡四十二章 ･･････････ 222

卷十六　季氏第十六　凡十四章 ･･･････････････････ 240

卷十七　阳货第十七　凡二十六章 ･･･････････････ 251

卷十八　微子第十八　凡十一章 ･･･････････････････ 269

卷十九　子张第十九　凡二十五章 ･･･････････････ 278

卷二十　尧曰第二十　凡三章 ･･････････････････････ 292

例　言

一、本书以宋代朱熹《论语集注》（中华书局，1983 年版）为底本（简称今本），对《论语》进行校勘和译注。

二、本书校勘所用主要版本为：

1. 朱熹《论语集注》，据覆宋淳祐十二年大字本四书。简称覆宋淳祐本。

2.《宋刊论语》，据 2008 年福建人民出版社据宋刘氏天香书院刻本影印。简称宋闽刊本。

3.《论语注疏解经》十四卷，据 1980 年中华书局影印清阮元校刻《十三经注疏附校勘记》。简称阮刻本。

4. 皇侃《论语义疏》，据日本龙谷大学图书馆藏本。简称皇本。

5. 日本正平十九年刊《论语集解》（魏何晏注，宋邢昺疏），据日本大阪府立中之岛图书馆藏本。简称正平本。

6. 汉石经《论语》，据 1985 年中华书局影印洪适《隶释》。简称汉石经本。

7.《定州汉墓竹简　论语》，据 1997 年文物出版社出版，河北省文物研究所、定州汉墓竹简整理小组校录本。简称定州竹简本。

8. 唐开成石经本《论语集解》（魏何晏注，宋邢昺疏），据 1997 年影印皕忍堂本《景刊唐开成石经》。简称唐石经本。

9. 唐敦煌写本《论语集解》（魏何晏注，宋邢昺疏），据

1998 年江苏古籍出版社出版李方校录《敦煌〈论语集解〉校正》。简称唐写本,其中编号属伯希和者简称敦伯×××号,编号属斯坦因者简称敦斯×××号。

10. 新疆吐鲁番文书之唐写本《论语郑氏注》,据 1991 年文物出版社出版王素《唐写本论语郑氏注及其研究》。简称唐写郑注本,其中属阿斯塔纳古墓群所出简称土阿第×××墓。

11. 日本三十郎盛政传钞《论语集解》,简称三十郎盛政本。

12. 陆德明《经典释文》,据 1985 年上海古籍出版社影印宋刻本。简称释文。

13. 戴望《戴氏注论语》,据续修四库全书本。简称戴氏本。

三、本书注释所参用历代名家之注疏,主要包括:

1. 何晏《论语集解》,据 1999 年北京大学出版社出版。简称何晏集解。

2. 皇侃《论语义疏》,据日本龙谷大学图书馆藏本。简称皇侃义疏。

3. 陆德明《经典释文》,据 1985 年上海古籍出版社影印宋刻本。简称释文。

4. 韩愈、李翱《论语笔解》,四库全书本。简称韩李笔解。

5. 邢昺《论语注疏》,据 1999 年北京大学出版社出版。简称邢昺注疏。

6. 王夫之《四书稗疏》、《四书笺解》,据《船山全书》。简称王氏稗疏、王氏笺解。

7. 刘宝楠《论语正义》,据 1990 年中华书局十三经清人注疏本。简称刘氏正义。

8. 黄式三《论语后案》,据道光甲辰本。简称黄氏后案。

9. 戴望《戴氏注论语》，据续修四库全书本。简称戴氏注。

10. 康有为《论语注》，据 1984 年中华书局点校本。简称康氏注。

11. 程树德《论语集释》，据诸子集成本。简称程氏集释。

12. 杨树达《论语疏证》，1986 年上海古籍出版社出版。简称杨氏疏证。

四、历代为《论语》作注的学者比较多，根据朱彝尊《经义考》，从汉代到清代大约近 400 家。本书对原文的校勘与注释，反复比照，择善而从。凡对宋代朱熹《论语集注》本有所改易者，尽量在注释中一一说明。

五、宋代朱熹《论语集注》是宋学代表性成果，校勘、训诂较为精审，影响深远。为兼顾社会各阶层人士阅读之需要，本书的注释侧重于难解字词、历史人物与事件、典章制度、历史地名等内容。对个别难读之句子加以审讲，"译文"据改正后的原文译出。

六、注释力求深入浅出、通俗易懂，凡训诂等方面涉及各家意见分歧之处，或择善而从，或出于己识。

七、原文通假字一般不改；对生僻字词，加注汉语拼音。

八、本编《论语》原文之断句、标点，与前人亦有异同。

卷一　学而①第一　凡十六章

1.1　子②曰："学③而时④习⑤之,不亦说⑥乎? 有朋⑦自

---

①　学而:篇名。《论语》作为书名在传世文献中最早出现于《礼记·坊记》:"君子驰其亲之过而敬其美。《论语》曰:'三年无改于父之道,可谓孝矣。'"根据安大简《仲尼曰》整理者的研究,《仲尼曰》已出现"论语"两字。先秦时期的作品往往以单篇行世,起初并无篇名,结集成书之后,编辑者取每篇首章首句的前两三字("子曰"二字除外)为篇名,《八佾》篇有所变通。

②　子:古代对男子的尊称。马融曰:"子者男子之通称,谓孔子也。"《论语》中的"子"专指孔子,是孔子弟子对孔子的尊称。《阳货》等篇章出现"孔子曰",当是汉代学人传抄所致。定州竹简本皆是"子曰",从未出现"孔子曰"。安大简《仲尼曰》皆是"仲尼曰",《颜氏家训·风操》认为"孔子弟子记事者,皆称仲尼。"罗焌《诸子释名》言:"子又为称所尊敬之词,故古者门弟子称其师曰子,亦曰夫子,或表其氏曰某子,或加子于氏上曰子某子。"《论语》中除孔子外,曾子、有子、闵子和冉子也称"子",《论语》的编纂成书与这四位弟子有密切关系。

③　学:知识之学、修身之学。朱子《集注》:"学之为言效也。人性皆善,而觉有先后,后觉者必效先觉之所为,乃可以明善而复其初也。"朱熹认为"学"也有效仿之意,效仿前贤今哲嘉言懿行以成就自己。

④　时:适当、适宜之时。《礼记·学记》:"大学之法,禁于未发之谓豫,当其可之谓时,不陵节而施之谓孙,相观而善之曰摩。"王肃注曰:"时者,学者以时诵习之。诵习以时,学无废业,所以为悦怿。"朱子《集注》解释为"时时",杨伯峻《论语译注》批评朱熹释"时"为"时常""是用后代的词义解释古书"。

⑤　习:温习、实习。《说文解字》:"习,数飞也。""習"在古文字像小鸟展开双翅练习飞翔之形。朱子《集注》引程子语:"习,重习也。时复思绎,浃洽于中,则说也。"朱熹又云:"学者,将以行之也。时习之,则所学者在我,故说。"

⑥　说:皇本、正平本、敦伯 3139 号写本作"悦"。皇本除《先进》篇外,凡"说"皆作"悦"。三十郎盛政本写作"说"。段玉裁《说文解字注》释"说":"说,释也。说释即悦怿,说悦释怿皆古今字,许书无悦怿二字也。说释者,开解之意,故为喜悦。"

⑦　有:有、友古通用。《荀子·大略篇》:"友者,所以相有也。"在甲骨文中,友,写作𠂇,从二又(手)。童书业认为"友"之含义变化比较大,"朋友古义为族人",郑玄云:"善父母为善兄弟为友。"之后逐渐演变为志同道合者为友。土阿 169 号墓 83 号文书、戴氏本作"友"。《白虎通·辟雍篇》:"师弟子之道有三。《论语》'朋友自远方来',朋友之道也。"朱子《集注》云:"朋,同类也"。戴氏注:"友朋,弟子也。弟子于师尊可同父,师于弟子视若友朋。"《论语》全书"友"出现 27 次,"朋"9次,"朋友"8次。

远方来①,不亦乐乎？ 人不知②而不愠③,不亦君子④乎⑤?"

【译文】

孔子说:"学习知识,又在适当的时候付诸实行,不也很喜悦吗？有志同道合的友人从远方来相聚论道,不也很快乐吗？即使不被人了解也不心生怨恨,这岂不是君子之风吗？"

1.2　有子⑥曰:"其为人也孝弟⑦,而好犯上⑧者,鲜⑨矣;不好犯上,而好作乱⑩者,未之有⑪也。君子务本⑫,本立而道生⑬。

---

① 自远方来:鲁国在阳虎乱政期间,"故孔子不仕,退而修诗书礼乐,弟子弥众,至自远方,莫不受业焉。"朱子《集注》云:"自远方来,则近者可知。"

② 知:知道、了解。汉石经本作"人不知也而不愠。""知"下有"也"字。

③ 愠(yùn):愤怒、怨恨。皇侃《义疏》:"古之学者为己。已得先王之道,含章内映,他人不见知而我不怒也。"

④ 君子:"君"的本字为"尹","尹"的本义是手执权杖。甲骨文"君"写作𝖆,由𝖆和𝖁组成,𝖆代表手执权杖,𝖁是命令。金文"君"字,将甲骨文字𝖆连写成𝖆,写成𝖆。篆文𝖆赓续金文字形,手执权杖的形状不明显。《论语》中的"君子"有时指"有德者",有时指"在位者"。皇侃《义疏》:"君子,有德之称也。"此句中指"有德者",即指道德高尚之人。

⑤ 乎:助词,表疑问。

⑥ 有子:孔子弟子,小孔子四十三岁,姓有,名若。有子相貌有点像孔子,《史记·仲尼弟子列传》:"孔子既没,弟子思慕,有若状似孔子,弟子相与共立为师,师之如夫子时也。"

⑦ 孝弟:宋闽刊本、皇本、正平本、敦伯 3193、2618 号写本等均作"孝悌"。弟,𝖆,如韦束之次弟(第),束物之皮革谓之书,辗转环绕,必有先后次第,次第先后之义由此而生。其后"弟"引申为兄弟之弟,此时弟已有顺序、顺从道德含义,所以古人把善事兄长称为"弟",又作悌。

⑧ 好(hào):喜好。犯上:冒犯长辈。

⑨ 鲜(xiǎn):仙善切,稀少。

⑩ 作乱:做悖逆、争斗之事。

⑪ 未之有:倒装句,是"未有之"的倒装形式。古代汉语的否定句中,若宾语为指示代词,则宾语一般置于动词前。

⑫ 务:致力于。本:草木之根,引申为基础、根基。

⑬ 道:原义为道路,在此指孔子以仁为核心的思想体系以及实现仁德境界的路径。

孝弟也者,其为仁①之本与②!"

【译文】

有子说:"为人孝顺父母、敬爱兄长,却时常冒犯尊长,这种人非常罕见;平素不冒犯尊长而会悖逆作乱,这种人从来没有听说过。君子专心致力于培植根本,根本确立了,人世间就变成有道的世界。孝顺父母、敬爱兄长就是践行仁道的起始。"

1.3 子曰:"巧言令色③,鲜矣仁④!"

【译文】

孔子说:"花言巧语、表情伪善的人,仁德微乎其微。"

---

① 正平本、足利本无"为"字。仁:古书仁、人通用,《后汉书·延笃传》、徐坚《初学记》《太平御览·人事》、敦伯 2618 号写本皆作"人"。刘宝楠《论语正义》说:"仁、人,当出齐、古、鲁异文。"程明道认为:"经传中'仁'、'人'二字互用者多,'仁'特为'人'之借字,不止此一事也。"又言:"行仁自孝弟始,孝弟是仁之一事,谓之行仁之本则可,谓是仁之本则不可。"朱子赞同程子之说,将"为仁"解作"行仁":"仁者,爱之理,心之德也。为仁,犹曰行仁。与者,疑辞,谦退不敢质言也。言君子凡事专用力于根本,根本既立,则其道自生。若上文所谓孝弟,乃是为仁之本,学者务此,则仁道自此而生也。""程子曰:'孝弟,顺德也,故不好犯上,岂复有逆理乱常之事。德有本,本立则其道充大。孝弟行于家,而后仁爱及于物,所谓亲亲而仁民也。故为仁以孝弟为本。论性,则以仁为孝弟之本。'或问:'孝弟为仁之本,此是由孝弟可以至仁否?'曰:'非也。谓行仁自孝弟始,孝弟是仁之一事。谓之行仁之本则可,谓是仁之本则不可。盖仁是性也,孝弟是用也,性中只有个仁、义、礼、智四者而已,曷尝有孝弟来。然仁主于爱,爱莫大于爱亲,故曰孝弟也者,其为仁之本与!'"王阳明对程朱这一观点也深表赞同,并且一再申明"其说是矣"。
② 与:同"欤",表疑问、感叹,"与"、"欤"古今字。
③ 巧言:巧饰而中听的话;令色:伪装面容和悦的样子。《大戴礼记·曾子立事》:"巧言令色,难于仁矣。"朱子《集注》:"巧,好。令,善也。好其言,善其色,致饰其外,务以说人,则人欲肆而本心之德亡矣。圣人辞不迫切,专言鲜则绝无可知,学者所当深戒也。"
④ 鲜矣仁:皇本作"鲜矣有仁",何晏《集解》引包咸:"少能有仁也。"阮元《校勘记》也认为当作"鲜矣有仁"。皇侃《义疏》:"此人本无善言美色,而虚假为之,则少有仁者也。"

1.4 曾子①曰:"吾日三省②吾身:为人谋③而不忠④乎？与朋友交而不信⑤乎？传⑥不习⑦乎？"

【译文】

曾子说:"我每天多次反思自己的言行:为人谋划事情是否做到了尽心尽力？与朋友交往是否做到了诚信？我所传授的学业,自己是否身体力行了？"

1.5 子曰:"道⑧千乘之国⑨:敬事⑩而信,节用⑪而爱人⑫,使⑬民⑭以时⑮。"

---

① 曾子:公元前505—435,名参(shēn),字子舆,南武城人,孔子晚年弟子,小孔子四十六岁。

② 三:息暂反,虚指,表示多次。古人常以三、九表示多的意思。《史记·律书》:"数始作于一,终于十,成于三。"省(xǐng):反省、省察。

③ 谋:计划、策划。

④ 忠:朱子《集注》:"尽己之谓忠"。

⑤ 皇本、正平本天文作"与朋友交言而有信"。信:朱子《集注》:"以实之谓信"。信与忠有别,信偏重于言行,忠偏重于心诚。

⑥ 传(chuán):何晏《集解》:"言凡所传之事,得无素不讲习而传之？"

⑦ 习:朱子《集注》:"谓熟之于己"。

⑧ 道:皇本、正平本、天文本、敦伯2618号写本作"导"。同"导",音dǎo,治理、管理。《说文》:"导,引也。"

⑨ 乘(shèng):量词,辆。古者井田,方里为井,十里为乘。古代军制,每乘有四匹马拉的兵车一辆,甲士三人,步卒七十二人,另有勤务兵二十五人,共百人。千乘之国,即能出动千辆兵车的国家,在当时属于比较强大的诸侯国。春秋时期,战事频繁,常用用兵车多寡衡量国家之强弱。

⑩ 敬:宋石经作"钦",敬与钦意思相仿,避宋翼祖赵敬(宋太祖赵匡胤之祖)之讳。敬事,以敬畏之心处理政事。

⑪ 节用:节省费用。戴氏注:"节用,若赋式之敛驰,均节用之以礼也。"

⑫ 爱人:人类普遍之爱。

⑬ 使:动词,役使、差遣。

⑭ 民:社会下层民众。敦煌皇本作"人",避唐太宗李世民名讳。

⑮ 时:农时,与《孟子》"不违农时"相近。又《尚书·尧典》:"敬授人时"。

【译文】

孔子说:"治理一个拥有千乘兵车的国家,应当以敬和信作为治国原则。节俭廉朴,爱护平民大众利益。役使人民有度,不可荒废农时。"

1.6　子曰:"弟子①入则孝,出则弟②,谨③而信,泛爱众④,而亲仁⑤。行⑥有余力⑦,则以学文⑧。"

【译文】

孔子说:"后生子弟,在家孝顺父母,出外敬重尊长。敏行讷言,为人诚信。博爱众生,亲近仁者。践行了这些德行之外,还要用心读书。"

1.7　子夏⑨曰:"贤贤⑩易色⑪,事父母能竭其力⑫,事君

---

①　弟子:"弟子"有两种含义:一是指年龄幼小者;二是指受业的门人。

②　入、出,《论语·子罕》篇:"出则事公卿,入则事父兄。"弟:皇本、正平本、敦伯2668、3193、3162号写本皆作"悌"。

③　谨:《说文》:"慎也,从言。"说话谨慎小心。

④　泛爱众:博爱众生。

⑤　亲仁:亲近有仁德之人。敦煌皇本作"而亲人",《大戴礼记·曾子立事》:"亲人必有方。"朱子《集注》云:"亲,近也。仁,谓仁者。"

⑥　行:从事、做。

⑦　余力:闲暇时间。

⑧　文:泛指文献。荀悦《汉纪》引此句作"行有余力,则可以学文。"朱子《集注》云:"文,谓诗书六艺之文。"这里指《诗》、《书》、《礼》、《乐》、《易》、《春秋》等六经。

⑨　子夏:孔子弟子,姓卜,名商,字子夏,小孔子四十四岁。

⑩　贤贤:以贤能之人为榜样。第一个"贤"字,形容词作动词,以……为贤;第二个"贤"字为名词,指贤能之人。贤贤的用法,类似亲亲、长长、贵贵。

⑪　易色:端正自己的仪表容态。易:变易、改正,色:仪表容态、言行举止。《论语·泰伯》篇云:"正颜色,斯近信矣。"郭店楚简《五行》云:"智之思也长,长则得,得则不忘,不忘则明,明则见贤人。见贤人则玉色,玉色则形,形则智。"皇侃《义疏》云:"凡人之情,莫不好色,而不好贤。今若有人能改易好色之心以好于贤,则此人便是贤于贤者,故云'贤贤易色'也。然云贤于贤者,亦是奖励之辞也。又一通云:上'贤'字,尤尊重也。下'贤'字,谓贤人也。言若欲尊重此贤人,则当改易其平常之色,更起庄敬之容也。"王国维《殷周制度论》认为"易色"指男女有别,可作一解。

⑫　竭:尽,用尽。

能致其身①,与朋友交,言而有信②。虽曰未学,吾必谓之学矣③。"

【译文】

子夏说:"敬重有贤德之人,鄙视巧言令色之人,端正自身仪态容貌;侍奉父母,能尽心尽力;在朝廷任职,能竭尽心力;与朋友相交,言而有信。这样的人,纵然他说自己未曾学过礼,也可以说他已经懂礼了。"

1.8 子曰:"君子不重④则不威⑤,学则不固⑥。主忠信⑦,无⑧友⑨不如己者。过⑩则勿惮⑪改。"

---

① 致其身:献出他的生命。致:奉献、给予。孔安国云:"尽忠节,不爱其身也。"

② 言而有信:皇侃《义疏》:"入则事亲,出则事君,而与朋友交接,义主不欺,故云必'有信'也。"

③ 皇侃《义疏》:"假令不学,而生知如前,则吾亦谓之学也。此劝人学故也。"朱子《集注》云:"四者皆人伦之大者,而行之必尽其诚,学求如是而已。故子夏言有能如是之人,苟非生质之美,必其务学之至。虽或以为未尝为学,我必谓之已学也。"虽:即使、纵然。

④ 重:庄重。皇侃《义疏》:"重为轻根,静为躁本,君子之体,不可轻薄也。"

⑤ 威:威严、尊严。《法言·修身》:"或问:'何如斯谓之人?'曰:'取四重,去四轻。'曰:'何谓四重?'曰:'重言,重行,重貌,重好。言重则有法,行重则有德,貌重则有威,好重则有观。'"

⑥ 固:固蔽、闭塞不通。孔安国云:"固,蔽也。"

⑦ 主忠信:以忠信为心之主宰。忠是对自己的道德要求,信是对待他人的道德态度。《论语》虽然出现"诚"字,但不是名词,诚的内涵借忠信表达出来。主:名词作动词,以……为主,用法与下文"友"字同。《广雅·释诂》:"主,守也。"皇侃《义疏》:"言君子既须威重,又忠信为心,百行之主也。"俞樾《群经平议》云:"'主'与'友'对。"郑玄注曰:"主,亲也。"

⑧ 无:通"毋",禁止。汉石经所有"无"皆写作"毋",宋闽刊本也作"毋"。释文又言:"'毋'音'无',本亦作'无'。"

⑨ 友:名词作动词,以……为朋友,结交朋友。皇侃《义疏》:"又明凡结交取友,必令胜己。胜己,则己有日所益之义。不得友不如己,友不如己,则己有日损。"朱子《集注》云:"无、毋通,禁止辞也。友所以辅仁,不如己,则无益而有损。"

⑩ 过:过错、过失。

⑪ 惮(dàn):害怕。皇侃《义疏》:"惮,难也。友主切磋,若有过失者,当更相谏诤,莫难改也。"

【译文】

孔子说:"君子言行不庄重就不可能在社会获得威信,知识多了就不会固执己见。以忠信作为自己为人行事的法宝。不要与品德不如自己的人为友。自己有过错不要畏惧改正。"

1.9 曾子曰:"慎终①,追远②,民③德归厚④矣。"

【译文】

曾子说:"依照丧葬之礼慎重料理父母丧事,每年以时恭敬地追念与祭祀远祖,天下大众的德行就会日益趋向敦厚朴实。"

1.10 子禽⑤问于子贡⑥曰:"夫子⑦至于是邦⑧也,必闻其政⑨,求之与? 抑与之与⑩?"子贡曰:"夫子温、良、恭、俭、让

---

① 慎终:按照礼仪慎重办理父母尊长丧葬之礼。《尔雅·释诂》:"慎,诚也。"邢昺《注疏》云:"慎终者,终谓父母之丧也。以死者人之终,故谓之终。执亲之丧礼,须谨慎尽其哀也。"

② 追远:永不忘记祭祀祖先。《礼记·坊记》:"修宗庙,敬祭祀,教民追孝也。"邢昺《注疏》云:"追远者,远谓亲终既葬,日月已远也。孝子感时念亲,追而祭之,尽其敬也。"

③ 民:敦煌本作"人"。

④ 归:趋于、趋向。厚:淳厚、敦厚。皇侃《义疏》:"上之化下,如风靡草。君上能行慎终追远之事,则民下之德日归于厚矣。"

⑤ 子禽:姓陈,名亢,字子禽。

⑥ 子贡:孔子弟子,小孔子三十一岁,姓端木,名赐,字子贡。汉石经本"贡"均作"赣",定州竹简本"贡"字均做"贛"。《说文》:"贡,献功也。""赣,赐也。"段玉裁注云:"端木赐字子赣,凡作子贡者,亦皆后人所改。"贡、贛皆为"赣"字之省。

⑦ 夫子:春秋以降,凡当过大夫的人皆可称作夫子,以表敬称。孔子曾任大司寇,所以弟子称其为"夫子",后来逐渐演变为弟子对老师的尊称。在《论语》中,弟子当着孔子的面称其为"子",与别人提及孔子则称"夫子"。孟子弟子则当面背面皆称孟子"夫子"。

⑧ 是:此、这个。邦:诸侯国。

⑨ 闻:知晓、听闻。政:政事、治理国家的事务。

⑩ 抑:选择连词,或者、还是。汉石经本"抑与"作"意予"。皇侃《义疏》:"怪孔子每所至之国,必早逆闻其国之风政也,故问。"

以得之①。夫子之求之也②,其诸③异乎人之求之与④?"

【译文】

子禽问子贡:"孔夫子每到一个国家,就能了解这个国家的实情。这是他央求别人告诉他的呢,还是别人主动告诉他的?"子贡回答说:"夫子凭借他温和、善良、恭敬、俭朴、谦逊的品德而获取这些消息。夫子求取的方法,大概与其他人有所不同吧?"

1.11 子曰:"父在⑤,观其志⑥;父没⑦,观其行;三年⑧无改于父之道⑨,可谓孝矣。"

【译文】

孔子说:"父亲在世的时候,观察他的志趣;父亲去世后,观察他的行为。父亲尊长去世之后能够长期不违背父辈定下的行为准则,这样的人可以称作孝子。"

---

① 宋高宗石经本"让"作"逊",避讳之故,翟灏《论语考异》云:"按《八佾篇》'揖让而升'、《里仁篇》'能以礼让为国',《宋石经》'让'皆作'逊'。《先进篇》'其言不让','让'字但缺末笔。"温、良、恭、俭、让:皇侃《义疏》:"敦美润泽谓之温,行不犯物谓之良,和从不逆谓之恭,去奢从约谓之俭,推人后己谓之让。"

② 敦伯 2618、3193 号写本无"之也"二字,正平本作"夫子之求也"字,本句语义未完,不应有"也"字。

③ 其诸:疑问助词,或者、大概。

④ 皇本作"其诸异乎人之求之与也",敦伯 2618 号写本"与"作"欤"字。

⑤ 在:健在。

⑥ 其:与父相对的子,而不是父。志:志趣、心志。

⑦ 没(mò):同"殁",去世。

⑧ 三年:指守丧的三年时间。"三"时常泛指长期,"三年"也可理解为长期。

⑨ 道:社会普遍行为准则。"父之道"不可狭隘理解为父亲的教导,实指社会普遍遵循的价值观。皇侃《义疏》:"言人子父在,则己不得专行。应有善恶,但志之在心。在心而外必有趣向意气,故可观志也。父若已没,则子得专行无惮,故父没,则观此子所行之行也。"

1.12 有子曰："礼①之用，和为贵②。先王③之道，斯为美④，小大由之⑤。有所不行，知和而和，不以礼节之⑥，亦不可行也⑦。"

【译文】

有子说："礼的运用，贵在尚和。上古圣明之主创设的礼义，值得称赞的地方就在于以和为贵。从家到国，大小事情都应遵循这一中和准则。如果不知道变通，礼有窒碍不通之处，为了片面追求和而求斟酌得中，不懂得用礼加以调节，那也是错的。"

1.13 有子曰："信近于义⑧，言可复⑨也；恭近于礼，远⑩

---

① 礼：王国维根据甲骨文考释"礼"源于以器皿盛两串玉献祭神灵，后来兼指以酒献祭神灵，之后泛指一切祭祀神灵之事。皇侃《义疏》："用乐和民心，以礼检民迹。迹检心和，故风化乃美。"朱子《集注》："礼者，天理之节文，人事之仪则也。"

② 和：适中、恰到好处、斟酌得中。《说文解字》："和，相应也。从口禾声。"龠部"龢，调也。从龠禾声，读与咊同。"又解"龠，乐之竹管，三孔，以和众声也。""和"指声音相应和，"龢"指调和、和谐。两个字都有"和谐"之义。《尚书·康诰》："惟民其敕懋和。"《中庸》云："喜怒哀乐之未发谓之中，发而皆中节谓之和。"皇侃《义疏》："和即乐也，变乐言和，见乐功也。乐既言和，则礼宜云敬。但乐用在内为隐，故言其功也。"杨遇夫《论语疏证》云："事之中节者皆谓之和，不独喜怒哀乐之发一事也。《说文》云：'和，调也。''盉，调味也。'乐调谓之和，味调谓之盉，事之调适者谓之和，其义一也。和今言适合，言恰当，言恰到好处。"

③ 先王：上古圣明的君王。

④ 斯：指示代词，于此指"礼"。美：好、善。

⑤ 由：遵循、施用。

⑥ 节：节制、规约。

⑦ 亦不可行也：汉石经本无"可"字。马融曰："人知礼贵和，而每事从和，不以礼为节，亦不可行也。"俞樾《群经平议》："上云'有所不行'，此云'亦不行也'，两'不行'之义彼此贯地。'亦'者亦上文而言，上无'可'字，则此亦无'可'字，盖涉马注而衍。"

⑧ 信：《论语》"信"字凡见 38 次，除了两次作为副词使用之外，其余的"信"皆与诚信、信任有关。班固最早以"诚"释"信"："信者，诚也，专一不移也。"许慎《说文解字》也说："信，诚也。从人从言。会意。"皇侃《义疏》云："信，不欺也。"朱子《集注》云："信，约信也。"义：合宜。皇侃《义疏》云："义，合宜也。"

⑨ 复：履行、兑现。皇侃《义疏》云："复，犹验也。"朱子《集注》云："复，践言也"。

⑩ 远(yuàn)：动词，使动用法，使之远离。

耻辱也;因不失其亲①,亦可宗②也。"

【译文】

　　有子说:"许下的诺言如果符合义,所说的话就应该去履行;态度恭敬符合礼仪,就不会招致羞辱;凭借恭与信得以亲近可亲可敬之人,这种德行是值得称赞的。"

　　1.14　子曰:"君子③食无求饱④,居无求安,敏⑤于事而慎于言,就⑥有道⑦而正⑧焉,可谓好学也已⑨。"

【译文】

　　孔子说:"君子在饮食上不刻意追求饱足,在居住条件上不刻意追求安逸。恪尽职守,勤勉工作,说话谨慎有礼。喜欢向贤能之人请教,并进而不断提升自己的修养。这样的人可称之为好学之人。"

---

　　①　因:凭借、依靠,朱子《集注》:"因,犹依也。"程明道说:"因恭信而不失其所以亲近于礼义,故亦可宗。"朱子《集注》:"所依者不失其可亲之人,则亦可以宗而主之矣。"何晏引孔安国则云:"因,亲也。言所亲不失其亲,亦可宗敬。"也有人释"因"为"姻",《南史·王元规传》:"姻不失亲,古人所重。"倚靠、凭借。

　　②　宗:效法。皇本"宗"下有"敬"字。何晏《集解》引孔安国注:"因,亲也。言所亲不失其亲,亦可宗敬也。"

　　③　君子:《论语》中的"君子"有两种含义,一为在位之人,一为有德之人。郑玄说:"学者之志,有所不暇也。"

　　④　食无求饱:足利本以及《仪礼》贾公彦疏引《论语》此句皆作"学者食不求饱"。

　　⑤　敏:勤勉、敏捷。孔安国说:"敏,疾也。"

　　⑥　就:亲近。

　　⑦　有道:有德行的人。孔安国说:"有道,有道德者也。"

　　⑧　正:动词,匡正。孔安国说:"正,谓问事是非也。"皇侃《义疏》:"若学前言之行心有疑昧,则往就有道德之人决正之也。"

　　⑨　皇本、正平本"已"下有"矣"字,汉石经本作"可谓好学已矣",韩愈《论语笔解》引此文作"可谓好学也矣"。

1.15　子贡曰①："贫而无谄②,富而无骄③,何如④?"子曰："可也。未若贫而乐⑤,富而好礼者也。"子贡曰:"《诗》云:'如切如磋,如琢如磨。'⑥其斯之谓与⑦?"子曰:"赐⑧也,始可与言《诗》已矣! 告诸往而知来者⑨。"

【译文】

　　子贡问道:"如果一个人虽贫穷但不谄媚,一旦富有但不骄横跋扈,是否可以称许他懂礼?"孔子说:"可以。但是在境界上还比不上贫穷仍然乐于道、富有仍然喜好礼的人。"子贡说:"《诗》上说:'像切骨蹉象那样切蹉,像雕玉石那样雕琢,像打磨石头那样磨砺'这两句诗就是形容这样的君子吗?"孔子说:"赐呀,从现在开始我可以和你讨论《诗》了,因为告诉你一个道理,你能举一反三,推知其他的道理。"

---

　　① 皇本作"子贡问曰"。

　　② 谄(chǎn):谄媚、非分横求。正平本作"諂"。皇侃《义疏》:"乏财曰贫,非分横求曰谄也。乏财者好以非分横求也。"

　　③ 富而无骄:皇侃《义疏》:"积蓄财帛曰富,陵上慢下曰骄也。"

　　④ 何如:怎么样,表设问。

　　⑤ 皇本、正平本、唐石经本作"贫而乐道",与上文"贫而无谄,富而无骄"、下文"富而好礼"句法相对。《史记·仲尼弟子列传》引此句作"不如贫而乐道"。

　　⑥ 《诗》:即《诗经》,我国现存最早的诗歌总集,含风、雅、颂三部分,今存305首,汉武帝建元五年设五经博士,始称《诗经》。"如切如磋,如琢如磨。"语出《诗经·卫风·淇奥》,大意为:像切骨蹉象那样切蹉,像雕琢玉石那样琢,像打磨石头那样磨。子贡引这两句诗的意思,就是说学无止境,做学问和修身养性都应该不断切磋琢磨才可能臻至尽善尽美。

　　⑦ 其斯之谓与:皇本"与"下有"也"字。斯:乃、就。之:这个,指示代词。

　　⑧ 赐:子贡的名。

　　⑨ 告诸往而知来者:告诉他已知的事情就能领悟相关联的其他事物之理。诸:"之以"合音。往:往事,这里比喻已知的事和道理。来:将来,比喻未知的事和道理。范宁说:"子贡富而犹吝,仲尼欲戒以礼中。子贡知心厉己,故引《诗》以为喻也。"

1.16 子曰:"不患①人之不己知②,患不知人也③。"

【译文】

孔子说:"无需担忧别人不了解自己,只需担心自己没有能力深入了解他人。"

---

① 患:担忧、害怕。
② 不己知:"不知己"的倒装形式。皇本"知"下有"也"字。
③ 患不知人也:皇本、足利本、正平本、敦伯 2604、2618、6601 号、斯 4696 号写本,"患"下有"己"字。王肃注曰:"徒患己之无能知也。"皇侃《义疏》引李充:"凡人之情,多轻易于知人,而怨人不知己。故抑引之教,兴乎此矣。"此句当与《论语·宪问》"不患人之不己知,患己无能也"相印证。

卷二 为政第二 凡二十四章

2.1 子曰:"为政①以德②,譬如③北辰④,居其所而众星共⑤之。"

【译文】

孔子说:"以仁义作为治理国政最高原则,天下太平无事。就好比北极星岿然不动,众多的星星拱卫在它的周围。"

2.2 子曰:"《诗》三百⑥,一言以蔽⑦之,曰'思无邪'⑧。"

【译文】

孔子说:"《诗经》三百篇,可以用一句话概括,那就是没有虚情假意。"

---

① 政:定州竹简本作"正"。朱子《集注》:"政之为言正也,所以正人之不正也。"

② 德:道德,此处指最高道德原则。皇侃《义疏》:"言人君为政,当得万物之性,故云'以德'也。"朱子《集注》:"德之为言得也,得于心而不失也。"《大学》云:"自天子以至于庶人,壹是皆以修身为本。"

③ 譬如:定州竹简本作"辟如",敦伯 4696 号写本作"譬而"。

④ 北辰:皇侃《义疏》:"北辰者,北极紫薇星也。"孔子以之比拟"德",强调为政以德的枢纽地位。

⑤ 共:同"拱",环绕,皇本作"拱",释文云:"共,郑作'拱'。"郑玄注:"德者无为,譬犹北辰之不移而众星拱之也。"

⑥ 《诗》三百:汉以来传世《诗经》有 305 篇,此处"三百"只是概数,并非实指。

⑦ 蔽:概括。

⑧ 思无邪:出自《诗经·鲁颂·駉》:"思无邪,思马斯徂。"孔子于此借用这句诗,并未用其原意。"思"指念头。关于"邪",历来解释众多。一种解释认为"邪"指邪僻之心。程子言:"思无邪者,诚也。"另一种解释认为"邪"与"虚"相通,《管子·弟子职》篇:"志毋虚邪,行必正直。"

2.3　子曰："道之以政①，齐之以刑②，民免③而无耻；道之以德，齐之以礼，有耻且格④。"

【译文】

孔子说："用政令引导民众，用刑罚制约民众，民众虽然一时免于刑罚，却不会滋生羞耻之心；用德性之心诱导，用社会礼仪教化，民众不仅滋生羞耻心而且倾心归服。"

2.4　子曰："吾十有五⑤而志于学⑥，三十⑦而立⑧，四十⑨而不惑⑩，五十而知天命⑪，六十而耳顺⑫，七十而从

---

①　道：同"导"，引导、教导。皇本、正平本"道"字皆作"导"，下文"道之以德"同。皇侃《义疏》："导，谓诱引也。"政：法制政令。皇侃《义疏》："政，谓法制也。谓诱引民用法制也。"

②　齐：使整齐、约束。刑：刑法。马融说："齐整之以刑罚也。"

③　免：免于刑罚。

④　格：何晏《集解》："格者，正也。"朱子《集注》释"格"为"至"。《礼记·缁衣》篇："夫民，教之以德，齐之以礼.则民有格心；教之以政，齐之以刑，则民有遯心。"此处"格心"和"遯心"相对成文，"遯"即"遁"字，逃避的意思。

⑤　有：同"又"，古人在整十、整百与小一位的零数间多用"有"相连。

⑥　志于学：宋闽刊本、覆宋淳祐本同，皇本则作"志于学"，汉石经本、正平本、定州竹简本作"志乎学"。朱子《集注》："古者十五而入大学。心之所之谓之志。此所谓学，即大学之道也。志乎此，即念念在此而为之不厌矣。"

⑦　三十：汉石经、唐石经、敦煌本作"卅"。皇侃《义疏》："古人三年明一经，从十五至三十，是又十五年，故通五经之业，所以成立也。"

⑧　立：立身行己。皇侃《义疏》："立，谓所学经业成立也。"程氏《集释》："《白虎通》引'三十而立'连上句，则立谓学也。《三国·吴志·孙皓传》亦云'孔子言三十而立，非但谓五经也。'是以立为学立，本汉人旧说，其义最长。观'立'上用一'而'字，其指学立毫无疑义。"

⑨　四十：敦煌本、汉石经本、定州竹简本作"卌"。

⑩　不惑：不再困惑。皇侃《义疏》："业成后已十年，故无所惑也。"

⑪　天命：并非指上天人格神的意志，而是指人人先在性的德性义理。《韩诗外传》云："子曰：'不知命，无以为君子。'言天之所生，皆有仁义礼智顺善之心。不知天之所以命生，皆无仁义礼智顺善之心，谓之小人。"皇侃《义疏》："天命，谓穷通之分也。谓天为命者，言人禀天气而生，得此穷通，皆由天所命也。天本无言，而云有所命者，假之言也。人年未五十，则犹有横企无厓。及至五十始衰，则自审己分之可否也。"朱子《集注》："天命，即天道之流行而赋于物者，乃事物所以当然之故也。"钱穆说："天命指人生一切当然之道义与职责。"

⑫　耳顺：郑玄注："耳闻其言而知其微旨。"邢昺《注疏》："顺，不逆也。耳闻其言，则知其微旨而不逆也。"入耳之言无论顺逆善恶，皆能明白其中是非对错，了然于心之良知。

心所欲①不逾矩②。"

【译文】

孔子说："我十五岁志于钻研大学之道,三十岁学有所成,四十岁心已不再迷惑,五十岁领悟德性之命先在我心,六十岁听到什么话都能辩证分析,了断于心。七十岁已能随心所欲而不逾越法度。"

2.5 孟懿子③问孝。子曰："无违④。"

樊迟⑤御⑥,子告之曰："孟孙问孝于我,我对曰'无违'。"樊迟曰："何谓也?"子曰："生,事之以礼;死,葬之以礼,祭之以礼⑦。"

【译文】

孟懿子询问什么是孝。孔子说："不要违背礼。"

樊迟替孔子驾车,孔子告诉他说："孟孙问我什么是孝,我回答说:不要违背礼。"樊迟问道："这是什么意思呢?"孔子说："父母健在的时

---

① 从心所欲:正平本作"纵心所欲","从"、"纵"为古今字。
② 唐石经、皇本"逾"作"踰"。矩:法度。马融云:"矩,法也。从心所欲无非法。"朱子《集注》:"矩,法度之器,所以为方者也。随其心之所欲,而自不过于法度,安而行之,不勉而中也。"
③ 孟懿子:春秋末年鲁国贵族,姬姓,孟(仲)孙氏,名何忌,"懿"是谥号。据《左传》昭公七年载,其父孟僖子去世前命他和其弟南宫敬叔拜孔子为师。
④ 无违:敦伯 2604、2618、2677 号写本作"毋违",汉石经本、定州竹简本此处缺"毋"字,下文作"毋",古文中"无"、"毋"相通。无违:不可违背礼义。朱子《集注》云:"无违,谓不背于理。"邢昺《注疏》:"此夫子答词也,言行孝之道,无得违礼也。"
⑤ 樊迟:孔子弟子,小孔子三十六岁。春秋末齐国人,一说鲁国人。名须,字子迟。
⑥ 御:驾驶马车。
⑦ 朱子《集注》:"生事葬祭,事亲之始终具矣。礼,即理之节文也。人之事亲,自始至终,一于礼而不苟,其尊亲也至矣。是时三家僭礼,故夫子以是警之,然语义浑然,又若不专为三家发者,所以为圣人之言也。"

候,按照礼义孝敬他们;父母去世之后,按照礼义办理丧葬礼仪,按照礼义祭祀父母。

2.6　孟武伯①问孝。子曰:"父母唯其疾之忧②。"

【译文】

孟武伯询问什么是孝。孔子说:"如果能够做到不让父母时常为自己的健康担惊受怕,就是孝子。"

2.7　子游③问孝。子曰:"今之孝者是谓能养。至于犬马,皆能有养④;不敬⑤,何以别乎⑥?"

【译文】

子游询问孝道。孔子说:"现在社会上的人将孝道狭隘理解为养

---

① 孟伯武:仲孙彘(zhì),孟懿子之子,"武"为谥号。

② 疾:小病为疾,大病为病;忧:忧虑。父母唯其疾之忧:马融注:"言孝子不妄为非,惟有疾病,然后使父母之忧耳。"皇侃《义疏》:"其,其人子也,言人子欲常敬慎自居,不为非法,横使父母忧也。若己身有疾,唯此一条当非人所及,可测尊者忧耳,唯其疾之忧也。"朱子《集注》:"言父母爱子之心,无所不至,惟恐其有疾病,常以为忧也。人子体此,而以父母之心为心,则凡所以守其身者,自不容于不谨矣,岂不可以为孝乎?旧说,人子能使父母不以其陷于不义为忧,而独以其疾为忧,乃可谓孝。亦通。"

③ 子游:孔子弟子,姓言,名偃,字子游。吴人,小孔子四十五岁。

④ 至于犬马,皆能有养:何晏《集解》引包咸云:"犬以守御,马以代劳,能养人者。一曰:'人之所养,乃能至于犬马,不敬则无以别。'《孟子》曰:'食而不爱,豕畜之。爱而弗敬,兽畜之。'"朱子《集注》:"养,谓饮食供奉也。犬马待人而食,亦若养然。言人畜犬马,皆能有以养之,若能养其亲而敬不至,则与养犬马者何异。"

⑤ 敬:"恭"与"敬"有异,《说文解字·心部》释"恭"为"肃",《广韵·上平声·锺·恭》释为"恭敬"。《论语》中的"恭"成为"温、良、恭、俭、让"五种美德之一,《康熙字典》云:"《礼·曲礼》君子恭敬,搏节退让以明礼。疏:在貌为恭,在心为敬。貌多心少为恭,心多貌少为敬。"朱子认为"恭者,敬之发于外者也;敬者,恭之主于中者也"。"恭"字重在言外貌,"敬"字重在内心。

⑥ 何以别乎:汉石经本、定州竹简本无"乎"字。

亲。卑微如犬马,甚至也懂得一点点孝养的道理。我们如果对父母缺乏恭敬之心,怎么能够区分人之孝与动物之孝呢?"

2.8　子夏问孝。子曰:"色难①。有事弟子服其劳②,有酒食先生③馔④,曾⑤是以为孝乎?"

【译文】

　　子夏询问孝道。孔子说:"有恭敬之心,自然就有和颜悦色。在侍奉父母时保持愉悦的容色。家里有事,让年轻人去效力。有酒食,先让长辈享用。做到这几点是否可以称之为孝子?"

---

　　① 色难:《礼记·祭义》说:"孝子之有深爱者必有和气,有和气者必有愉色,有愉色者必有婉容。"郑玄注云:"和颜悦色,是为难也。"《说文·色部》:"色,颜色也。"段玉裁注:"颜者,两眉之间也。心达于气,气达于眉间,是之谓色。"许慎和段玉裁都认为"色"是一个中性词,本身并无蕴含情感判断。许慎和段玉裁的观点与郑注"和颜悦色"差别较大。东汉包咸《论语章句》云:"色难,谓承顺父母颜色乃为难也。"包咸将"色"解释为"父母颜色","色"为"承顺颜色"。学术史上皆将"难"解释为"困难",对此还有一种解释,'难'是'戁'字的假借。《说文》:"戁,敬也。从心,难声。"《字汇·心部》释:"戁,恭也。""色难"即"色戁",意为发乎内心的敬爱之情。"戁"与"难"相通借,在古代典籍中不乏其例。譬如,《礼记·儒行》篇云:"儒有居处齐难,其坐起恭敬。"王引之《经义述闻》释:"难,读为戁。……难、戁声相近,故字相通。"《荀子·君道》篇:"故,君子恭而不难,敬而不巩。"王引之注:"戁,读《诗》'不戁不竦'之'戁'。"
　　② 有事弟子服其劳:皇侃《义疏》:"弟子,谓为人子弟者也。服,谓执持也。劳,劳苦也。言家中有役使之事,而弟子自执持,不惮于劳苦也。"
　　③ 先生:年长者,指长辈。邢昺《注疏》:"孔子又喻子夏,服劳先食,不为孝也。先生谓父兄。馔,饮食也。曾犹则也。言家有劳辱之事,或弟或子服其勤劳,有酒有食,进与父兄饮食,汝则谓是以为孝乎?言此未孝也。必须承顺父母颜色,乃为孝也。"朱子《集注》:"故事亲之际,惟色为难耳,服劳奉养未足为孝也。"
　　④ 馔:食用。朱子《集注》:"馔,饮食之也。"
　　⑤ 曾(céng):《说文》:"曾,词之舒也。"段注:"曾之言乃也。"

2.9 子曰:"吾与回①言,终日不违②,如愚③。退而省其私④,亦足以发。回也不愚⑤。"

【译文】

孔子说:"我与颜回交谈,他总是不发问诘难,显得有些愚钝。但观察他私下里的言谈举止,发现他对我所教授的知识领悟极深,并且能做到举一反三,可见颜回并不愚钝。"

2.10 子曰:"视其所以⑥,观其所由⑦,察其所安⑧。人焉廋哉⑨? 人焉廋哉⑩?"

【译文】

孔子说:"了解一个人,要分析他所作所为的动机,观察他所选择的

---

① 回:颜回,孔子弟子,鲁国人,字子渊,小孔子三十岁。
② 终日不违:《先进篇》:"子曰:'回也非助我者也,于吾言无所不说'。"邢昺《注疏》:"孔子言:我与回言,终竟一日,亦无怪问。于我之言,默而识之,如无知之愚人也。"孔安国说:"不违者,无所怪问于孔子之言,默而识之,如愚者也。"
③ 愚:鲁钝。皇侃《义疏》:"愚者,不达之称也。自形器以上,名之为无,圣人所体也;自形器以还,名之为有,贤人所体也。今孔子终日所言,即入于形器,故颜子闻而即解,无所咨问,故不起发我道,故言'终日不违'也。"
④ 退而省其私:《礼记·学记》:"大学之教也,退息必有居学。""居学"有别于受业之所,当是指学生自修或者休息场所。朱子《集注》引其师言:"及退省其私,则见其日用动静语默之间,皆足以发明夫子之道,坦然由之而无疑,然后知其不愚也。"邢昺《注疏》:"言回既退还,而省察其在私室与二三子说释道义,亦足以发明大体,乃知其回也不愚。"
⑤ 皇本句末有"也"字。
⑥ 以:行用,所作所为。皇侃《义疏》:"以,用也。"
⑦ 由:经、行。皇侃《义疏》:"由者,经历也。"
⑧ 安:心安。皇侃《义疏》:"安,谓意气归向之也。……情性所安,最为深隐,故云察也。"《为政》篇"视其所以,观其所由,察其所安"文句在《逸周书·官人解》也出现,但无"察其所安"四字,"察其所安"应该是孔子所加。
⑨ 焉:句末语助词。廋(sǒu):藏匿,隐藏。孔安国说:"廋,匿也。言观人之终始,安有所匿其情也。"
⑩ 人焉廋哉:汉石经本、敦散 0665 号写本无"哉"字,冯登府《论语异文考证》云:"此是重文,汉石经当脱去也。"

人生道路,剖析他的心安于何处。如此一来,这个人还能隐藏什么呢?还能隐藏什么呢?"

2.11　子曰:"温故①而知②新,可以为师矣③。"

【译文】

孔子说:"在温习已掌握的知识的同时,又能够有新体会、新发现,这样的人就可以当老师了。"

2.12　子曰:"君子不器④。"

【译文】

孔子说:"君子不可以像器皿一样,随意被人使用而缺乏主体性。"

2.13　子贡问君子。子曰:"先行其言,而后从之⑤。"

【译文】

子贡询问什么是君子。孔子说:"在言说之前,先身体力行你所思所念。如果知行契合,就因循而行。"

---

① 温故:何晏《集解》:"温,寻也。寻绎故者又知新,可以为师也。"朱子《集注》:"故者,旧所闻。新者,今所得。"敦散 0665 号写本"故"作"古"。

② 知:定州竹简本作"智"。

③ 为师:朱子《集注》:"言学能时习旧闻,而每有新得,则所学在我,而其应不穷,故可以为人师。若夫记问之学,则无得于心,而所知有限,故《学记》讥其'不足以为人师',正与此意互相发也。"

④ 器:器皿。皇侃《义疏》:"此章明君子之人不系守一业也。器者,给用之物也。犹如舟可以泛于海,不登山;车可陆行,不可济海。君子当才业周普,不得如器之守一也。"这一诠释或许与孔子本意相差较大。

⑤ 先行其言,而后从之:孔安国说:"疾小人多言而行之不周也。"朱子《集注》引周氏说:"先行其言者,行之于未言之前;而后从之者,言之于既行之后。"定州竹简本无"而后"二字。

2.14　子曰:"君子周而不比①,小人②比而不周。"

【译文】

孔子说:"君子善于以忠信待人,从不结党营私。小人结党偏私,以利相交。"

2.15　子曰:"学而不思则罔③,思而不学则殆④。"

【译文】

孔子说:"学习知识却不善于独立思考就会迷惘无所得,悬空思索却不善于潜心读书就会导致心神交瘁、一无所获。"

2.16　子曰:"攻⑤乎异端⑥,斯害也已⑦!"

---

① 周、比:孔安国说:"忠信为周,阿党为比也。"朱子《集注》:"周,普遍也。比,偏党也。皆与人亲厚之意,但周公而比私耳。"《经义述闻》云:"以义合者周也,以利合者比也。"

② 小人:道德水平低下之人。

③ 罔:迷惘无所得。《礼记·少仪》郑玄注:"罔,犹罔罔,无知貌。"津藩本、正平本作"冈"。

④ 殆:同"疑",疑惑,与"多见阙殆"之"殆"意义相同。朱子《集注》:"不习其事,故危而不安。"何晏《集解》:"不学而思,终卒不得,使人精神疲怠也。"皇侃《义疏》:"又若不广学旧文,而唯专意独思,则精神疲殆也,于所业无功也。"这三种解释似乎皆不得其意。

⑤ 攻:研究、钻研,定州竹简本作"功"。何晏《集解》:"攻,治也。"皇侃《义疏》:"古人谓学为治,故书史载人专经学问者,皆云治其书、治其经也。"程树德《集释》:"此章诸说纷纭,莫衷一是,此当以本经用语例决之。《论语》中凡用攻字均做攻伐解,如'小子鸣鼓而攻之'、'攻其恶,毋攻人之恶',不应此处独训为治,则何晏、朱子之说非也。"

⑥ 异端:与己不同的学说思想。何晏《集解》:"异端,不同归者也。"程树德《集释》引戴震《东原集》:"端,头也。凡事有两头谓之异端。言业精于专,兼攻两头,则为害耳。"

⑦ 斯害也已:崔适《论语足征记》:"害在攻,不在异。"程树德《论语集释》:"若夫党同伐异,必至是非蜂起,为人心世道之害,故夫子深戒之也。"似皆不得其旨。斯:指示代词。已:终止。皇本、正平本句末有"矣"字,所以此处之"已"不应是语气助词。

【译文】

孔子说："广泛了解与自己不同的学说思想，孤陋寡闻的弊病也就消除了。"

2.17　子曰："由①！诲女②，知③之乎？知之④为知之，不知为不知⑤，是知⑥也。"

【译文】

孔子说："仲由！我告诉你什么是知。知道了就说知道，不知道就说不知道，这才是明智。"

2.18　子张⑦学干禄⑧。子曰："多闻阙疑⑨，慎言其余，

---

①　由：仲由，孔子弟子，字子路，小孔子九岁，卞（今山东泗水县）人。因他曾是季氏的家臣，又称作季路，皇侃《义疏》则认为因其排行为季，故称作季路。皇侃《义疏》："子路有兼人之性，好以不知为知也。孔子将欲教之，故先呼其名也。"

②　女：同"汝"，你。皇本、正平本及敦散 0665 号、伯 2601、2604、2618、2677 号写本作"汝"。

③　知：明白、知道，定州竹简本此句中"知"皆作"智"。

④　之：代词，三个"之"字都是指代孔子所教授的知识。

⑤　皇本作"不知之为不知"，定州竹简本作"弗知为弗知"。

⑥　知：同"智"，聪明、智慧。《荀子·子道》载孔子语录："故君子知之曰知之，不知曰不知，言之要也；能之曰能之，不能曰不能，行之至也。"朱子《集注》："如此则虽或不能尽知，而无自欺之蔽，亦不害其为知矣。况由此而求之，又有可知之理乎？"

⑦　子张：孔子弟子，姓颛孙，名师，字子张，陈人，小孔子四十八岁。

⑧　学干禄：郑玄："干，求也。禄，禄位也。"《史记·仲尼弟子列传》作"问干禄"，《大戴礼记》有"子张问入官"可资参考。刘开《论语补注》云："余尝疑'子张学干禄'之解为不可通，以为子张志务乎外，则诚不能免此，若谓专习干禄之事，恐未必然，岂子张终日所讲求者独为得禄计耶？后闻乡先生某断此'学'字当为'问'字，证以《外注》程子曰：'若颜、闵则无此问'，是明以干禄为问也。余既信其言之有征，后又得一切证，'子张问行'注云：'子张意得行于外，故夫子反于身而言之，亦犹答干禄问答之意。'夫既同谓之答，则干禄亦属子张之问可知。然则朱子亦以干禄为问也，是'学'字为'问'字之误无疑矣。"

⑨　阙疑：与下文"阙殆"同义。皇侃《义疏》："言人居世间，必多有所闻。所闻之事，必有疑者，有解者。解者则心录之，若疑者则废阙而莫存录。"

则寡尤①;多见阙殆②,慎行其余,则寡悔。言寡尤,行寡悔,禄
在其中矣。"

【译文】

　　子张向孔子求官职得俸禄的方法。孔子说:"在官场要善于听取各种意见,对有疑虑之处权且保留,有把握的部分谨慎地表达出来,就能减少过失;平时要多观察,有所困惑不解之处暂且回避,积极推行其他有把握的部分,就能减少悔恨。言谈少过错,行为少悔恨,官职俸禄就在其中了。"

　　2.19　哀公③问曰:"何为则民④服?"孔子⑤对曰:"举直错诸枉⑥,则民服;举枉错诸直,则民不服。"

【译文】

　　鲁哀公问道:"我身为国君,如何做才能使民众心服口服呢?"孔子说:"把正直贤能之士提拔出来,位居邪佞无能的官吏之上,民众就会心悦诚服;如果把邪佞无能之人安置在正直贤能者之上,民众就会离心离德。"

---

　　①　尤:过错。包氏曰:"尤,过也。"程子曰:"尤,罪自外至者也。悔,理自内出者也。"
　　②　阙:同"缺",保留、回避。殆:"殆"与"疑"为同义词。
　　③　哀公:鲁哀公,公元前494—466,名蒋,在位27年,哀是谥号。皇侃《义疏》:"哀公失德,民不服从,而公患之。故问孔子,求民服之法也。"
　　④　民:吐阿363号墓8/1号写郑注本、敦散0665号、伯2604号写本作"人",下文同。
　　⑤　孔子:皇侃《义疏》:"凡称'子曰',则是弟子所记。若称'孔子'则当时人,非弟子所记。后为弟子所撰,仍旧不复改易,故依先呼'孔子'也。"
　　⑥　举直错诸枉:把正直的人放在邪佞之人上面。直:正直,正直之人。错:同"措",放置,吐阿363号墓8/1号写郑注本、敦散0665号、伯2618、2677号写本即作"措"。诸:"之于"合音。枉:邪曲,引申为邪委曲佞之人。

2.20　季康子①问:"使民敬、忠以②劝③,如之何?"子曰:"临④之以庄则敬⑤,孝慈⑥则忠⑦,举善而教不能则劝⑧。"

【译文】

季康子问:"一个国家如果要使民众恭敬、忠信并且奋勉,如何才能实现这一目标呢?"孔子说:"你对民众心怀敬畏之心,民众就会敬重你;你自己做到孝顺父母、慈爱幼辈,民众就会对你尽心;你选用善良正直之士规劝邪曲无能之辈,民众就会奋勉不已。"

2.21　或⑨谓孔子曰:"子奚不为政⑩?"子曰:"《书》⑪云:'孝乎惟孝⑫,友于兄弟,施于有政⑬。'是亦为政⑭,奚

----

①　季康子:姓季孙,名肥,"康"是谥号。哀公时正卿,把持鲁国政权之人。

②　以:连词,或释为"而",或释为"与"。

③　劝:劝勉、勉励。

④　临:对待。皇侃本"临"下、"敬"上有"民"字。

⑤　庄:朱子《集注》:"庄,谓容貌端严也。临民以庄,则民敬于己。"

⑥　慈:慈善。贾谊《新书》:"亲爱利子谓之慈。"

⑦　忠:吐阿363号墓8/1号写郑注本作"中"。朱子《集注》:"孝于亲,慈于众,则民忠于己。"

⑧　皇侃本"劝"上有"民"字。朱子《集注》引张敬夫语:"此皆在我所当为,非为欲使民敬忠以劝而为之也。"

⑨　或:有人。

⑩　子奚不为政:定州竹简本作"子何不为正也",下文"政"亦作"正"。奚(xī):为何。

⑪　《书》:指《尚书》,古文《尚书·君陈》:"王若曰:'君陈,惟尔令德孝恭。惟孝友于兄弟,克施有政。'"

⑫　覆宋淳祐本、宋闽刊本同,汉石经本、皇侃本作"孝于惟孝",定州竹简本作"孝乎维孝"。在甲骨卜辞中,"孝"字被用作地名,如"孝鄙"。商代金文中也发现"孝"字。从甲骨卜辞中还发现了"考"字与"老"字,"考"、"老"、"孝"三字相通,金文也如此。朱芳圃《甲骨学文字编》注:"古老、考、孝本通,金文同。"《说文》:"老,考也,七十曰老,从人毛匕,言须发变白也,凡老之属皆从老。"又"考,老也。"段注:"凡言寿考者,此字之本义也。"

⑬　施于有政:施,施行、延及、施加影响;有,杨伯峻认为"有"加于名词之前是古代构词法的一种形态;政,杨遇夫《积微居小学金石论丛》云:"政谓卿相大臣,以职言,不以事言。"

⑭　皇侃本、正平本"政"下有"也"字。

23

其为为政①?"

【译文】

有人对孔子说:"你为什么不从政呢?"孔子说:"《书》上说:'孝顺父母,兄友弟悌,将孝亲友悌之理影响政治决策。'这也是从政的一种方式。为什么一定要亲自做官才是从政呢?"

2.22　子曰:"人而无信②,不知其可也③。大车无輗④,小车无軏⑤,其何以行之哉?"

【译文】

孔子说:"一个人如果不恪守诚信,如何能在世上站稳脚跟呢? 就好像大车没有安装横木的輗,小车没有安装横木的軏,它依靠什么来行走呢?"

2.23　子张问:"十世可知也⑥?"子曰:"殷⑦因⑧于

---

①　奚其为为政:正平本、定州竹简本、敦伯 2677 号写本、释文句末有"也"字,敦散 0665 号、伯 2604 号、伯 2618 号写本作"奚其为政",戴氏本作"奚其为政也"。邢昺《注疏》云:"言此孝、友亦为政之道,此外何事其为为政乎? 言所行有政道,即与为政同,不必居位乃是为政。"

②　人而无信:敦煌本作"人而信无"。《论语》中"信"字凡见 38 次,除了两次作为表强调的副词之外,其余皆都诚信、信任有关。先秦时期"诚"与"信"就已形成为复合词,《管子·枢言》云:"先王贵诚信。诚信者,天下之结也。"《荀子·不苟》:"诚信生神,夸诞生惑"。《礼记·祭统》:"是故贤者之祭也,致其诚信,与其忠敬"。

③　吐阿 363 号墓 8/1 号写郑注本、敦散 0665 号写本无"也"字。

④　輗(ní):古代大车车辕前端与车横木相衔接处的销钉。

⑤　軏(yuè):古代小车辕前端与车横木衔接处的销钉。车没有没有輗、軏就无法套住拉车的牲口,就无法行走。包咸说:"大车,牛车。輗者,辕端横木以缚轭者也。小车,驷马车也。軏者,辕端上曲拘衡者也。"

⑥　十世:皇侃《义疏》:"十世,谓十代也。子张见五帝三王,文质变易,世代不同,故问孔子;从今以后,方来之事,假设十代之法,可得逆知以不乎?"唐诸写本避太宗李世民讳也,"世"多作"代",唐石经作"廿"实为"世"之省笔,吐阿 363 号墓 8/1 号写郑注本、敦伯 2604 号写本作"大"。也:用法同"耶",疑问语词,定州竹简本作"与",吐阿 363 号墓 8/1 号写郑注本、敦散 0665 号、伯 2677 号写本无"也"字,释文曰:"一本作'可知乎',郑本作'可知'。"

⑦　殷:殷商,公元前 16 世纪成汤灭夏桀而建立。

⑧　因:因袭、沿袭。马融说:"所因,谓三纲五常。所损益,谓文质三统。"

夏①礼,所损益②,可知也③;周因于殷礼,所损益,可知也;其或继周者,虽百世④可知也。"

【译文】

子张问道:"从今开始到十代以后的礼仪制度,我们可以预知吗?"孔子说:"殷商沿袭夏朝的礼制,所减损和增加的内容是可以知道的;周朝沿袭商朝的礼制,所废除和增加的部分也是可以知道的;如果将来有接续周朝当政的人,即使百代之后,所损所益仍然可以大体推知。"

2.24　子曰:"非其鬼⑤而祭⑥之,谄⑦也。见义⑧不为,

---

① 夏:中国古代第一个朝代,大禹之子启于公元前21世纪所建。

② 损:减少。益:增加。

③ 敦煌本无"也"字。

④ 皇侃本"虽百世"下有"亦"字。

⑤ 鬼:鬼神。周人称呼已逝的先祖为"人鬼"。《墨子·明鬼下》将鬼神分为三类,"古之今之为鬼,非他也,有天鬼,亦有山水鬼神者,亦有人死而为鬼者"。《礼记·祭法》云:"其万物死,皆曰折;人死曰鬼。"《尔雅·释训》亦云:"鬼之为言归也",《说文》释"鬼":"人所归为鬼。"郑玄说:"人神曰鬼。非其祖考而祭之,是谄以求福也。"

⑥ 祭:人刚死,陈设饮食祭祀以安其灵魂为奠,奠属于凶礼;此后以时祭祀先祖叫祭,祭是吉礼的一种。吐阿363号墓8/1号写郑注本"祭之"下有"者"字。

⑦ 谄:谄媚、横求。皇侃《义疏》:"谄,横求也。鬼神聪明正直,不歆非礼。人若非己祖考而祭之,是为谄求福也。"正平本作"諂",吐阿363号墓8/1号写郑注本作"是谄"。

⑧ 义:"义"字在甲骨文作"𦍒",《说文解字》云:"义,己之威仪也。从我从羊。"段注:"义各本作仪。今正。古者威仪字作义,今仁义字用之。仪者,度也,今威仪字用之。谊者,人所宜也,今情谊字用之。郑司农注《周礼·肆师》:'古者书仪但为义,今时所谓义为谊。'是谓义为古文威仪字,谊为古文仁义字,故许各仍古训,而训仪为度,凡仪象、仪匹,引申于此,非威仪字也。……义之本训谓礼容各得其宜,礼容得宜则善矣。"《管子·五辅》认为"义"有七重内涵:"孝悌慈惠,以养亲戚;恭敬忠信,以事君上;中正比宜,以行礼节;整齐撙诎,以辟刑僇;纤啬省用,以备饥馑;敦懞纯固,以备祸乱;和协辑睦,以备寇戎。"《礼记·礼运》对"义"有所界定:"何谓人义?父慈,子孝,兄良,弟弟,夫义,妇听,长惠,幼顺,君仁,臣忠。十者谓之人义。"

无勇也①。"

【译文】

孔子说:"不是自己的先祖却去祭祀他,这是可鄙的谄媚。见到应该当仁不让的事却不敢挺身而出,这是可耻的怯懦。"

---

① 勇:智、仁和勇构成儒家三达德。《说文解字·力部》云:"勇,气也。从力甬声。勲,或从戈用。恿,古文勇从心。"段玉裁注:"勇者、气也。气之所至。力亦至焉。心之所至。气乃至焉。故古文勇从心。《左传》曰:共勇之谓勇。"荀子将"勇"梳理为四类:"狗彘之勇"、"贾盗之勇"、"小人之勇"和"士君子之勇"。正平本、吐阿363号墓8/1号写郑注本句末无"也"字。

卷三　八佾第三　凡二十六章

3.1　孔子谓①季氏②："八佾③舞于庭,是可忍④也,孰不可忍也?"

【译文】

孔子评论季平子:"他在自己家庙中使用六十四人的舞列舞蹈,这种僭逆的事都能狠心做得出来,还有什么坏事干不出来呢?"

3.2　三家⑤者以《雍》⑥彻⑦。子曰:"'相维辟公,天子穆穆'⑧,奚取于三家之堂⑨?"

---

①　谓:评论,论及。

②　季氏:指当时执掌鲁国大权的三桓之一季平子。

③　佾(yì):舞蹈奏乐的行列。据马融考证,古代祭祀时的乐舞,八佾是八八行列(六十四人),六佾为六六行列(三十六人),四佾为四四行列(十六人)。按照周礼的规定,天子用八佾,诸侯为六佾,卿、大夫为四佾,士的舞队为二佾。鲁国因为是周公封地,鲁国国君可以用八佾。季孙氏为正卿,只能用四佾,却僭越礼制用八佾,在孔子看来这种违礼行为大逆不道。

④　忍:狠心。《贾子·道术》云:"恻隐怜人谓之慈,反慈为忍。"

⑤　三家:指把持鲁国政权的仲孙氏(后改孟孙氏)、叔孙氏、季孙氏三家。他们都是鲁桓公的后人,所以又称作"三桓"。

⑥　《雍》:《诗经·周颂》的篇名,是周天子祭祀宗庙完毕撤去祭品时所唱的诗歌。马融云:"天子祭于宗庙,歌之以彻祭。"

⑦　彻:撤除、撤去,指祭祀完毕撤除祭品。《释文》作"撤":"本或作'彻'。"朱子《集注》:"彻,祭毕而收其俎也。"

⑧　相维辟公,天子穆穆:为《诗·周颂·雍》中的两句,大意是:助祭的是诸侯,天子神情肃穆地主祭。相(xiàng):助祭者;维:语助词;辟公:诸侯。穆穆:朱子《集注》:"穆穆,深远之意,天子之容也。"皇侃本"穆穆"下有"矣"字。

⑨　奚取于三家之堂:皇侃《义疏》:"大夫称家。今三卿之祭,但有家臣。家臣谓家相、邑宰之属来助祭耳,有何辟公、天子之穆穆,而空歌此曲于堂哉!"

【译文】

仲孙氏、叔孙氏、季孙氏三家在祭祀祖先时,违礼用天子的礼仪,命乐工唱《雍》诗撤去祭品。孔子评论说:"《雍》诗说:'诸侯恭敬助祭,天子肃穆主祭。'这两句诗怎么能用在三家的家庙上呢?"

3.3 子曰:"人而不仁,如礼何? 人而不仁,如乐何?"①

【译文】

孔子说:"一个人如果缺失仁心,用礼又有什么意义呢? 一个人如果缺失仁心,用乐又有什么价值呢?"

3.4 林放②问礼之本。子曰:"大哉问③! 礼,与其奢也④,宁俭;丧,与其易⑤也,宁戚⑥。"

【译文】

林放询问礼的本质。孔子说:"这个问题意义重大! 礼仪与其奢

---

① 皇侃《义疏》云:"此章亦为季氏出也。季氏僭滥王者礼乐,其既不仁,则奈此礼乐何乎?"何晏《集解》云:"苞氏曰:'言人而不仁,必不能行礼乐也。'"本章所言,仍然针对前两章仲孙氏、叔孙氏、季孙氏僭用礼仪而论。《礼记·儒行》云:"温良者,仁之本也。敬慎者,仁之地也。宽裕者,仁之作也。孙接者,仁之能也。礼节者,仁之貌也。言谈者,仁之文也。歌乐者,仁之和也。分散者,仁之施也。儒皆兼此而有之,犹且不敢言仁也,其尊让有如此者。"
② 林放:鲁国人。郑玄注:"林放,鲁人。"
③ 大哉问:朱子《集注》:"孔子以时方逐末,而放独有志于本,故大其问。"
④ 敦煌本、皇侃本无"也"字。
⑤ 易:周到、习熟。《礼记·檀弓》:"子路曰:'吾闻诸夫子:丧礼与其哀不足而礼有余也,不若礼不足而哀有余也。祭礼与其敬不足而礼有余也,不若礼不足而敬有余也。'"朱子《集注》云:"易,治也。《孟子》曰:'易其田畴。'在丧礼,则节文习熟,而无哀痛惨怛之实者也。戚则一于哀,而文不足耳。礼贵得中,奢易则过于文,俭戚则不及而质,二者皆未合礼。然凡物之理,必先有质而后有文,则质乃礼之本也。"
⑥ 戚:心中哀戚、悲伤。皇侃《义疏》:"戚,哀过礼也。"

靡,宁可朴素俭约;丧葬之礼与其仪文繁缛,宁可过度哀伤。"

3.5　子曰:"夷狄①之有君,不如②诸夏③之亡④也⑤。"

【译文】

孔子说:"夷狄虽然有君王,还不如中原国家没有君王。"

3.6　季氏旅⑥于泰山。子谓冉有⑦曰:"女弗⑧能救⑨与?"对曰:"不能。"子曰:"呜呼⑩! 曾⑪谓泰山不如林放乎?"

【译文】

季氏僭礼祭祀泰山。孔子对冉有说:"你不能想方设法阻止他吗?"冉有答道:"不能。"孔子说:"哎呀! 难道泰山之神还不如林放懂礼? 竟

---

①　夷狄:未开化的民族,泛指周边少数民族地区。华夷之别在于文明,而不在于种族与地域,由此儒家有"天下"这一观念。董仲舒对实现天下共同体提出了具体的方案:"亲近以来远,未有不先近而致远者也。故内其国而外诸夏,内诸夏而外夷狄,言自近者始也"。

②　如:定州竹简本、王充《论衡·问孔篇》引此句作"若"。

③　诸夏:中国,指中原地区。皇侃《义疏》:"此章重中国贱蛮夷也。诸夏,中国也。亡,无也。言夷狄虽有君主,而不及中国无君也。故孙绰云:'诸夏有时无君,道不都丧。夷狄强者为师,理同禽兽也。'"

④　亡:通"无",没有。

⑤　夷狄之有君,不若诸夏之亡也:朱子《集注》引程子之说:"夷狄且有君长,不如诸夏之僭乱,反无上下之分也。"敦煌本无"也"字。

⑥　旅:祭祀名,祭祀山川。按照周礼,只有天子和诸侯才有祭祀山川的资格,季氏只是鲁国大夫却要祭祀泰山,孔子批评这是一种僭越礼仪的行为。皇侃《义疏》:"礼:天子祭天下名山大川,诸侯止祭其封内,大夫位非专封,则不得祭山川。而季氏亦僭祭鲁大山也。"

⑦　冉有:姓冉,名求,字子有,孔子弟子。他当时是季氏的家臣。

⑧　女弗:皇侃本、正平本作"汝不"。

⑨　救:劝谏、谏止。

⑩　呜呼:皇侃《义疏》:"孔子更说季氏之失,故先叹而后言也。"

⑪　曾:乃,则。包咸说:"神不享非礼。林放尚知礼,大山之神反不如林放耶?"

29

然会接受这种僭越的祭祀？"

3.7　子曰："君子无所争。必也①，射②乎！揖让而升③，下而饮④。其争也君子。"

【译文】

孔子说："君子不与人争强好胜。如果有所争，那也只是在行射礼。行射礼之时，相互揖让然后上场比试，比赛结束又相互作揖退下，胜者请对方饮射爵。这种争是君子之争。"

3.8　子夏问曰："'巧笑倩兮，美目盼兮，素以为绚兮。'⑤何谓也？"子曰："绘事后素⑥。"曰："礼后⑦乎？"子曰："起⑧予

---

①　必也：必，承上指必有所争。也，表假设。《论语》中"必也"句皆是这一用法。
②　射：射箭，这里指射礼，即周礼所规定的射箭比赛，详见《仪礼·乡射礼》与《大射仪》。
③　揖让而升：大射礼两人一组，比赛开始前相互作揖然后登堂比赛。皇侃《义疏》："于射所以有争者，古者生男，必设桑弧蓬矢于门左，至三日夜，使人负子出门而射，示此子方当必有事于天地四方。故云：至年长以射进士。"
④　下而饮：射箭比赛结束后，双方互相作揖然后下场饮酒。皇侃《义疏》："而饮者，谓射不如者而饮罚爵也。射胜者党，酌酒跪饮于不如者云：'敬养。'所以然者，君子敬让，不以己胜为能，不以彼负为否。言彼所以不中者，非彼不能，政是有疾病故也。"
⑤　巧笑倩兮，美目盼兮，素以为绚兮：前两句见于《诗经·卫风·硕人》篇，最后一句据马融考证属于逸诗。倩：笑貌，面颊秀美。兮：语助词。盼：眼珠黑白分明，朱子《集注》："盼，目黑白分也。"绚：（xuàn），文采斐然，郑玄注："文成章曰绚。"
⑥　绘事后素：绘画时先有白色的底，然后画画。绘事：绘画的事；素：白，白色。郑玄说："凡画绘，先布采，然后以素分其间，以成其文。喻美女虽有倩兮美质，亦须礼以成也。"
⑦　礼后：礼在……之后。依据儒家思想体系，当指仁。朱子《集注》："礼必以忠信为质，犹绘事必以粉素为先。"朱子之言，可资一说。
⑧　起：启发、提撕。

者①商②也！始可与言《诗》已矣。"

【译文】

　　子夏问:"'有酒窝的笑容多俏丽呀,黑白分明的眼睛多明亮呀,洁白的底子上画的花朵真绚丽啊。'这是什么意思呢?"孔子说:"先有白色的底子,然后画花。"子夏又说:"那么,是不是也可以说礼乐产生在仁之后呢?"孔子说:"商啊,你真是一位对我有所启发的人啊,现在可以开始和你讨论《诗》了。"

　　3.9　子曰:"夏礼,吾能言之,杞不足征也③;殷礼,吾能言之,宋不足征也④:文献不足故也⑤。足,则吾能征之矣。"

【译文】

　　孔子说:"夏朝的礼仪,我能够叙述,夏禹的后代杞国不足以作证;殷商的礼仪,我能说清楚,商汤的后代宋国不足以作证。这是他们的文献记载和贤人不足的缘故。如果有足够的文献资料和贤人,那么我就可以引来证明了。"

---

　　①　汉石经本无"者"字。
　　②　商:子夏的名,师呼名。
　　③　正平本、吐阿233号8/1号写郑注本、伯2904号、斯7003A号写本无"也"字,下文"宋不足征也"、"文献不足故也"同。杞:西周时期诸侯国名,周初分封大禹后裔建立的封国,公元前445为楚国所灭;征:同"证",证成、证明。
　　④　宋:西周时期诸侯国名,周公分封殷商后裔所建封国,公元前286为齐所灭。武王伐纣灭殷后,封纣王之子武庚以续殷祀,并派管叔、蔡叔辅佐。武王死后,武庚和管、蔡作乱。周公东征平定叛乱,诛武庚、杀管叔、放蔡叔,封帝乙长子微子启于宋。
　　⑤　文献:文指历代典籍,献指通晓夏礼和殷礼的贤人。皇侃《义疏》:"文,文章也。献,贤也。言杞、宋二君无文章贤才,故我不足与成之也。"

3.10　子曰："禘①,自既灌②而往者,吾不欲观之③矣。"

【译文】

孔子说："鲁国的禘祭,从第一个献酒节目之后,我就不忍心再看下去了。"

3.11　或问禘之说。子曰："不知④也。知其说者之于天下也,其如示诸斯⑤乎!"指其掌。

【译文】

有人向孔子询问禘礼的意义。孔子说："我不知道。知道禘礼涵义的人治理天下,就好比自己对自己的手掌熟稔于心。"孔子一边说,一边指着自己的手掌。

----

①　禘(dì):禘礼,指古代一种在祖庙举行的极为隆重的大祭之礼。三年一袷,五年一禘,禘祭本来只有天子才可以举行,鲁是周公封地,因此历代鲁国国君也可以在周公庙举行禘礼。皇侃《义疏》:"周礼四时祭名:春曰祠,夏曰礿,秋曰尝,冬曰烝。又四时之外,五年之中,别作二大祭,一名禘,一名袷,而先儒论之不同。"

②　灌:本作"祼"。朱子《集注》:"灌者,方祭之始,用鬱鬯之酒灌地,以降神也。"《礼记·郊特牲》:"周人尚臭,灌用鬯臭,郁合鬯,臭阴达于渊泉。灌以圭璋,用玉气也。既灌,然后迎牲,致阴气也。"可知灌本为"祼"的假借字,是祭礼中的一个项目。在祭祀中,用活人(称作"尸",一般为童男童女)代受祭者,第一次献酒的时候让尸闻到鬱鬯的香味,称之为祼。

③　不欲观之:这句话是针对鲁国禘祭而发。程树德《论语集释》:"孔安国以不欲观为逆祀乱昭穆者,孔意以闵、僖兄弟相继,例同父子,各为昭穆,三《传》及《国语》皆同。……昭穆乱于既灌者,皇疏云:'未陈列主之前,王与祝入太祖庙堂中,以酒献尸。尸以祭,灌于地以求神,求神竟而出堂,列定昭穆。'据皇疏:是既灌之后,逆列始定也。"按照周礼的规定,举行禘祭时,应先向始祖亡灵献酒。第一次献酒后再按照尊卑亲疏的次序祭祀其他祖先。鲁文公二年,在臧文仲的支持下,将僖公的神主排到鲁闵公神主的前面。僖公、闵公皆是庄公之子,僖庶而长,闵嫡而幼。僖公是闵公的哥哥,但他在闵公去世后继位。按尊卑关系,享祀时僖公应当排在闵公的后面。昭穆失序,不合礼法。因此,孔子发出"不欲观之"之叹。

④　不知:孔安国说:"答以不知者,为鲁君讳也。"

⑤　示:同"视",观看。诸:之于。斯:此、这里,指手掌。可结合《先进》篇"未能事人,焉能事鬼"理解。

3.12　祭如在①，祭神如神在。子曰：“吾不与②祭，如不祭。”

【译文】

祭祀祖先时，真诚相信祖先确实在受祭；祭祀神明时，真诚相信神明确实在受祭。孔子说：“如果我不能亲自参与祭祀，就不会请人代理我祭祀。”

3.13　王孙贾③问曰：“‘与其媚于奥，宁媚于灶’④，何谓也?”子曰：“不然，获罪于天⑤，无所祷也。”

【译文】

王孙贾问：“‘与其巴结奥神，不如讨好灶神’，是什么意思呢?”孔子答：“话不能这样说。如果一个人获罪于上天，在什么地方祈祷都不灵。”

3.14　子曰：“周监于二代⑥，郁郁⑦乎文⑧哉！吾从周。”⑨

---

①　祭如在:孔安国说:“言事死如事生也。”
②　与(yù):参与。《旧唐书·马周传》引作“预”，也是参与之义。朱子《集注》引范氏:“君子之祭,七日戒,三日斋,必见所祭者,诚之至也。是故郊则天神格,庙则人鬼享,皆由己以致之也。有其诚则有其神,无其诚则无其神,可不谨乎?吾不与祭如不祭,诚为实,礼为虚也。”
③　王孙贾(gǔ):卫国大夫,卫灵公时期比较有权势的大臣。
④　与其媚于奥,宁媚于灶:可能是当时的俗语。媚:献媚、巴结、讨好。奥是室内的西南角,古时尊者的居所;灶是做饭的设备,古代认为这两个地方有神灵,都祭祀它。《太平御览》五百二十九引郑注:“宗庙及吾祀之神皆祭于奥,室西南隅之奥也。夫灶,老妇之祭。”
⑤　天:《论语》一书中的“天”有多重含义,此处之天,是指最高人格神。
⑥　监:借为“鉴”,对照、比较;二代:夏、商两朝。
⑦　郁郁:兴盛、茂盛的样子。皇侃《义疏》:“郁郁,文章明著也。”
⑧　文:与“质”相对,指礼乐文化。
⑨　皇侃《义疏》:“言以周世比视于夏、殷,则周家文章最著明大备也。”

【译文】

　　孔子说:"周代的礼乐文明是以夏商两代为基础制定出来的,周代礼乐灿烂辉煌。我服膺周代的礼乐制度。"

　　3.15　子入大庙①,每事问。或曰:"孰谓鄹人之子②知礼乎? 入大庙,每事问。"子闻之,曰:"是礼也。③"

【译文】

　　孔子进入周公庙助祭,每项祭典的礼仪都向人请教。有人说:"谁说叔梁纥的儿子懂礼? 他进入周公庙助祭,每件事都要询问。"孔子听说后,说:"这正是礼呀!"

　　3.16　子曰:"'射不主皮④',为力不同科⑤,古之道也。"

【译文】

　　孔子说:"'礼射重和容,不注重是否射穿箭靶子',因为力道有不同的等级。役使平民大众,也必须根据年龄体力分科,这是古时候的规矩。"

---

　　①　大庙:正平本、吐阿 363 号 8/1 号写郑注本、敦伯 2677 号写本皆作"太庙"。太庙指周公庙。孔子在鲁国做官后,鲁国祭祀周公时,孔子担任助祭可以进入太庙参加祭祀。
　　②　鄹(zōu):《左传》字作"陬",春秋时鲁国地名,在今山东曲阜市东南。孔子父亲叔梁纥曾经在陬当过大夫,所以被称为"鄹人"。鄹人之子指孔子。孔安国说:"邹,孔子父叔梁纥所治邑也。"
　　③　是礼也:孔安国说:"虽知之,当复问,慎之至也。"
　　④　"射不主皮",主皮:着于皮,指射穿皮侯。皮:箭靶子,古代箭靶子称作"侯",有用皮做和用布做的两种,这里"皮"兼指皮侯、布侯。马融说:"射有五善:一曰和志,体和也;二曰和容,有容仪也;三曰主皮,能中质也;四曰和颂,合《雅》《颂》;五曰兴武,与舞同也。"
　　⑤　为力不同科:此句是对"礼射不主皮"的解释。为:因为;力:力道:科:类别、品级。朱子《集注》:"古者射以观德,但主于中,而不主于贯革,盖以人之力有强弱,不同等也。"

3.17 子贡欲去告朔之饩羊①。子曰："赐也！尔②爱③其羊，我爱其礼。"

【译文】

子贡建议把鲁国每月初一告祭祖庙的活羊省略不用。孔子说："赐啊！你可惜那只羊，我珍惜告朔礼！"

3.18 子曰："事君尽礼④，人以为谄也。"

【译文】

孔子说："以礼义事奉君王，有人却认为这是谄媚君王。"

3.19 定公⑤问："君使臣，臣事君，如之何？"孔子对曰："君使臣以礼，臣事君以忠⑥。"

【译文】

鲁定公问："君主差使臣子，臣子事奉君主，古代的礼制有何规定？"

① 朔：中国古历每月的初一。饩(xì)羊：祭祀用的活羊。告(gù)朔饩羊，是周礼中的一种制度。周天子在每年秋冬之际向各诸侯国颁发第二年的朔政(历书)。诸侯接受后将之藏于祖庙，每逢(朔日)初一便杀一活羊祭庙，并根据历书上的月令行事。这种祭庙活动就叫做告朔。春秋晚期，天子不再颁发历书，鲁国从鲁文公开始也不再举行告朔礼仪，仅仅杀一只羊走走过场。子贡认为不举行告朔礼只杀羊，徒具形式，因而建议取消这一礼仪。但孔子认为延续告朔礼的目的，在于将来天下太平之时有可能恢复这一礼仪。
② 尔：唐石经本、皇侃本、正平本作"汝"
③ 爱：爱惜、舍不得。包咸说："羊在，犹所以识其礼也；羊亡，礼遂废也。"
④ 孔安国说："时事君者多无礼，故以有礼者为谄也。"
⑤ 定公：鲁国的君主，鲁昭公之弟，继昭公而立，公元前509年—前495年在位，"定"是谥号。在他执政期间，孔子担任过大司寇等职务。
⑥ 君使臣以礼，臣事君以忠：皇侃《义疏》："言臣之从君，如草从风。故君能使臣得礼，则臣事君必尽忠也。君若无礼，则臣亦不忠也。"

孔子说:"君主应以礼差使臣子,臣子应以忠事奉君主。"

3.20　子曰:"《关雎》①乐而不淫②,哀而不伤③。"

【译文】

孔子说:"《关雎》的乐章,欢乐而不放荡,悲哀而不过度伤神。"

3.21　哀公问社④于宰我⑤。宰我对曰:"夏后氏⑥以松,殷人以柏,周人以栗,曰使民战栗⑦。"子闻之,曰:"成事不说,遂事不谏⑧,既往不咎⑨。"

【译文】

鲁哀公向宰我询问社主用什么木材。宰我回答道:"夏代人用松

---

①　《关雎》(jū):今本《诗经》的首篇。

②　淫:放荡、失当。皇侃本作"婬"。朱子《集注》:"淫者,乐之过而失其正者也。"

③　伤:伤心、痛苦。朱子《集注》:"伤者,哀之过而害于和者也。"

④　社:定州竹简本、吐阿363号8/1号写郑注本、戴氏本均作"主"。社,土神曰社,古时立国都要建社,选用当地的一种树木作社主,社主也就是土地神牌位。对外发动战争的时候,须携带土神牌位而行。邢昺《注疏》云:"社,五土之神也。凡建邦立社,各以其土所宜木。……张、包、周本以为哀公问主于宰我,先儒或以为宗庙主者,杜元凯、何休用之以解《春秋》,以为宗庙主,今所不取。"

⑤　宰我:孔子的学生,姓宰,名予,字子我,鲁国人。

⑥　夏后氏:夏代人。皇侃义疏云:"然夏称'后氏',殷、商称'人'者,《白虎通》曰:'夏以揖让受禅为君,'故褒之称后。后,君也。又重其世,故氏系之也。殷周以干戈取天下,故贬称人也。'《白虎通》又云:'夏得禅授,是君与之,故称后也。殷周徙人民之心而伐取之,是由人得之,故曰人也。'"

⑦　定州竹简本、皇侃本、正平本"栗"下皆有"也"字。宰我的说法不当,因而孔子批评他,孔安国云:"凡建邦立社,各以其土所宜之木。宰我不晓其其意,妄为之说,因周用栗,便云使民战栗也。"

⑧　遂(suì):完成;谏:追悔、劝谏。

⑨　咎:责备。孔子批评宰我此言,应在孔子尚未归鲁之前。朱子《集注》:"孔子以宰我所对,非立社之本意,又启时君杀伐之心,而其言已出,不可复救,故历言此以深责之,欲使谨其后也。"

树,商朝人用柏树,周人用栗树,栗的意思是要使人战栗恐惧。"孔子听说后,(责备宰我)说:"已经做了的事就不要再辩解,正在推行的事就不要再追悔,已经过去的事就不要再追究。"

3.22　子曰:"管仲①之器②小哉。"

或曰:"管仲俭乎?"曰:"管氏有三归③,官事不摄④,焉得俭?"

"然则管仲知礼乎?"⑤曰:"邦君⑥树塞门⑦,管氏亦⑧树塞门。邦君为两君之好⑨,有反坫⑩,管氏亦有反坫。管氏而⑪知礼,孰不知礼?"

【译文】

孔子说:"管仲的器量狭小!"

有人说:"管仲节俭吗?"孔子说:"管仲有三处府第,各项事务皆有专人负责,从不兼职,这怎么能算节俭呢?"

又说:"那么管仲通晓礼吗?"孔子说:"国君在门口建筑照壁,管仲

---

①　管仲:春秋时齐国人,姓管,名夷吾,为齐桓公之相,辅佐齐桓公称霸诸侯各国。

②　器:器量。

③　三归:有几种不同的说法:一,包咸认为古时候称女子出嫁为"归",管仲娶三姓之女,所以叫"三归";二,武亿《群经义证》认为三归即三台,指收藏财货的府库;三,俞樾《群经评议》认为"三归"指的是三归之家,管仲有三处家产;四,梁玉绳认为是三处采邑;五,郭嵩焘《养知书屋文集》认为当指向百姓收取的市租。

④　摄:兼任。

⑤　正平本本句前有"曰"。

⑥　邦君:诸侯。

⑦　树塞门:树,树立,《尔雅·释言》:"屏谓之树";塞门,当时天子、诸侯在门外建筑一道短墙,以别内外,作用和形式都相当于后世的照壁,小墙叫做屏。皇侃《义疏》:"天子尊远,故外屏于路门之外为之。诸侯尊近,故内屏于内门之内为之。"

⑧　敦煌本"亦"下衍"有"字。

⑨　好(hào):友好。

⑩　反坫(diàn):古代国君与别国国君酬酢时,用来放献过酒的空酒杯的土台。

⑪　而:假设连词,假如。

在家里也照样建筑照壁；国君设宴款待外国君主，在堂上设有放置酒杯的土台，管仲在自家也设有这样的土台。如果说管仲懂礼，还有谁不懂礼呢？"

3.23　子语①鲁大师②乐，曰："乐其可知也：始作，翕如③也；从④之，纯⑤如也，皦⑥如也，绎⑦如也，以成。"

【译文】

孔子跟鲁国的乐官讨论音乐，说："乐理是有规律的：开始演奏一首乐曲的时候，声音层次分明、热烈奔放。继而和谐无杂糅，继而清晰分明，继而如群山连绵不断，最后演奏完毕。"

3.24　仪封人⑧请见⑨，曰："君子之至于斯也，吾未尝不得见也。"从者⑩见之⑪。出曰："二三子⑫何患于丧⑬乎？天下之无道也久矣，天将以夫子为木铎⑭。"

---

①　语（yù）：告诉。

②　大师：指一国掌管音乐位阶最高的官员；正平本、吐阿363号8/1号写郑本、伯2942号及伯3972号写本、敦伯2677号均作"太师"。

③　翕（xī）如：翕，何晏《集解》注为"盛"，郑玄注曰："变动貌"，黄侃《义疏》："翕，习也。"朱子《集注》："翕，合也。"；如：语助词，同"然"，……的样子。

④　从（zòng）：展开。

⑤　纯：和谐。朱子《集注》："纯，和也。"

⑥　皦（jiǎo）：音节分明。

⑦　绎：连绵不断。

⑧　仪封人：仪，卫国地名；封人，官名，镇守边疆的官吏。

⑨　请见（xiàn）：请求接见。下文"见之"的"见"字读音同。敦煌本作"仪封请见者"。

⑩　从（zòng）者：指孔子随行的学生。

⑪　见之：使孔子接见他。朱子《集注》："请见、见之之见，贤遍反。"

⑫　二三子：诸位，指孔子的随行弟子。

⑬　丧（sàng）：丧失，此处指礼乐文明的衰亡。

⑭　木铎（duó）：古代官府发布政令用来召集民众的铜铃，金口木舌，因而得名。孔安国说："木铎，施政教时所振也。言天将命孔子制作法度，以号令于天下也。"

　　仪这地方的边防官请求见孔子,说:"凡是君子到这个地方,我都想一一拜访。"孔子随行的学生带他去见孔子。他出来后说:"你们何必为失掉官职而发愁呢?天下无道的时间已经很久了。上天终有一天会把他老人家当做木铎一样,向天下大众传播文化。"

　　3.25　子谓《韶》①,"尽美矣,又尽善也"。谓《武》②,"尽美矣,未尽善③也"。

【译文】

　　孔子谈到《韶》乐时说:"尽善尽美。"谈到《武》乐说:"乐曲很美,但善还没有达到极致。"

　　3.26　子曰:"居上不宽,为礼不敬,临丧不哀,吾何以观之哉④?"

【译文】

　　孔子说:"身居高位的人缺乏宽厚之心,行礼的时候缺乏恭敬之心,参加丧礼的时候缺失恻隐之心,这种人还有什么值得评价呢?"

---

　　①　《韶》:相传是舜帝时歌颂升平之世的乐曲。孔安国说:"韶,舜乐也。谓以圣德受禅,故曰尽善也。"

　　②　《武》:相传是周武王时歌颂伐纣灭商的乐曲。董仲舒指出"制礼作乐"之"作乐",一般发生在新政权运行很长一时间之后,或者某位杰出统治者去世之前。"是故大改制于初,所以明天命也;更作乐于终,所以见天功也。""作乐"并非时常出现,只有在类似尧、舜、禹、文、武等圣王时代才会发生。"王者,民之所往",才会萌发"人心之动。"舜时期的《韶》,禹之时的《夏》,汤之时的《濩》,文王时代的《武》,皆是"天下同乐"产生的"天功"。正如《史记·乐书》所论:"治定功成,礼乐乃兴。"

　　③　美、善:美指乐曲曲调而言,善指乐曲表达的思想而言,孔安国:"武,武王乐也,以征伐取天下之故,曰未尽善也。"孔子对这两支乐曲的评价代表了他对禅让和征伐的不同观点。

　　④　朱子《集注》:"居上主于爱人,故以宽为本。为礼以敬为本,临丧以哀为本,既无其本,则以何者而观其所行之得失哉?"

卷四　里仁第四　凡二十六章

4.1　子曰："里仁①为美②。择不处③仁,焉得知④?"

【译文】

孔子说:"住宅应选择有仁德之风的地方才美善。选择住处却忽略了仁义,怎么能是明智之举呢?"

4.2　子曰："不仁者⑤,不可以久处约⑥,不可以长处乐⑦。仁者安仁⑧,知者利仁⑨。"

---

①　里仁:里,《尔雅》云:"里,邑也。"郑玄云:"里者,民之所居也。居于仁者之里,是为善也。求善居而不处仁者之里,不得为有智之也。"皇侃《义疏》:"周家去王城百里谓之远郊,远郊内有六乡,六乡中五家为比,五比为闾,五闾为族,五族为党,五党为州,五州为乡。百里外至二百里谓之六遂,遂中五家为邻,五邻为里,四里为酇,五酇为鄙,五鄙为县,五县为遂。二百里外至王畿五百里之内,并同六遂之制也。仁者,博施济众也。言人居宅,必择有仁者之里,所以为美也。里仁为美,则闾仁亦美可知也。"邢昺注疏云:"里,居也。仁者之所居处,谓之里仁。"

②　正平本"美"作"善",吐阿363号墓8/1号写郑本"美"下有"也"字。

③　处(chǔ):居住。朱子《集注》:"里有仁厚之俗为美。择里而不居于是焉,则失其是非之本心,而不得为知矣。"

④　知:同"智",明智,皇侃本写作"智"。

⑤　不仁者:定州竹简本无"者"字。

⑥　约:贫困、穷困。约本训束,引申为穷困。

⑦　皇侃本"乐"下有"也"字。

⑧　仁者安仁:"仁者安仁"之命题代表孔子仁学所臻至的最高哲学水平。《礼记·表记》进而将"仁"细分为三大层次:"仁者安仁,知者利仁,畏罪者强仁。""安"是心安,程树德《四书集释》引《四书辨疑》"所安者,言其本心所主定止之处也。心"定止"于仁,心才能有所安。皇侃《义疏》说:"情性所安,最为深隐,故云察也。"皇侃点明"安"与"情性"有关。《礼记·表记》记载孔子语录:"中心安仁者,天下一人而已矣。"战国楚简《语丛一》认为仁"由中出"、"或生于内",《礼记·乐记》继而指出乐有别于礼,"乐由中出,礼自外作。"乐与仁相近,所以仁也是"由中出"。

⑨　知者利仁:智者知道仁对自己有利,所以才去行仁。皇侃义疏云:"云'智者利仁',智者,谓识昭前境,利仁者其见行仁者若于彼我皆利,则己行之,若于我有损,则使停止,是智者利仁也。而非性仁者也。"《大戴礼记·曾子立事》云:"仁者乐道,智者利道。"卢辩诠释说:"上者率其性也,次者利而为之。"《史记·滑稽列传》裴骃《集解》:"安仁者,性善者也;利仁者,力行者也;强仁者,不得已者也。"

【译文】

孔子说:"仁德缺失的人,不能长久处于贫困之中,也不能长久处于安逸中。仁德之士心安于仁,聪敏的人因为追逐利才行仁。"

4.3　子曰:"唯仁者,能好人①,能恶人②。"

【译文】

孔子说:"只有仁人才懂得如何真正地喜爱一个人,也真正知道为何厌恶某个人。"

4.4　子曰:"苟③志于仁矣,无恶④也⑤。"

【译文】

孔子说:"一个人如果立志于践行仁德,就不会干什么坏事。"

4.5　子曰:"富与贵是人之所欲也⑥,不以其道得之⑦,不处也;贫与贱是人之恶也⑧;不以其道得之,不去也⑨。君子去

---

①　吐阿363号墓8/1号写郑本、敦伯2676号、3972号写本"人"均作"仁"。

②　好(hào):喜爱;恶(wù):憎恨、厌恶。朱子《集注》云:"唯之为言独也。盖无私心,然后好恶当于理,程子所谓'得其公正'是也。"

③　苟:假如、假设。孔安国说:"苟,诚也。言诚能志于仁者,则其余无恶也。"

④　恶:皇侃《义疏》云:"言人若诚能志在于仁,则是为行之胜者,故其余所行皆善,无复恶行也。"

⑤　正平本、汉石经、吐阿363号墓8/1号写郑本无"也"字。

⑥　吐阿363号墓8/1号写郑本、敦伯2676号、2904号、3972号写本无"也"字,下文"不处也""所恶也""不去也"皆无"也"字。翟灏《论语考异》:"此'也'字唐以前人引述悉略去,未必不谋尽同也,恐是当时传本有如此。"

⑦　不以其道得之:以,由。敦伯2676号、3972号写本"得"写作"德"字。孔安国说:"不以其道得富贵,不处也。"

⑧　正平本无"也"字,下文"不去也"同。皇侃《义疏》:"乏财曰贫,无位曰贱。"

⑨　不以其道得之,不去也:王充《论衡·问孔》"贫贱何故当言'得之'?顾当言'贫与贱,是人之所恶也;不以其道去之,则不去也'。当言'去',不当言'得'。"王充认为此处"得之"语句有误,当改为"去之"。当王充没有搞清楚上处"得之"犹言"得处",此处"得之"之"之"指代"去","得之"即"得去"。

仁，恶①乎成名。君子无终食之间②违③仁，造次④必于是，颠沛⑤必于是。"

【译文】

孔子说："富贵人人都梦寐以求，但是如果不是用正当的手段获得，就不可以拥有。贫贱人人都厌恶，如果不能用正当的方法摆脱它，暂时就不摆脱。君子如果舍弃仁德，如何还能成就君子之名呢？君子没有一时一刻背离仁，即使在仓促的时候也是如此，即使在颠沛流离之际也是如此。"

4.6　子曰："我未见好仁者⑥，恶不仁者。好仁者，无以尚⑦之；恶不仁者，其为仁矣⑧，不使不仁者加乎其身。有能一日用其力于仁⑨矣⑩乎？我未见力不足者⑪。盖有之矣⑫，我未之见也⑬。"

---

① 恶(wū)：何、怎么。孔安国说："恶乎成名者，不得成名为君子也。"
② 终食之间：吃完一餐饭的时间，比喻时间短暂。
③ 违：背弃。
④ 造次：匆忙、仓促之时。马融说："造次，急遽也。"
⑤ 颠沛：跌倒，引申为困顿潦倒之时。马融说："颠沛，僵仆也。"
⑥ 汉石经本无"者"字。皇侃《义疏》："叹世衰道丧，仁道绝。言我未见有一人见他人行仁而好之者也。"
⑦ 尚：通"上"，超过、胜过。孔安国说："难复加也。"
⑧ 矣：用法同"也"，表停顿。
⑨ 皇侃本"仁"下有"者"字。
⑩ 吐阿363号墓8/1号写郑本"矣"作"意"，下同。
⑪ 定州竹简本无"者"字，皇侃本、正平本、定州竹简本句末有"也"字。
⑫ 盖：语首词，表假设，大概。有之：朱子《集注》："有之，谓有用力而力不足者。"皇侃《义疏》："孔子既言无有，复恐为顿诬于世，故追解之云，世中盖亦当有一日行仁者，特是自未尝闻见耳。"
⑬ 盖有之矣，我未之见也：皇侃本作"盖有之乎，我未之见也"，正平本"矣"作"乎"，吐阿363号墓8/1号写郑本、敦伯2676号、2904号、3972号写本句末无"也"字。朱子《集注》："此章言仁之成德，虽难其人，然学者苟能实用其力，则亦无不可至之理。但用力而不至者，今亦未见其人焉，此夫子所以反复而叹惜之也。"

【译文】

孔子说："我不曾见过喜好仁德的人和厌恶不仁的人。喜好仁德之人,是人中之凤;厌恶不仁的人,他践行仁德的目的是力求那些不仁的事情沾染到他自己身上。有谁能把他一天的力量都用在践行仁德上吗? 如果真有这样的人,我还没见过力量不足的。或许有能把一天的力量都用在践行仁德上的人,只是我至今没有遇见。"

4.7　子曰:"人①之过也,各于其党②。观过,斯知仁③矣。"

【译文】

孔子说:"人的过错,总与他的性情、智力以及后天生长环境有关。人的类别不一样,人的过失也不同。观察他的过错,就大致了解他是什么样的人。"

4.8　子曰:"朝闻道④,夕死可矣⑤!"

【译文】

孔子说:"早晨知道了真理,即使当天晚上就死去也甘之如饴。"

---

① 人:皇侃本、正平本作"民"。
② 党:类别,皇侃《义疏》云:"党,类也。人之有失,各有党类。小人不能为君子之行,则非小人之失也。犹如耕夫不能耕乃是其失,若不能书则非耕夫之失也。若责之,当就其辈类责也。"
③ 仁:通"人"。孔安国说:"小人不能为君子之行,非小人之过也。当恕而无责之。观过,使贤愚各当其所,则为仁也。掾以亲故,受污秽之名,所谓'观过斯知人矣'。"
④ 闻道:闻,听、知道,道,真理。
⑤ 汉石经本"矣"作"也"。朱子《集注》:"道者,事物当然之理。苟得闻之,则生顺死安,无复遗恨矣。"皇侃《义疏》:"叹世无道,故言:假使朝闻世有道,则夕死无恨,故云'可矣'。"

4.9　子曰:"士①志于道,而耻恶衣恶食者,未足与议也②!"

【译文】

孔子说:"读书人有志于追求真理,却以穿旧衣、吃粗粮为耻,这种人不值得与他谈论大道。"

4.10　子曰:"君子之于天下也,无适也③,无莫④也,义之于比⑤。"

【译文】

孔子说:"君子对于天下的人和事,没有好恶和厚薄的偏心,只是因循义去做。"

4.11　子曰:"君子怀德,小人怀土⑥;君子怀刑⑦,小人怀惠⑧。"

【译文】

孔子说:"君子心安于仁德,小人心安于乡土;君子心安于法度,小

① 士:古时称士农工商为四民,"凡习学文武者为士"。《荀子·儒效》云:"匹夫问学,不及为士,则不教也。"
② 未足与议也:吐阿363号墓8/1号写郑本作"未足与義"。皇侃《义疏》:"若欲志于道而耻恶衣恶食者,此则是无志之人,故不足与共谋议于道也。"
③ 吐阿363号墓8/1号写郑本无"也"字。
④ 适(dí)、莫:皇侃《义疏》:"范宁曰:'适、莫,犹厚、薄也。比,亲也。君子与人无有偏颇厚薄,唯仁义是亲也'。"
⑤ 比:亲近。本章之"比"与《为政》篇"君子周而不比"含义不一样。
⑥ 吐阿363号墓8/1号写郑本"人"作"仁",下文同。怀:孔安国《注》、皇侃《义疏》皆解作"安",朱子《集注》解作"思念",土:田土,乡土。
⑦ 刑:犹"法",法制。定州竹简本作"荆",吐阿363号墓8/1号写郑本作"形"。皇侃《义疏》:"刑,法也。言君子之人安于法则也。"
⑧ 惠:恩惠。皇侃《义疏》:"惠,恩惠利人也。小人不安法,唯知安利惠也。"

人一心贪求私利。"

4.12 子曰:"放①于利而行,多怨。"

【译文】

孔子说:"凡事都依照个人利益行事,会招致很多怨恨。"

4.13 子曰:"能以礼让为国乎? 何有②? 不能以礼让为国③,如礼何④?"

【译文】

孔子说:"能用礼让来治理国家吗? 这有什么困难呢! 如果不能用礼让来治国,徒具仪式的礼又有什么价值呢?"

4.14 子曰:"不患无位⑤,患所以立⑥;不患莫己知⑦,求⑧为可知也。"

【译文】

孔子说:"不要忧虑没有官位,应该忧虑以何德何能位居官位;不用

---

① 放(fǎng):通"仿",仿照、依据。孔安国说:"放,依也。每事依利而行之者也。"

② 何有:"何难之有"的省略语。刘宝楠《论语正义》:"何有,不难之词。"

③ 吐阿 363 号墓 8/1 号写郑本、敦伯 2676 号、2904 号、3972 号写本句末有"乎"字。

④ 如礼何:孔子认为礼不是空洞的仪式,还蕴含礼让等具体的内涵。如果不能以礼让原则治国,徒具形式的礼仪又有什么意义呢? 朱子《集注》:"言有礼之实以为国,则何难之有,不然,则其礼文虽具,亦且无如之何矣,而况于为国乎?"

⑤ 位:职位、官位。吐阿 363 号墓 8/1 号写郑本作"谓"。

⑥ 立:立身、以德立身行世。皇侃《义疏》云:"言何患无位,但患己才闇无德以处立于位耳"。

⑦ 皇本、正平"知"下有"也"。

⑧ 求:定州竹简本作"未"。包咸说:"求善道而学行之,则人知己也。"

担心没有人了解自己的才识，而应该去获取足以让别人知道自己的真才实学。"

4.15　子曰："参乎！吾道①一②以贯③之④。"曾子曰："唯⑤。"子出，门人⑥问曰："何谓也?"曾子曰："夫子之道，忠恕⑦而已矣。"

①　道：思想体系，《荀子·儒效》云："先王之道，仁之隆也，比中而行之。曷谓中？曰：礼义是也。道者，非天之道，非地之道，人之所以道也，君子之所道也。"

②　一：吐阿363号墓8/1号写郑本作"壹"。朱子《集注》："圣人之心，浑然一理，而泛应曲当，用各不同，曾子于其用处，盖已随事精察而力行之，但未知其体之一尔。夫子知其真积力久，将有所得，是以呼而告之。"朱熹指出在孔子三千弟子中，"曾氏之传独得其宗"并非虚言。

③　贯：贯穿。皇侃《义疏》："贯者，犹统也。譬如以绳穿物，有贯统也。"

④　皇侃本、正平本、吐阿363号墓8/1号写郑本句末有"哉"字。

⑤　唯：是的。孔安国说："直晓不问，故答曰'唯'也。"

⑥　门人：皇侃、邢昺皆认为是曾子的学生。曾子小孔子四十六岁，孔子去世时，曾子尚不满三十岁，此时不应有自己的弟子。从上下文看，与"子出"对应，这里的门人应当是指孔子的弟子。

⑦　忠恕：朱子《集注》解释为"尽己之为忠，推己之为恕"。《中庸》引孔子"忠恕违道不远，施诸己而不愿，亦勿施于人"正好印证曾子的理解符合孔子原意。何谓忠？《大戴礼记·曾子立事》云："君子不绝人之欢，不尽人之礼，来者不豫，往者不慎。去之不谤，就之不略，亦可谓忠矣。"这是曾子从"应然"意义上解释如何行忠。"言忠必及意，言信必及身"，《国语》这一段话比较贴近曾子"忠"观念的内涵；何谓"恕"？《大戴礼记·卫将军文子》载孔子语录："高柴执亲之丧，则难能也；开蛰不杀，则天道也；方长不折，则恕也。恕则仁也，汤恭以恕，是以日跻也。""恕心"不仅用于恕人，也拓展到恕物。借助恕心及人及物，可以逐渐接近仁。当年孔子在回答子贡"有一言而可以终身行之者乎"时说"其恕乎！己所不欲，勿施于人。""圣人以己度人者也。以心度心，以情度情，以类度类，古今一也。类不悖，虽久同理，故性缘理而不迷也。"韩婴说："圣人以己度人者也。以心度心，以情度情，以类度类，古今一也。类不悖，虽久同理，故性缘理而不迷也。"韩婴相信以己"心"可以实现"度"他人之心，以己"情"可以实现"度"他人之情。恰如王弼所论"恕者，反情以同物者也。"王弼认为"反情"不仅可以推度人之情，也可以推度物之情，由"返"实现"同"。相比较而言，王弼这一表述接近形式逻辑意义上对"恕是什么"的界定。

【译文】

孔子说:"参啊! 我的思想学说可以用一个核心观念贯穿起来。"曾子说:"是。"孔子走出去后,其他弟子问曾子道:"一以贯之是什么意思?"曾子说:"夫子的思想学说,可以用忠和恕高度概括。"

4.16　子曰:"君子喻①于义,小人②喻于利。"

【译文】

孔子说:"君子以义为乐,小人以私利为乐。"

4.17　子曰:"见贤思齐焉;见不贤③而内自省也④。"

【译文】

孔子说:"遇到贤人就立志向他看齐,遇到不贤的人就在心中自我反省。"

4.18　子曰:"事⑤父母几⑥谏,见志不从⑦,又敬不违⑧,

---

①　喻:晓,愉悦。定州竹简本作"踰"。此处的"喻"与《庄子·齐物论》"自喻适志与"含义相同,都是指快乐、愉悦。朱子《集注》:"义者,天理之所宜。利者,人情之所欲。"

②　小人:此处"君子"与"小人"皆是从德行上言,而非指在位者。

③　正平本、皇侃本"贤"下有"者"字。皇侃《义疏》:"若见人不贤者,则我更视我心内,从来所行无此事不也。"

④　吐阿 363 号墓 8/1 号写郑本句末无"也"字。

⑤　事:服侍。

⑥　几(jī):微,轻微、婉约。定州竹简本作"儆",吐阿 363 号墓 8/1 号写郑本作"讥"。包咸说:"几,微也。言当微谏,纳善言于父母也。"

⑦　见志不从:父母固执己见,不听从子女劝谏。包咸曰:"见志者,见父母志有不从己谏之色,则又当恭敬,不敢违父母意而遂己之谏也。"

⑧　又敬不违:皇侃本作"又敬而不违"。不违:子女不放弃谏诤之志。《礼记·内则》:"父母有过,下气怡色,柔声以谏。谏若不入,起敬起孝,说则复谏;不说,与其得罪于乡党州间,宁孰谏。"

劳①而不怨。"

【译文】

孔子说:"孝敬父母的时候,如果父母尊长言行有不对之处,子女应当婉约谏诤。看到父母尊长仍然固执己见,子女照旧恭敬父母,但始终不放弃劝谏。子女虽然内心忧愁,但不怨恨父母。"

4.19　子曰:"父母在,不远游②,游必有方③。"

【译文】

孔子说:"父母在世的时候,子女尽量不远游。如果要远游,一定要把确定的去所禀告父母。"

4.20　子曰:"三年无改于父之道,可谓孝矣④。"⑤

【译文】

孔子说:"父亲去世多年之后,子女仍不违背父辈定下的为人处世准则,这样的人就可以称作孝子。"

4.21　子曰:"父母之年⑥,不可不知⑦也:一则以喜,一

---

① 劳:忧愁。皇侃《义疏》:"若谏又不从,或至十至百,则已不敢辞己之劳以怨于亲也。"王引之《经义述闻》释"劳"为"忧愁"。
② 皇侃本、正平本作"子不远游"。游:游宦、游学。
③ 方:常。《礼记·曲礼》:"为人子之礼,出必告,反必面,所游必有常,所习必有业。"郑玄注:"方,常也。"
④ 吐阿363号墓8/1号写郑本"矣"作"意"。
⑤ 已见于《学而》篇,或是那一章的脱简。
⑥ 年:年龄。
⑦ 知(zhì):知晓、记忆。皇侃本"知"下无"也"字。孔安国说:"见其寿考则喜,见其衰老则惧也。"

则以惧。"

【译文】

孔子说："父母的年龄，子女不能不时刻记在心里：一方面为父母长寿而欣喜，另一方面为父母日渐衰老而忧心。"

4.22　子曰："古者言之不出①，耻②躬③之不逮④也。"

【译文】

孔子说："古时候言论不轻率出口，这是因为以自己做不到为耻。"

4.23　子曰："以约⑤失⑥之者，鲜矣。"

【译文】

孔子说："因为约束自己言行而犯错，这种事非常少见。"

4.24　子曰："君子欲讷于言⑦，而敏于行。"

【译文】

孔子说："君子说话慎重，做事敏捷。"

---

①　言之不出：不轻率发言。皇侃本作"古之者言之不妄出也"，正平本句末也有"也"字。
②　耻：以……为耻。
③　躬：自身，自己。
④　逮(dài)：及，赶上。朱子《集注》："言古者，以见今之不然。逮，及也。行不及言，可耻之甚。古者所以不出其言，为此故也。"
⑤　约：约束、节制。
⑥　失：过错、过失。孔安国说："俱不得中也，奢则骄，溢则招祸，俭约则无忧患也。"
⑦　讷(nè)：迟缓、谨慎。讷于言，指言语谨慎。《说文》："讷，言难也。敏，疾也。"皇侃《义疏》云："君子欲行先于言，故迟言而速行也。"本句与《学而篇》"敏于事而慎于言"含义相同。

4.25　子曰:"德①不孤,必有邻②。"

【译文】

孔子说:"有德行的人不会孤单,一定会有志同道合的朋友相伴。"

4.26　子游曰:"事君数③,斯辱④矣;朋友数,斯疏矣。"

【译文】

孔子说:"事奉君王,切忌经常当面指责,否则就会招致羞辱;与朋友相处,切记不可多次当面责备,否则友情就会疏远。"

---

①　吐阿363号墓8/1号写郑本"德"作"得",误。

②　邻:邻里、邻居,引申为伙伴、志同道合的朋友。《周礼·遂人》:"五家为邻"。朱子《集注》:"德不孤立,必以类应。故有德者,必有其类从之,如居之有邻也。"

③　吐阿363号墓8/1号写郑本"事"作"士",误。数(shuò):责备、当面指责。《广雅·释诂》:"数,责也。"另一解为频繁、繁琐。《礼记·曲礼下》:"为人臣之礼,不显谏,三谏而不听,则逃之。子之事亲也,三谏而不听,则号泣而随之。"朱子《集注》引胡氏:"事君谏不行,则当去;导友善不纳则当止。至于烦渎,则言者轻,听着厌矣。是以求荣而反辱,求亲而反疏也。"

④　辱:《荀子·正论》已提出"荣辱"概念,"故凡言议期命,是非以圣王为师,而圣王之分,荣辱是也。是有两端矣:有义荣者,有势荣者;有义辱者,有势辱者。……义荣、势荣,唯君子然后兼有之;义辱、势辱,唯小人然后兼有之。是荣辱之分也。"荀子认为"君子可以有势辱,而不可以有义辱"。君子与小人的区别就在于君子没有"义辱",小人反是。

卷五　公冶长第五　凡二十八章

5.1　子谓公冶长①，"可妻②也。虽在缧绁③之中，非其罪也"。以其子④妻之。

【译文】

孔子评价公冶长说："可以把女儿嫁给他。虽然他曾经身陷囹圄，但不是他的过错。"于是孔子把自己的女儿嫁给了他。

5.2　子谓南容⑤，"邦有道⑥，不废⑦；邦无道，免于刑戮⑧"。以其兄之子妻之⑨。

【译文】

孔子评价南宫适说："国家政治清明之时，他的才华不会被埋

---

①　公冶长：姓公冶，名长，字子长，鲁国人。吐阿 363 号墓 8/1 号写郑本作"公冶苌"。《孔子家语·弟子解》说他"为人能忍耻"，在待人接物方面有谦和忍让之德。相传其通解鸟兽之语。

②　妻：动词，音 qì，以女嫁人。

③　本作"缧绁"，覆宋淳祐本、宋闽刊本作"缧绁"，《史记·孔子世家》云："孔子曰：'长可妻也，虽在累绁之中，非其罪也。'以其子妻之"。孔安国说："累，黑索也。绁，挛也。所以拘罪人也。"缧绁，捆绑犯人的黑色绳索，引申为牢狱。

④　子：儿女，这里指女儿。

⑤　南容：姓南宫，名适(kuò)，字子容，鲁国人，孔子弟子。《史记·仲尼弟子列传》记载其名为括。王肃说："南容，弟子南宫绦也，鲁人也，字子容。不废，言见任用也。"

⑥　道：政治清明、社会稳定。

⑦　废：废黜、罢免。《孔子家语·七十二弟子解》记载："南宫适，鲁人，字子容。以智自将，世清不废，世浊不浼，孔子以兄子妻之。"

⑧　吐阿 363 号墓 8/1 号写郑本"免"作"勉"、"刑"作"形"，误。

⑨　孔子之兄叫孟皮，腿有残疾。

没;国家政治混乱之时,他也能免于刑罚。"于是孔子把侄女嫁给他。

5.3　子谓子贱①,"君子哉若②人! 鲁无君子者,斯焉取斯③?"

【译文】

孔子评价宓子贱说:"这人真是君子啊! 如果鲁国没有君子,他从哪里学得这样的好品德呢?"

5.4　子贡问曰:"赐也何如④?"子曰:"女⑤,器也。"曰:"何器也?"曰:"瑚琏⑥也。"

【译文】

子贡问道:"(在您心目中),我是怎样一个人呢?"孔子说:"你好比是一种华贵的器皿。"子贡又问:"那是什么器皿呢?"孔子说:"瑚琏。"

---

①　子贱:姓宓(fú),名不齐,字子贱,鲁国人,孔子弟子,小孔子三十岁。《孔子家语·七十二弟子解》记载:宓子贱"仕为单父宰,有才智,仁爱,百姓不忍欺。孔子大之。"
②　若:此,这个。
③　斯焉取斯:两个"斯"都是代词,第一个代指子贱,第二个代指子贱的品德;焉,哪里。皇侃《义疏》:"因美子贱,又美鲁也。"
④　何如:正平本作"如何"。
⑤　女:通"汝",皇本即作"汝"。
⑥　瑚琏:朱子《集注》:"器者,有用之成材。夏曰瑚,商曰琏,周曰簠簋,皆宗庙盛黍稷之器而饰以玉,器之贵重而华美者也。"瑚琏是一种竹制缀有玉饰的器皿,贵重而华美,用于宗庙祭祀中盛放粮食。《史记·仲尼弟子列传》云:"子贡利口巧辞,孔子常黜其辩。"又《为政篇》有"君子不器"之说,可见孔子对子贡既有赞赏,也有劝勉。孔子诙谐幽默之个性,于此可见一斑。

5.5　或曰:"雍①也仁而不佞②。"子曰:"焉用③佞④? 御⑤人以口给⑥,屡憎于人⑦。不知其仁⑧,焉用佞⑨?"

【译文】

有人说:"冉雍有仁德但口才欠佳。"孔子说:"为人处世何必要巧舌如簧呢? 尖牙利齿与人争辩,经常惹人厌恶。冉雍有没有仁德姑且不论,立身行事何必巧言令色呢?"

5.6　子使漆雕开⑩仕。对曰:"吾斯之未能信⑪。"子说⑫。

【译文】

孔子想安排漆彫开入仕为官。漆雕开答道:"我对于自己是否能信

---

①　雍:姓冉,名雍,字仲弓,鲁国人,孔子弟子,小孔子二十九岁。冉雍与冉耕、冉求皆在孔门"十哲"之列。冉雍在孔门"四科"位列"德行",孔子曾夸奖"雍也可使南面"。《荀子·儒效》将冉雍与孔子并称为"大儒"。

②　佞(nìng):口才好,能言善辩。皇侃《义疏》:"言人生在世,备仁躬自足,焉作佞伪也。"

③　用:需要。

④　正平本句末有"也"字。

⑤　御:抵御。

⑥　给(jǐ):敏捷。

⑦　人:皇侃本作"民"。

⑧　不知其仁:仁德是生命理想境界,孔子从不轻易以此赞许人,表扬颜回也仅仅只说"三月不违仁",所以才说"不知"。定州竹简本"知"作"智"。

⑨　皇侃本、正平本句末有"也"字。朱子《集注》:"佞人所以应答人者,但以口取辨而无情实,徒多为人所憎恶尔。我虽未知仲弓之仁,然其不佞乃所以为贤,不足以为病也。"

⑩　漆雕开:姓漆雕,名开,字子开,孔子弟子,小孔子十一岁。宋闽刊本、皇侃本、唐石经本作"漆彫开",吐阿363号墓8/1号写郑本"漆"作"柒",冯登府《论语异文考证》云:"案'彫'是本字。唐石经及皇本、高丽本并作'彫'。《考异》据宋石经亦作'彫'。彫,假字也。邢本误作'雕',而亭林顾氏反以唐石经为误,失之矣。"

⑪　吾斯之未能信:倒装句,"吾未能信斯"的倒装形式。"之",语助词;信,自信、信心。范宁说:"闻知其学未习究治道,以此为政,不能使民信己。孔子悦其志道之深,不汲汲于荣禄也。"

⑫　皇本"说"作"悦"。

任官职这件事还没有充分的自信心。"孔子听到之后非常欣慰。

5.7　子曰："道不行,乘桴①浮于海。从②我者,其由与③?"子路闻④之喜。子曰："由也好勇⑤过我,无所取材⑥。"

【译文】

孔子说："如果我的社会理想无法实现,就干脆乘着木筏漂泊到海外。追随我的人,大概只有仲由一人吧?"子路听到后沾沾自喜。孔子说:"仲由好勇的气概超过了我,只是听不懂弦外之音啊。"

5.8　孟武伯⑦问⑧："子路仁乎?"子曰:"不知也。"又⑨问。子曰:"由也,千⑩乘之国,可使治其赋⑪也⑫,不知其仁也。"

① 桴(fú):木筏。定州竹简本作"泡",吐阿363号墓8/1号写郑本作"垺"。
② 从:跟从、跟随。
③ 皇侃本、正平本、吐阿363号墓8/1号写郑本、敦伯3643号写本"由"下有"也"字。
④ 闻:吐阿363号墓8/1号写郑本作"文"。
⑤ 勇:在孔门弟子中,子路以勇敢而知名。他用一生诠释了一个勇字,孔子称赞他说:"子路好勇,闻过则喜",又说:"自吾得由,恶言不闻于耳"。
⑥ 材:裁度。学术史上对"材"有三种不同的解释,第一种将"材"释为桴材,郑玄说:"子路信夫子欲行,故言好勇过我也。无所取材者,言无所取桴材也。以子路不解微言,故戏之耳。"第二种观点,"材"同"哉",语助词,认为子路除了勇之外,没其他可取之处,何晏《集解》又云:"一曰:'子路闻孔子欲浮海便喜,不复顾望,故夫子叹其勇曰过我。无所复取哉?言唯取于己也。古字'材'、'哉'同。'"第三种说法出自朱熹,朱子《集注》云:"材,与裁同,古字借用。桴,筏也。程子曰:'浮海之叹,伤天下之无贤君也。子路勇于义,故谓其能从己,皆假设之言耳。子路以为实然,而喜夫子之与己,故夫子美其勇,而讥其不能裁度事理,以适于义也。'"吐阿363号墓8/1号写郑本句末有"之"。
⑦ 孟武伯:孟懿子之子。《史记·仲尼弟子列传》作"季康子问,仲由仁乎",刘氏《正义》认为《史记》或出自古《论语》。
⑧ 定州竹简本"孟"误作"子"。吐阿363号墓8/1号写郑本"问"作"敏"。
⑨ 又:定州竹简本作"有"。
⑩ 千:敦伯3643号写本作"阡",下文"千室"亦同。
⑪ 赋:兵赋,这里指军政、兵役,也泛指军政事务。《左传·隐公四年》服虔注:"赋,兵也。以田赋出兵,故谓之赋。"
⑫ 吐阿363号墓8/1号写郑本、敦伯3643号写本句末无"也"字。

"求也何如?"子曰:"求也,千室之邑①,百乘之家②,可使③为之宰④也,不知其仁也。"

"赤⑤也何如?"子曰:"赤也,束带⑥立于朝,可使与宾客⑦言也,不知其仁也。"

【译文】

孟伯武问:"子路称得上是仁者吗?"孔子答道:"不知道。"他又追问,孔子说:"仲由啊,一个拥有千乘兵车的国家可以聘请他去治理军政大事。至于他是不是已达到仁的境界,我很难用语言表达清楚。"

孟伯武问:"冉求怎样呢?"孔子说:"冉求啊,有千户人家的封邑、有百乘兵车的大夫采邑,可以请他去当总管。至于他是不是已达到仁的境界,我很难用语言表达清楚。"

孟伯武又问:"公西赤又怎样呢?"孔子说:"公西赤啊,他擅长穿着礼服,立于朝廷之上,接待各国宾客。至于他是不是已达到仁的境界,我很难用语言表达清楚。"

5.9　子谓子贡曰:"女⑧与回也,孰愈⑨?"对曰:"赐也,

① 邑:古代庶民聚居之地。千室之邑指的是卿大夫的领地。朱子《集注》:"千室,大邑。百乘,卿大夫之家。"
② 家:指卿大夫的采邑。孔安国说:"卿大夫称家。"
③ 使:吐阿363号墓8/1号写郑本作"史"。
④ 宰:总管,春秋时代邑令和卿大夫的家臣都称为宰。朱子《集注》:"宰,邑长家臣之通号。"
⑤ 赤:姓公西,名赤,字少华,孔子弟子,小孔子四十二岁,此人长于祭祀之仪、宾客之礼。
⑥ 束带:整理好衣服,束紧衣带,指身穿礼服立于朝廷。皇侃《义疏》:"束带立于朝,谓赤有容仪,可使对宾客言语也。"
⑦ 宾客:古时国君、上卿称"宾",普通的客人称"客"。此处是一合成词,"宾客"连用泛指客人。
⑧ 女:通"汝"。皇侃本、正平本、吐阿363号墓8/1号写郑本、敦伯3643号写本等均作"汝"。
⑨ 愈:胜、强、出色。吐阿363号墓8/1号写郑本、敦伯3643号写本作"熟俞"。孔安国说:"愈,犹胜也。"

何敢望①回？回也,闻一以知十;赐也,闻一以知二②。"子曰:"弗如也! 吾与③女,弗如也。"

【译文】

孔子问子贡:"你自己和颜回相比,哪个更出色呢?"子贡回答道:"我哪敢和颜回相比较呢? 颜回能够'闻一知十',推知全体;我只能'闻一知二',由此及彼。"孔子说:"你确实比不上他,我和你都不如他。"

5.10　宰予④昼寝⑤。子曰:"朽⑥木不可雕⑦也,粪土⑧之墙不可杇⑨也。于予与⑩何诛?"

子曰⑪:"始吾于人也,听其言而信其行;今吾于人也,听其言而观其行。于予与改是⑫。"

---

① 望:比较。

② 二:吐阿363号墓8/1号写郑本作"贰"。朱子《集注》:"一,数之始。十,数之终。二者,一之对也。颜子明睿所照,即始而见终。子贡推测而知,因此而识彼。"

③ 与:历史上有两种解释,与,和;与,赞许。朱子《集注》:"与,许也"。包咸说:"既然子贡弗如,复云吾与尔俱不如者,盖欲与慰子贡心也。"

④ 宰予:姓宰名予,孔子弟子,小孔子二十九岁。在孔门"四科十哲"中以"言语"著称。

⑤ 昼寝:大白天睡觉。有种解释认为此处应作"画寝",程树德《论语集释》引《韩李笔解》:"'昼'当为'画'字之误也。宰予四科十哲,安得有昼寝之责乎?"若作"画寝",则指以绘画装饰房屋,为僭礼之行。吐阿363号墓8/1号写郑本句末有"也"字。

⑥ 朽:定州竹简本作"丂丂"。

⑦ 雕:宋闽刊本、皇侃本、正平本、唐诸写本、唐石经、宋石经本作"彫"。皇侃《义疏》:"彫,彫镂刻画也。"

⑧ 粪土:秽土,脏土。

⑨ 杇(wū):泥瓦工粉刷墙壁的工具叫杇,此处用作动词,指粉刷墙壁。王肃说:"二者喻虽施功犹不成也。"

⑩ 与:同"欤",语助词,吐阿363号墓8/1号写郑本无"与"字;诛:责备。朱子《集注》:"言不足责,乃所以深责之。"

⑪ 子曰:朱子《集注》:"胡氏曰:'子曰'疑衍文,不然,则非一日之言也。"此处恐非衍文,应是孔子在其他场合对"宰予昼寝"的评论。

⑫ 吐阿363号墓8/1号写郑本"与"作"予",句末有"也"字。皇侃《义疏》:"所以起宰予而改者,我当信宰予是勤学之人,谓必不懒惰。今忽正昼而寝,则如此之徒居然不复可信,故使我并不复信于时人也。"

【译文】

　　宰予在大白天睡觉。孔子说:"腐朽的木头不能雕琢,污秽的土墙不堪粉刷,对于宰予这样的人,我还能责备什么呢?"

　　孔子说:"从前我对于一个人,听了他的话就相信他的行为;现在我对于一个人,听了他的言还要观察他的行为。从宰予这件事情,我改变了观察人的方法。"

　　5.11　子曰:"吾未见刚①者。"或对曰:"申枨②。"子曰:"枨也欲③,焉得刚?"

【译文】

　　孔子说:"我从未见过刚毅之人。"有人回答说:"申枨啊。"孔子说:"申枨私欲太多,怎么能称得上是刚毅之人呢?"

　　5.12　子贡曰:"我不欲人之加④诸我也⑤,吾亦欲无加诸人⑥。"子曰:"赐也,非尔⑦所及也⑧。"

---

　　①　刚:刚毅。《孟子·公孙丑上》:"敢问何谓浩然之气? 曰:'难言也。其为气也,至大至刚,以直养而无害,则塞于天地之间。其为气也,配义与道;无是,馁也。是集义所生者,非义袭而取之也。行有不慊于心,则馁矣。'"孔子所言"刚",可与孟子之"浩然之气"合观。

　　②　申枨(chéng):孔子弟子,鲁人。《史记·仲尼弟子列传》有"申党",定州竹简本作"长"。

　　③　欲:私欲。孔安国说:"欲,多情欲也。"

　　④　加:陵,强加。

　　⑤　我不欲人之加诸我也:敦伯 3643 号写本作"我不欲人之加诸于我"。

　　⑥　吾亦欲无加诸人:正平本句末有"也"字,定州竹简本作"吾亦欲毋加诸人",敦伯 3643 号写本作"吾亦欲无加诸于人"。

　　⑦　尔:人称代词,你。孔安国说:"言不能止人使不加非义于己之也。"意指人不无法阻止别人将非义之事强加在自己身上。朱子《集注》云:"子贡言我所不欲人加于我之事,我亦不欲以此加之于人。此仁者之事,不待勉强,故夫子以为非子贡所及。程子曰:'我不欲人之加诸我,吾亦欲无加诸人,仁也;施诸己而不愿,亦勿施于人,恕也。恕则子贡或能勉之,仁则非所及也。'"

　　⑧　所及:定州竹简本作"赐,非玺所及也"。

【译文】

子贡说:"我不想别人强加于我什么,也不想强加于别人什么。"孔子说:"赐啊,这不是你所能达到的!"

5.13 子贡曰:"夫子之文章①,可得而闻也;夫子之言性②与天道③,不可得而闻也④。"

【译文】

子贡说:"夫子的威仪以及关于《诗》、《书》、《礼》、《乐》的道德学问,弟子可以耳闻目睹;夫子关于性命与天道的言论,我还没有听到。"

5.14 子路有闻,未之能行⑤,唯恐有⑥闻⑦。

【译文】

子路听闻一个道理,在未能躬行之前,唯恐再听到新的道理。

5.15 子贡问曰:"孔文子⑧何以谓之'文'也?"子

---

① 文章:威仪文辞。何晏《集解》云:"章,明也。文采形质著见,可得以耳目修也。"皇侃《义疏》:"文章者,六籍也。"朱子《集注》云:"文章,德之见乎外者,威仪文辞皆是也。盖圣门教不躐等,子贡至是始得闻之,而叹其美也。"

② 性:性命。《史记》作"天道与性命",朱子《集注》:"天道者,天理自然之本体,其实一理也。"

③ 天道:何晏《集解》云:"元亨日新之道也。"

④ 皇侃本、正平本句末有"已矣"二字,吐阿363号墓8/1号写郑本"闻"误作"文",无"也"字。

⑤ 未之能行:未能行之。皇侃本、正平本作"未能行"。

⑥ 有:同"又"。

⑦ 朱子《集注》:"前所闻者既未及行,故恐复有所闻而行之不给也。范氏曰:'子路闻善.勇于必行,门人自以为弗及也,故著之。若子路,可谓能用其勇矣。'"

⑧ 孔文子:姓孔,名圉,卫国大夫,"子"是尊称,"文"是谥号。朱子《集注》:"凡人性敏者多不好学,位高者多耻下问。故谥法有以'勤学好问'为文者,盖亦人所难也。孔圉得谥为文,以此而已。苏氏曰:'孔文子使太叔疾出其妻而妻之。疾通于初妻之娣,文子怒,将攻之。访于仲尼,仲尼不对,命驾而行。疾奔宋,文子使疾弟遗室孔姞。其为人如此而谥曰文,此子贡之所以疑而问也。孔子不没其善,言能如此,亦足以为文矣,非经天纬地之文也。'"

曰：“敏①而好学，不耻下②问，是以谓之‘文’也③。”

【译文】

子贡问：“孔文子凭什么得谥为‘文’呢？”孔子说：“他聪敏而且好学，谦虚下问，不以为耻，所以他得到了‘文’的谥号。”

5.16　子谓④子产⑤，“有君子之⑥道四焉：其行己也恭⑦，其事上也敬⑧，其养民也惠，其使民也义”。

【译文】

孔子评论子产：“他具备了四项君子的美德：他言行谦恭和顺，他以敬对待君王和父母尊长，他养护百姓有慈惠，他役使平民大众合理得当。”

---

① 敏：孔安国说：“敏者，识之疾也。”
② 下：地位与学问在己之下的人。钱穆《论语新解》云：“以能问于不能，以多问于寡，皆称下问，不专指位与年之高下。”吐阿 363 号墓 8/1 号写郑本“下”作“夏”。
③ 吐阿 363 号墓 8/1 号写郑本“也”作“矣”。
④ 谓：定州竹简本作“曰”。
⑤ 子产：姓公孙，名乔，字子产，郑穆公之孙，春秋时期郑国的贤相。子产是春秋末年杰出的政治家，在郑简公、郑定公时执掌国政二十二年，他推行的“作丘赋”、“作封洫”、“不毁乡校”等措施，使郑国傲立于群雄之间，因而孔子称赞他是仁人。鲁昭公二十年，子产去世，孔子叹道：“古之遗爱也。”敦伯 3643 号写本“子产”下有“曰”字。
⑥ 之：皇侃本、定州竹简本无。
⑦ 恭：《尚书·洪范》曰：“貌曰恭”。邢昺《注疏》：“言己之所行，常能恭顺，不违迕于物也。”
⑧ 敬：敬初作“苟”，《说文解字·苟部》：“肃也。从攴、苟。”《宋本广韵》：“恭也，肃也，慎也。”“敬”字出现于西周金文，据张再兴《西周金文文字系统论》统计，西周金文出现的字数总量为 2837 个，“敬”字共出现 37 次。邢昺《注疏》：“言承事在己上之人及君亲，则忠心复加谨敬也”。李泽厚《论语今读》认为“敬”“既是一种外在态度，更是一种内在情感，源起于巫术礼仪中对上帝鬼神的尊敬畏惧，理性化后转为生活态度和情感要求。”

5.17 子曰:"晏平仲①善与人交②,久而敬之③。"

【译文】

孔子说:"晏平仲善于与人交往。交往很久之后,别人仍然敬重他。"

5.18 子曰:"臧文仲④居蔡⑤,山节⑥藻棁⑦,何如其知⑧也?"

【译文】

孔子说:"臧文仲僭礼蓄养大乌龟,他仿照天子祖庙,藏龟的屋子装饰刻有山形花纹的斗拱和画有水草花纹的短柱。这种人真有智慧吗?"

---

① 晏仲平:姓晏,名婴,字仲(定州竹简本作"中"),"平"为谥号,春秋时齐国贤相。今存《晏子春秋》为后世人托名而作,但也记载了他的一些事迹。

② 交:结交、交友。

③ 久而敬之:历史上有两种理解,一指久而人敬,交往时间很久之后人们仍然敬重晏婴;另一种指久而敬人,即是说晏婴与人交往很长时间后仍然敬重对方。皇侃本、正平本作"久而人敬之","之"当指晏子。

④ 臧文仲:鲁国大夫臧孙辰,字仲,"文"是其谥号。

⑤ 居:蓄养;蔡:大龟,包咸说:"蔡,国君之守龟也,出蔡地,因以为名,长尺有二寸。居蔡,僭也。"臧文仲私自"居蔡",是一种僭礼行为,皇侃《义疏》:"礼,唯诸侯以上得畜大龟,以卜国之吉凶。大夫以下不得畜之。文仲是鲁大夫,而畜龟,是僭人君礼也。"

⑥ 节:斗拱。山节,刻成山形的斗拱。

⑦ 棁(zhuō):梁上的短柱。藻,水草,藻棁指在短柱上画上水草的图案。敦伯3643号写本"棁"作"税"。山节藻棁:古代天子的庙饰。皇侃《义疏》:"此奢侈也。山节者,刻柱头露节为山,如今栱斗也。藻棁者,画梁上侏儒柱为藻文也。人君居室无此礼,而文仲为之,故为奢也。"一般认为"山节藻棁"指的是臧文仲藏龟的屋子,王氏稗疏则认为指的是臧文仲居住的宫室。

⑧ 知:同"智",皇侃本、吐阿363号墓8/1号写郑本、敦伯3643号写本作"智"。

60

5.19　子张问曰:"令尹子文①三仕②为令尹,无喜色③;三已④之,无愠色。旧令尹之政,必以告新令尹。何如?"子曰:"忠⑤矣。"曰:"仁矣乎?"曰:"未知⑥,焉得仁!"

"崔子弑齐君⑦,陈文子⑧有马十⑨乘,弃而违⑩之。至于他邦⑪,则曰⑫,'犹⑬吾大夫崔子也。'违之。之一邦⑭,则又曰:'犹吾大夫崔子也⑮。'违之。何如?"子曰:"清⑯矣。"曰:"仁矣乎?"子曰:"未知,焉得仁?"

---

①　令尹:楚国官名,类似中原地区的国相。子文:姓斗,名谷(gòu)于(wū)菟(tú),字子文,是楚国贵族斗伯比的私生子。传说他曾经被遗弃,老虎为他哺乳,楚人称老虎为於菟,因此他得名于菟。根据《左传》记载,他从鲁庄公三十年(公元前664年)到鲁僖公二十三年(公元前637年)担任楚国的令尹,中间有数次被免职。

②　仕:吐阿363号墓8/1号写郑本作"士"、敦伯3643号写本作"事"。

③　无喜色:敦伯3643号写本作"子无喜色"。

④　已:罢免。三仕、三已中的"三"字应当都是虚指多次。

⑤　忠:吐阿363号墓8/1号写郑本作"中"。

⑥　知:通"智"。吐阿363号墓8/1写郑本作"智",下文同。皇侃《义疏》引李充之言道:"子玉之败,子文之举。举以败国,不可谓智也。贼夫人之子,不可谓仁。"朱子《集注》:"其为人也,息怒不形,物我不闲,知有其国而不知有其身,其忠盛矣,故子张疑其仁。然其所以三仕三已而告新令尹者,未知其皆出于天理而无人欲之私也,是以夫子但许其忠,而未许其仁也。"

⑦　崔子:崔杼(zhù)是齐国的大夫。弑:古代社会臣民杀君、子女杀父母叫做弑,释文曰:"《鲁》论读'崔'为'高',仅从《古》。弑,本又作'杀'"。齐君:齐庄公。崔子弑齐君事见《左传》襄公二十五年。

⑧　陈文子:齐国大夫,名须无,"文"是他的谥号。《春秋》及各传皆未记载陈文子在崔杼弑君后离开齐国之事。

⑨　十:吐阿363号墓8/1号写郑本作"拾"。

⑩　违:离开。孔安国说:"崔杼作乱,陈文子恶之,捐其四十匹马,违而去之也。"

⑪　他邦:定州竹简本作"也国"。

⑫　则曰:皇侃本、正平本、吐阿363号墓8/1号写郑本作"则又曰"。

⑬　犹:吐阿363号墓8/1号写郑本作"由"。

⑭　之一邦:正平本、吐阿363号墓8/1号写郑本作"至一邦"。

⑮　吐阿363号墓8/1号写郑本作"吾大夫崔子"。

⑯　清:皇侃《义疏》云:"清,清洁也。"朱子《集注》:"文子洁身去乱,可谓清矣。"朱子《集注》又言:"今以他书考之,子文之相楚,所谋者无非僭王猾夏之事。文子之仕齐,既失正君讨贼之义,又不数岁而复返于齐焉,则其不仁亦可见矣。"

【译文】

　　子张问:"楚国令尹子文多次担任令尹,没有露出志骄意满的神色;多次被罢免,也没有流露怨愤失落的神情。每次离任,一定会把任上的政事全部交待接任的新令尹。应如何评价此人呢?"孔子说:"可算是一位忠臣。"子张又问:"称得上仁吗?"孔子答道:"没有做到智,怎么称得上仁呢!"

　　子张又问:"崔杼杀害齐国国君,大夫陈文子有十乘马车,都舍弃不要离开了齐国。到了另一个国家不久,他说:'这里执政者和我国的大夫崔杼差不多。'于是离开了。又到了一个国家,他又说:'这里执政者和我国的大夫崔杼差不多。'然后又离开了。应如何评价此人呢?"孔子说:"他做到了洁身自好。"子张又问:"称得上仁吗?"孔子说:"没有做到智,怎么称得上仁呢!"

　　5.20　季文子①三思②而后行。子闻之,曰:"再,斯可矣③。"

【译文】

　　季文子遇事总是三思而后行。孔子听到后,说:"考虑两次就足够了。"

---

　　① 季文子:季孙行父,鲁国大夫,"文"是其谥号。
　　② 三思:多次考虑。这里"三"不是实指。
　　③ "再斯可矣":皇侃本、正平本、唐石经本皆作"再思斯可矣"。皇侃《义疏》:"孔子美之言。若文子之贤,不假三思,唯再思此则可也。"学术史上也有人认为孔子于此批评季文子,皇侃《义疏》引季彪曰:"时人称季孙名过其实,故孔子矫之,言季孙行事多阙,许其再思则可矣,无缘乃至三思也。此盖矫抑之谈耳,非称美之言耳。"又如朱子《集注》引程子曰:"为恶之人,未尝知有思,有思则为善矣。然至于再则已审,三则私意起而反惑矣,故夫子讥之。"朱子则曰:"季文子虑事如此,可谓详审,而宜无过举矣。而宣公篡立,文子乃不能讨,反为之使齐而纳赂焉,岂非程子所谓私意起而反惑之验欤? 是以君子务穷理而贵果断,不徒多思之为尚。"

5.21　子曰:"宁武子①,邦有道,则知②;邦无道,则愚③。其知可及也,其愚不可及也。"

【译文】

孔子说:"宁武子这个人,在国政清平的时候,显得足智多谋;国政昏乱的时候,他看上去好像很愚钝。他的才智,别人赶得上。他大智若愚的韬略,别人难以企及。"

5.22　子在陈④曰:"归与!归与!吾党⑤之小子狂简⑥,斐然⑦成章,不知所以裁之⑧。"

【译文】

孔子在陈国,说:"回去吧!回去吧!留在家乡的那些弟子志向高远、文采斐然,但还需细心指引,我还没有想好如何像裁剪布匹一样引导他们呢。"

---

①　宁武子:姓宁,名俞,卫国大夫,"武"是其谥号。
②　知:同"智",智慧、智谋,皇侃本、吐阿363号墓8/1号写郑本、敦伯3643号写本即作"智"。下文同。
③　愚:装傻,大智若愚。孔安国说:"详愚似实,故曰不可及也。"朱子《集注》引程子曰:"邦无道能沈晦以免患,故曰不可及也。亦有不当愚者,比干是也。"
④　陈:春秋时的陈国,周武王灭商之后,分封舜的后代妫满而建国,妫姓,春秋末陈国被楚国所灭。春秋时的疆土大约在今河南开封以东、安徽亳县以北一带地区。
⑤　党:乡党、故乡。吾党之小子:孔子在鲁国的弟子门人。
⑥　狂:进取;简:大,志大而粗简。定州竹简本作"间"。狂简,朱子《集注》:"狂简,志大而略于事"。皇侃《义疏》:"狂者,直进无避者也。简,大也,大谓大道也。"《孟子·尽心下》:"孔子在陈,曰:'盍归乎来!吾党之小子狂简,进取,不忘其初。'"
⑦　斐(fěi)然:文采飞扬。
⑧　裁之:吐阿363号墓8/1写郑本、戴氏本皆作"吾不知所以裁之",皇侃本、正平本作"不知所以裁之也",《史记·孔子世家》亦有"吾"字。裁:剪裁、割正,引申为引导。

63

5.23　子曰："伯夷、叔齐①不念旧恶②，怨是用希③。"

【译文】

孔子说："伯夷、叔齐不常记别人的过失，因而心中的怨恨很少。"

5.24　子曰："孰谓微生高④直？或乞醯⑤焉，乞诸其邻而与之。"

【译文】

孔子说："谁说微生高是个正直的人？有人向他讨要一点醋，他不直说自己没有，而是向邻居要来一些醋转给这个人。"

5.25　子曰："巧言、令色、足恭⑥，左丘明⑦耻之，丘亦耻之。匿⑧怨而友其人，左丘明耻⑨之，丘亦耻之。"

---

①　伯夷、叔齐：相传是商朝末年孤竹国君的两个儿子，伯夷是长子但庶出，叔齐虽排行为叔（第三子）但是嫡子。孤竹君去世后，他们互让王位，都跑到周国。周武王起兵讨伐商纣，他们认为这是以臣弑君，拦在马前劝阻。周朝灭商后，他们以吃周朝粮食为耻，躲到山里以野菜充饥，最终饿死于首阳山。

②　旧恶：恶音 wù，宿怨。

③　希：稀少。是用：因此。皇侃《义疏》："人若录于故憾，则怨恨更多，唯夷、齐豁然忘怀。若人有犯己，己不怨录之，所以与人怨少也。"

④　微生高：姓微生，名高，鲁国人。定州竹简本"微"作"尾"。微、尾古音相近，《说文》："尾，微也。"钱穆、杨伯峻怀疑即是《庄子》《战国策》记载的尾生高，《翟氏考异》亦持此说。尾生高与一女子相约于桥下，女子未至，河水突涨，尾生抱柱而亡。

⑤　醯（xī）：醋。皇侃本"乞"上有"人"字。孔安国说："乞之四邻以应求者，用意委屈，非为直人也。"

⑥　足恭：有多重解释，孔安国说："足恭，便僻之貌也。"邢昺《注疏》云："足，成也，谓巧言令色以成其恭，取媚于人也。"朱子《集注》："足，过也。"

⑦　左丘明：姓左丘，名明，鲁国人。此人不是《左传》作者左丘明，《左传》作者乃孔子后辈，孔子于此引左丘明以自重，因此左丘明应是古代贤能之士。

⑧　匿：隐藏。孔安国说："心内相怨，而外诈亲也。"

⑨　耻：定州竹简本作"佴"，下文同。

【译文】

孔子说:"花言巧语、谄颜媚色、虚情假意讨好他人。这种言行,左丘明认为可耻,我也认为可耻。心里怨恨一个人,却藏匿不露,假装跟他很友好。这种做法,左丘明认为可耻,我也认为可耻。"

5.26　颜渊①、季路侍②。子曰:"盍③各言尔志?"

子路曰:"愿车马、衣轻裘④与朋友共,敝⑤之而无憾⑥。"

颜渊曰:"愿无伐⑦善,无施⑧劳。"

子路曰:"愿闻子之志。"子曰:"老者安之,朋友信之,少者怀之⑨。"

【译文】

颜回和子路陪侍在孔子身旁。孔子说:"何不说说各自的志向呢?"

子路说:"我愿意把我的车马、衣服裘袍与朋友共享,即使用坏了也心甘如饴。"

---

① 颜渊:吐阿 363 号墓 8/1 号写郑本作"回",避唐高祖李渊讳。

② 侍(shì):陪侍。身份卑下者立于身份尊贵者身旁叫做"侍"。单用"侍"字,表示身份卑下者站着,身份尊贵者坐着,"侍坐"则表示双方都坐着。

③ 盍(hé):何不。

④ 衣轻裘:唐石经初刻本无"轻"字,后加;陈鳣《论语古训》云:"此当因《雍也篇》'衣轻裘'致误。钱詹事曰:'此宋人妄加。考《北齐书·唐邕传》,显祖尝解服青鼠皮裘赐邕云:'朕意在车马衣裘,与卿共敝。'盖用子路故事。是古本无'轻'字,一证也。《释文》于'赤之适齐'节音衣为于既反,而此衣字无音,是陆本无'轻'字,二证也。邢疏云:'愿以己之车马衣裘与朋友共乘服。'是邢本亦无'轻'字,三证也。皇疏云:'车马衣裘,共乘服而无所憾恨。'是皇本亦无'轻'字,四证也。今《注疏》与皇本正文有'轻'字,则后人依通行本增入,非其旧矣"。

⑤ 敝:破旧,皇侃本作"弊"。

⑥ 憾:遗憾。

⑦ 伐:自夸。

⑧ 施:表白、夸耀。一说为施加,孔安国说:"不以劳事置施于人也。"

⑨ 老者安之,朋友信之,少者怀之:皇侃《义疏》:"愿己为老人所见抚安,朋友必见期信,少者必见思怀也。若老人安己,己必是孝敬故也;朋友信己,己必是无欺故也;少者怀己,己必有慈惠故也。"安、信、怀皆使动用法。

颜回说:"我不夸耀自己的长处,也不宣扬自己的功劳。"

子路向孔子说:"我们想听听夫子的志向。"孔子说:"我愿普天下老人都颐养天年,朋友之间相互信任,年轻人都得到关爱。"

5.27　子曰:"已矣乎! 吾未见能见其过而内自讼^①者也^②。"

【译文】

孔子说:"罢了! 我没看到过谁能认识到自己的错误并在内心自我谴责的人。"

5.28　子曰:"十室之邑^③,必有忠信如丘者焉,不如丘之好学也^④。"

【译文】

孔子说:"只有十户人家的小村庄,必定有像我这样具有忠信品格的人,(如果他有不如我之处),那是因为不如我好学。"

---

① 内自讼:内心自我反身与检讨。包咸说:"讼,犹责也。言人有过,莫能自责者也。"

② 吾未见能见其过而内自讼者也:吐阿 363 号墓 8/1 号写郑本作"吾未见其过而内自讼者",敦伯 3643 号写本作"吾未能见其过而内自讼者也"。

③ 十室之邑:只有十户人家的小村庄。《大戴礼记·曾子制言》:"禹过十室之邑必下,为秉德之士存焉。"

④ 不如丘之好学也:皇侃本句末有"已"字,正平本作"不如丘之好学者也",敦伯 3643 号写本句末有"已矣"二字。朱子《集注》:"言美质易得,至道难闻,学之至则可以为圣人,不学则不免为乡人而已。"

卷六　雍也第六　凡三十章①

6.1　子曰:"雍也可使南面②。"

【译文】

孔子说:"凭冉雍的才华,可以主政一个国家。"

6.2　仲弓问子桑伯子③。子曰:"可也简④。"仲弓曰:"居敬而行简,以临其民⑤,不亦可乎? 居简而行简,无乃⑥大⑦简乎?"子曰:"雍之言然。"

【译文】

冉雍询问子桑伯子这人怎样,孔子说:"他为人可以,行事宽简而不扰民。"冉雍说:"如果身存敬畏之心,治民清静无为,以此来治理一方百

----

①　本作"凡二十八章",《释文》有"凡三十章"、正平本有"凡卅章"的字样,诸本皆为三十章,朱子集注将第一、第二章和第四、第五章分别并为一章,故仅有二十八章,钱穆《论语新解》分章同朱子。

②　正平本、定州竹简本句末有"也"字。南面:面南而坐。古代君王听政之位。古代君王、诸侯、卿大夫听政时皆坐北朝南,因此用"南面"指称君王、诸侯,后来引申为地位尊贵者。《说苑·修文篇》:"南面者,天子也。"孔子的意思是说冉雍有能力可以治理一国。

③　子桑伯子:鲁人,身世不详。有人怀疑是《庄子》中的子桑户,郑玄认为是秦穆公时的子桑(公孙枝)。

④　简:简约、宽松,指子桑伯子行事不繁琐、不扰民,定州竹简本作"问"。朱子《集注》:"简者,不烦之谓。"

⑤　临:面临、治理。《说苑·修文》作"道(即导)"。

⑥　无乃:定州竹简本作"毋乃",岂不是。皇侃《义疏》:"此说伯子之简不合礼也。而伯子身无敬,而以简自居,又行简对物,对物皆无敬,而简如此,不乃大简乎?"

⑦　大:同"太",正平本、敦伯 3643 号写本、吐阿 184 号墓 12/1(b)～12/6(b)号写郑本注文作"太",包咸说:"伯子之简,大简也。""大"与"太"同。

姓,不也可以吗? 如果内在敬慎之心缺失,治理百姓粗暴无情,岂不是太无礼了吗?"孔子说:"冉雍说得对。"

6.3　哀公问①:"弟子孰为好学?"孔子对曰:"有颜回者好学,不迁②怒,不贰③过。不幸短命④死矣! 今也则亡,未闻好学者也⑤。"

【译文】

鲁哀公问:"您的弟子当中,哪个最好学?"孔子答道:"颜回最好学,他从不拿别人出气,不重复犯同样的错误。可惜短命死了,如今没有了,没有听说比他更好学的人了。"

6.4　子华⑥使⑦于齐,冉子⑧为其母请粟⑨。子曰:"与之釜⑩。"

---

①　皇侃本、正平本"问"下有"曰"字。
②　迁:转移。
③　贰:重复。
④　不幸短命:根据《公羊传》等书记载,颜回卒于鲁哀公十四年(前481年),年仅四十一岁。另据《孔子家语》等书记载,颜回去世时年仅三十一岁,因此孔子说他"不幸短命"。皇侃《义疏》:"凡应死而生曰幸,应生而死曰不幸。"
⑤　今也则亡,未闻好学者也:《释文》曰:"本或无'亡'字,连下句读。"俞樾《群经平议》云:"'亡'字衍文也,此与《先进篇》语有详略,此云'今也则未闻好学者也',彼云'今也则亡',此详而彼略,因涉彼文而衍'亡'字,则既云亡,又云未闻好学,于辞复矣。"皇侃《义疏》:"然游、夏文学著于四科,而不称之,便谓无者,何也? 游、夏非体之人,不能庶几,尚有迁有贰,非关丧予。唯颜生邻亚,故曰无也。"
⑥　子华:姓公孙,名赤,字子华,孔子弟子。
⑦　使:出使。皇侃《义疏》不确定公孙赤出使齐国是鲁君还是孔子派遣,朱熹认为孔子由所派遣。
⑧　冉子:冉有。
⑨　粟(sù):小米。一般说法是,未去壳的为粟,已去壳的为米。
⑩　釜:古代量名,一釜为六斗四升。马融说:"六斗四升曰釜也。"

请益。曰:"与之庾①。"

冉子与之粟五秉②。子曰:"赤之适齐也,乘肥马,衣③轻裘。吾闻之也,君子周④急⑤不继⑥富。"

【译文】

公孙子华出使齐国,冉有为他的母亲请求一些奉养的粟米。孔子说:"给她一釜。"

冉有请求再增加一些。孔子说:"再给她一庾。"

冉有私自决定给了她五秉粟米。孔子说:"公孙赤去齐国,乘坐肥马拉的车子,穿着轻暖的皮裘。我听说君子应该救济急需帮助的人,而不应当接续富人的财富。"

6.5 原思⑦为之⑧宰,与之粟九百⑨,辞⑩。子曰:"毋!以与尔邻里乡党⑪乎!"

---

① 庾:古代量名,一庾为二斗四升,吐阿184号墓12/1(b)~12/6(b)号写郑本作"臾"。

② 秉:古代量名,一庾为十六斛,一斛为十斗。一庾合一百六十斗,五秉即八百斗。

③ 衣(yì):动词,穿。

④ 周:通"赒",周济、救济。

⑤ 急:吐阿184号墓12/1(b)~12/6(b)号写郑本作"给"。

⑥ 继:续有余,增添。

⑦ 原思:姓原,名宪,字子思,孔子弟子,小孔子三十六岁。孔子为鲁国大司寇时,原宪担任孔子的家宰。皇侃《义疏》:"孔子为鲁司寇,有菜邑,故使原思为邑宰也。"

⑧ 之:同"其",指孔子。

⑨ 九百:皇侃《义疏》和孔安国皆认为九百斗。

⑩ 辞:推让,不接受。

⑪ 邻里乡党:指原思家乡的人。郑玄说:"五家为邻,五邻为里,万二千五百家为乡,五百家为党也。"皇侃《义疏》则曰:"内外互言之耳。邻里在百里之外,乡党在百里之内也。"

【译文】

　　原思担任孔子的家臣,孔子给他九百斗粟米作为俸禄,他辞谢不受。孔子说:"不要推辞! 你可以把多余的粮食周济给家乡的穷人。"

　　6.6　子谓仲弓,曰:"犁牛①之子骍②且角③,虽欲勿④用⑤,山川⑥其⑦舍⑧诸⑨?"

【译文】

　　孔子评论冉雍:"耕牛所生的小牛犊,长着赤色纯正的毛、整齐端正的角,即使人们不打算用它来祭祀,山川之神又怎么会舍弃它呢?"

　　6.7　子曰:"回也,其心三月⑩不违仁,其余则日月⑪至焉而已矣。"

【译文】

　　孔子说:"颜回呀,他的心地纯净,能够长时间依仁而行,其他的学生只是短时间因循仁德而行。"

---

　　①　犁牛:耕牛,古时不用来祭祀,耕牛所产的牛犊一般也被认为不配用来祭祀。一说为犁指杂纹、毛色不纯,犁牛指毛色不纯的牛。
　　②　骍(xīng):赤色。周人崇尚赤色,祭祀用的牲要用赤色。
　　③　角:指两角长得端正,符合祭祀用牛的要求。
　　④　毋:吐阿184号墓12/1(b)～12/6(b)号写郑本作"物"。
　　⑤　用:指用来祭祀。
　　⑥　山川:山川之神。
　　⑦　其:同"岂"。
　　⑧　舍:吐阿184号墓12/1(b)～12/6(b)号写郑本作:捨。
　　⑨　诸:之乎二字的合声。朱子《集注》:"仲弓父贱而行恶,故夫子以此譬之。言父之恶,不能废其子之善,如仲弓之贤,自当见用于世也。"
　　⑩　三月:指时间比较长,并非实指三个月。邢昺《注疏》:"余人暂有至仁时,唯回移时而不变。"
　　⑪　日月:一日或一月,指时间比较短。

6.8　季康子①问："仲由可使从政②也与③?"子曰:"由也果④,于从政乎何有?"

曰:"赐也,可使政也与?"曰:"赐也达⑤,于从政乎何有?"

曰:"求也,可使从政也与?"曰:"求也艺⑥,于从政乎何有?"

【译文】

季康子问孔子:"可以让仲由治理政事吗?"孔子说:"仲由果敢勇毅,对于治理政事而言有什么困难呢?"

季康子又问:"可以让端木赐治理政事吗"孔子说:"端木赐通达事理、行动敏捷,对于治理政事而言有什么困难呢?"

季康子又问:"可以让冉求治理政事吗"孔子说:"冉求多才多艺,对于治理政事而言有什么困难呢?"

6.9　季氏使闵子骞⑦为费⑧宰。闵子骞曰:"善为我辞焉! 如有复我⑨者,则吾必在汶上矣⑩。"

---

①　季康子:鲁国大夫季孙氏,名肥,康是其谥号。季康子与孔子这一番对话,应当发生于孔子周游列国回到鲁国之后。

②　从政:入仕为官,定州竹简本作"从正"。

③　与:定州竹简本作"钦"。

④　果:果敢、勇毅。

⑤　达:通达事理。孔安国说:"达谓通于物理。"

⑥　艺:多才多艺。朱子《集注》:"艺,多才能。"

⑦　闵子骞(qiān):姓闵,名损,字子骞,孔子弟子。在孔门中以德行与颜回并称,为七十二贤人之一。他为人所称道的主要是他的孝行,孔子称赞他说:"孝哉,闵子骞! 人不间于其父母昆弟之言。"

⑧　费(mì):地名,季氏的采邑,在今山东省费县西北。

⑨　复:再来召我。《盐铁论·地广》云:"不义而富,无名而贵,仁者不为也。故曾参、闵子不以其仁易晋、楚之富。"

⑩　则吾必在汶上矣:吐阿 184 号墓 12/1(b)～12/6(b)号写郑本"则"下阙。汶(wèn)上:汶,水名,今山东大汶河,当时流经齐鲁之间,是齐、鲁两国的界河。古人以山南为阴,水北为阳,汶上指河北岸,暗指齐国之地。

【译文】

季氏想让闵子骞做费邑的长官。闵子骞对来人说:"请好好替我推辞啊。如果你再来召我,那我肯定跑到汶水以北了。"

6.10　伯牛①有疾②,子问之,自牖③执④其手,曰:"亡之⑤,命矣夫⑥! 斯人也而有斯疾也⑦! 斯人也而有斯疾也⑧!"

【译文】

伯牛身患重病,孔子前来探望,从南窗握着他的手,说:"就要死了,这真是命啊! 这样贤良的人偏偏得了这样的病! 这样的贤良的人偏偏得了这样的病!"

6.11　子曰:"贤⑨哉,回也! 一箪⑩食,一瓢饮,在陋巷⑪,人不堪其忧,回也不改其乐⑫。贤哉,回也!"

---

①　伯牛:姓冉,名耕,字伯牛,孔门"四科"德行科高足。
②　有疾:《史记·仲尼弟子列传》作"有恶疾"。《淮南子·精神训》认为冉耕患癫疾,癫即恶疮。一说为麻风病。
③　牖(yǒu):南边窗户。古人筑室,南牖北墉。
④　执:握着。
⑤　亡之:定州竹简本作"末之",孔安国说:"亡,丧也。疾甚,故持其手曰丧之。"杨伯峻《论语译注》认为"之"不是"亡"的宾语,"之"在此处与"亡"合成一个音节,无实意。
⑥　夫:语气词。
⑦　斯人也而有斯疾也:吐阿184号墓12/1(b)～12/6(b)号写郑本句末无"也"字。
⑧　定州竹简本"斯"作"此"。包咸说:"再言之者,痛惜之其也。"
⑨　贤:贤能之人。《新书·道术》:"知道者谓之明,行道者谓之贤,且明且贤,此谓圣人。"
⑩　箪(dān):盛饭的竹器,圆形。
⑪　陋巷:狭小简陋的街巷。里中之道叫巷,人的居处也叫巷,陋巷意指贫民区。
⑫　乐:快乐。孔安国说:"颜渊乐道,虽箪食在陋巷,不改其所乐也。"在中国哲学史上,周敦颐首先提出"孔颜之乐"话题,周敦颐让其弟子程颐、程颢二兄弟"寻孔颜乐处,所乐何事"? 二程兄弟时至中年悟出"孔颜之乐"的底蕴是诚与静。冯友兰《中国哲学史新编》认为,"孔颜之乐"在于"仁","所乐"之"事"也就是"仁",而"仁"这一精神境界内在的体验便是"乐",外在的表现则是"气象"。"孔颜之乐"是由"仁"所得而来,与常人之乐有着根本的区别。

【译文】

孔子说:"颜回真是一位贤人啊! 一竹筒饭,一瓜瓢水,住在简陋的街巷,别人都忍受不了这种穷困窘迫的生活,颜回却从不改变他自得的乐趣。颜回真是一位贤达之人!"

6.12　冉求曰:"非不说①子之道,力不足也。"子曰:"力不足者,中道而废。今女画②。"

【译文】

冉求说:"我不是不喜欢您的学说,是我能力不足。"孔子说:"如果能力确实不足,也应走到半路才停下来。现在你还没有开步走,已先给自己画地为牢,不思进取了。"

6.13　子谓子夏曰:"女为君子儒! 无为小人儒!"③

【译文】

孔子对子夏说:"你要做君子儒! 不要做小人儒!"

6.14　子游为武城④宰。子曰:"女得人焉尔乎⑤?"曰:

---

①　说:皇侃本作"悦"。

②　女:同"汝",你,皇侃本作"汝",下文"女为君子儒"、"女得人焉耳乎"皆同;画:同"划",划线为界。今女画,指冉求自己画地为牢,缺乏企慕之心。孔子曾经说过"求也退,故进之"。孔安国说:"画,止也。力不足者,当中道而废,今汝自止耳,非力极也。"

③　皇侃本"女"作"汝",正平本、定州竹简本句首无"女"、"无"作"毋"。君子儒、小人儒:朱子《集注》:"儒,学者之称"。马融云:"君子为儒,将以明其道。小人为儒,则矜其名也。"

④　武城:鲁国地名,在今山东省费县西南。

⑤　女得人焉尔乎:皇侃本"女"作"汝",皇侃本、正平本、吐阿 184 号墓 12/1(b)～12/6(b)号写郑本"尔"作"耳"、"乎"下有"哉"字,杨伯峻《论语译注》也改"尔"为"耳"。焉尔:于此。

73

"有澹台灭明①者,行不由径②,非公事,未尝至于偃之室也。"

【译文】

　　子游担任武城行政长官。孔子问:"你在这里发现了什么人才吗?"子游说:"有位叫澹台灭明的人,出行从来不走捷径。如果没有公事,从来不进居屋打搅我。"

　　6.15　子曰:"孟之反③不伐。奔④而殿⑤,将入门,策⑥其马,曰:'非敢后也,马不进也。'"

【译文】

　　孔子说:"孟之反从不炫耀自己的功劳。有一次战役败退的时候,他走在全军最后,独自掩护军队撤退。快进入城门的时候,他用力鞭打自己的马,说道:'不是我敢殿后,实在是我的马跑得慢。'"

　　6.16　子曰:"不有⑦祝鮀⑧之佞⑨,而⑩有宋朝⑪之美,难

---

　　①　澹台灭明:姓澹台,名灭明,又称无明,字子羽,后来也成为孔子学生,小孔子三十九岁。《史记·仲尼弟子列传》记载:澹台灭明"状貌甚恶。欲事孔子,孔子以为材薄。既已受业,退而修行,行不由径,非公事不见卿大夫。南游至江,从弟子三百人。设取予去就,名施乎诸侯。孔子闻之,曰:'吾以言取人,失之宰予;以貌取人,失之子羽。'"
　　②　径:小路。古代实行井田制,路在井田之外,径在井田之内。澹台灭明谦谦君子,品行端正,所以从不逾越规矩。
　　③　孟之反:鲁国大夫,又做孟之侧。
　　④　奔:败走,定州竹简本作"贲"。
　　⑤　殿:殿后,指在全军后面掩护。马融说:"殿,在军后者也。前曰启,后曰殿。"
　　⑥　策:马鞭,作动词,鞭打。齐侵鲁,事见《左传·哀公十一年》。朱子《集注》:"战败而还,以后为功。反奔而殿,故以此言自掩其功也。"
　　⑦　不有:假如没有。
　　⑧　祝鮀(tuó):姓祝,名鮀,字子鱼,卫国大夫,因能言善辩而受到卫灵公重用。祝,掌宗庙之官。
　　⑨　佞:口才。定州竹简本作"仁"。
　　⑩　而:与。王引之《经义述闻》:"而犹与也。"
　　⑪　宋朝(zhāo):宋国的公子朝,以容貌美著称,据《左传》记载,他在卫国任大夫时,先后与卫襄公夫人宣姜、卫灵公夫人南子私通。孔子于此发此言,当是对礼坏乐崩社会的嘲讽。

乎免于今之世矣。"

【译文】

孔子说:"假如没有祝鮀那样的口才和宋朝那样的美貌,在当今之世难以幸免于难。"

6.17　子曰:"谁能出不由户①? 何莫②由斯道也?"

【译文】

孔子说:"谁能不经过房门走出屋外呢? 为什么没有人沿着仁义之路走呢?"

6.18　子曰:"质③胜文④则野⑤,文胜质则史⑥。文质彬彬⑦,然后君子。"

---

① 户:单扇的门,一般指室内房门,双扇的房门称为"门"。皇侃本、正平本句末有"者"字,吐阿184号墓12/1(b)～12/6(b)号写郑本"户"下阙一字,疑即为"者"字。

② 何莫:为什么没有。皇侃《义疏》:"道,先王之道也。人生得在世,皆由先王道理而通,而世人多违理背道,故孔子为譬以示解时惑也。"

③ 质:质朴、朴实,指人先在性的品性。皇侃《义疏》:"质,实也。"《论语·卫灵公》:"君子义以为质,礼以行之。"孔子认为仁义属于先在性的质,礼是后天的文。荀子说:"性者,天之就也;情者,性之质也;欲者,情之应也。以所欲为可得而求之,情之所必不免也。"荀子所言"质",侧重于情感而发。

④ 文:纹饰、文采,后天的知识与教化。皇侃《义疏》:"文,华也。言实多而文饰少则如野人。"

⑤ 野:粗野、粗鄙。《礼记·仲尼燕居》:"敬而不中礼谓之野。"包咸说:"野如野人,言鄙略也。"

⑥ 史:史官,掌管文书的官吏。《仪礼·聘礼》:"辞多则史,少则不达。"皇侃《义疏》:"史书多虚华无实,妄语欺诈,言人若为事多饰少实,则如书史也。"朱子《集注》:"史掌文书,多闻习事,而诚或不足也。"

⑦ 彬彬:吐阿184号墓12/1(b)～12/6(b)号写郑本作"斌斌",文质融合,指文和质相得益彰。

孔子说:"内在的朴实多于外在的文采,就会显得粗野鄙陋。外在文采多于内在朴实,就会显得华而不实。只有文采和朴实交相辉映,才是真正的君子。"

6.19 子曰:"人之生也①直②,罔③之生也幸④而免。"

【译文】

孔子说:"人生而正直,不正直的人之所以苟活,只是侥幸免于祸患而已。"

6.20 子曰:"知之者不如好之者,好之者不如乐之者。"⑤

【译文】

孔子说:"对于一种知识学说,知道它的人不如喜好它的人,喜好它的人不如以它为乐的人。"

---

① 皇侃本无"之"字,定州竹简本作"人生之也"。
② 直:正直,源自内在仁义之性品性。朱子《集注》引程子:"生理本直。"《韩诗外传》卷七:"正直者顺道而行,顺理而言,公平无私,不为安肆志,不为危易行。"
③ 罔:欺罔不直,定州竹简本作"亡",下文无"之"字。皇侃《义疏》:"罔谓为邪曲诬罔者也。"
④ 幸:侥幸。皇侃《义疏》:"应死而生曰幸。"
⑤ 定州竹简本、吐阿184号墓12/1(b)～12/6(b)号写郑本"知"皆作"智",正平本"知"下无"之"。皇侃《义疏》云:"谓学者深浅也。知之,谓知学问有益者也。好之,谓欲学之以为好者也。夫知有益而学之,则不如欲学之以为好者也。故李充曰:'虽知学之为益,或有计而后知学利在其中,故不如好之者笃也。'云'好之者不如乐之者'者,乐,谓欢乐之也。好有盈厌,故不如性欢而乐之,如颜渊乐在其中也。故李充曰:'好有盛衰,不如乐之者深也。'"

6.21　子曰："中人以上①,可以②语上③也④;中人以下,不可以语上也。"

【译文】

孔子说："中等资质以上的人,可以告诉他高深的学问;中等资质水平以下的人,不合适对他谈论形而上的学问。"

6.22　樊迟问知⑤。子曰:"务⑥民之义,敬鬼神而远⑦之,可谓知矣。"

问仁。曰:"仁者先难而后获⑧,可谓仁矣。"

【译文】

樊迟问什么是智。孔子说:"专心致力于服务平民大众应当做的事,对鬼神有所敬畏,但不可信赖,这就是做到了智。"

樊迟又问什么是仁。孔子说:"艰难困苦之事抢先去做,获报享乐之事甘居人后,这就做到了仁。"

---

①　以上:吐阿184号墓12/1(b)～12/6(b)号写郑本作"已上"。

②　可以:定州竹简本无"以"字,下句同。

③　上:高深的学问。王肃说:"上,谓上知之人所知也。"王阳明对此也有所解释:"圣人的心,忧不得人人都做圣人。只是人的资质不同,施教不可躐等。中人以下的人,便与他说性说命,他也不省得,也须谩谩琢磨他起来。"

④　吐阿184号墓12/1(b)～12/6(b)号写郑本句末无"也"字。下句同。

⑤　知:同"智",皇侃本、定州竹简本、吐阿184号墓12/1(b)～12/6(b)号写郑本即作"智",下同。

⑥　务:致力于。

⑦　远:远离。皇侃《义疏》:"鬼神不可慢,故曰'敬鬼神'也。可敬不可近,故宜'远之'也。"

⑧　难:受劳苦。先难而后获:孔安国云:"先劳苦而后得功,此所以为仁也。"《论语》记载樊迟三次"问仁",孔子三次答复皆不同。在《雍也》篇中孔子对樊迟所作的答复,并非泛泛而论。朱熹认为"此必因樊迟之失而告之。"樊迟年少好勇,血气方刚,所以孔子又以"居处恭,执事敬,与人忠"劝勉。

6.23　子曰：“知①者乐水，仁者乐②山。知者动，仁者静③；知者乐，仁者寿。”④

【译文】

孔子说：“智者喜爱水，仁者喜爱山。智者如水一样灵敏健动，仁者如山一样庄重安静；智者快乐，仁者长寿。”

6.24　子曰：“齐一变，至于鲁；鲁一变，至于道⑤。”

【译文】

孔子说：“齐国的政治改革一下，就可以达到鲁国的境界；鲁国政治再改革一下，就可以达到先王之道的境界。”

6.25　子曰：“觚⑥不觚，觚哉！觚哉！”⑦

---

①　知：皇侃本作“智”，下同。

②　乐（yào）：喜爱。“乐山”、“乐水”之“乐”，读音相同。

③　邢昺《注疏》：“此章初明知、仁之性，次明知、仁之用，三明知、仁之功也。‘知者乐水’者，乐谓爱好。言知者性好运其才知以治世，如水流而不知已止也。‘仁者乐山’者，言仁者之性好乐如山之安固，自然不动而万物生焉。‘知者动’者，言知者常务进，故动。‘仁者静’者，言仁者本无贪欲，故静。‘知者乐’者，言知者役用才知，成功得志，故欢乐也。‘仁者寿’者，言仁者少思寡欲，性常安静，故多寿考也。”

④　仁者寿：包咸说：“性静故寿考也。”

⑤　道：王道。包咸说：“言齐、鲁有太公、周公之余化也。大公大贤，周公圣人，今其政教虽衰，若有明君兴之者，齐可使如鲁，鲁可使如大道行之时也。”朱子《集注》：“孔子之时，齐俗急功利，喜夸诈，乃霸政之余习。鲁则重礼教，崇信义，犹有先王之遗风焉，但人亡政息，不能无废坠尔。道，则先王之道也。言二国之政俗有美恶，故其变而之道有难易。”

⑥　觚（gū）：古代盛酒的礼器，上圆下方，有四条棱角，容量二升。在孔子时代，觚已被改成圆筒型，没有棱角。

⑦　学术史上对这句话有多种理解：何晏《集解》云：“觚哉觚哉，言非觚也，以喻为政而不得其道则不成也。”王肃说：“当时沉湎于酒，故曰觚不觚！言不知礼也。”朱子《集注》：“不觚者，盖当时失其制而不为棱也。觚哉觚哉，言不得为觚也。程子曰：‘觚而失其形制，则非觚也。举一器，而天下之物莫不皆然。故君而失其君之道，则为不君；臣而失其臣之职，则为虚位。’”程子之说为是。

【译文】

孔子说:"觚已经失去了觚的模样,这还是觚吗! 这还是觚吗!"

6.26 宰我问①曰:"仁者,虽②告之曰:'井有仁③焉。'其从之也④?"子曰:"何为其然也? 君子可逝⑤也,不可陷⑥也⑦;可欺也,不可罔⑧也。"

【译文】

宰我问:"假如有人告诉一位仁者:'有人落井了。'他是否应该立即跳下井去救人?"孔子说:"怎么能这样做呢? 君子应该尽快到井边察看一下,确认是否真的有人落井。(如果确实有人落井,君子应想方设法搭救)。君子有时难免被人用某种理由欺骗,但是,君子不可被某种歪理邪说愚弄。"

6.27 子曰:"君子博学⑨于文⑩,约之以礼,亦可以弗畔⑪矣夫!"

---

① 定州竹简本无"问"字。
② 虽:假如,定州竹简本作"唯"。
③ 仁:皇侃本、正平本、定州竹简本"仁"下有"者"字,朱子《集注》云:"刘聘君曰云:'有仁之仁当作人。'今从之。"今人多从朱子之说,以为当通"人"。
④ 其从之也:皇侃本作"其从之与",定州竹简本作"其从也之"。
⑤ 逝:进、往、前往。包咸说:"逝,往也。言君子可使往视之耳,不肯自投从之耳。"杨伯峻则云:"古代'逝'字的意义和'往'字有所不同,'往'而不复返才用'逝'字。"定州竹简本作"选"。
⑥ 陷:陷于井中。
⑦ 定州竹简本无"也"字,下文"不可罔也"同。
⑧ 罔:愚弄。马融说:"可欺者,可使往也。不可罔者,不可得诬罔令自投下也。"刘聘君认为"宰我信道不笃,而忧为仁之陷害,故有此问。"仁者"虽切以救人,"但"不应如此之愚。"孔子之答,是对宰我立志践行仁道的勉励。
⑨ 博学:皇侃《义疏》:"博,广也。"定州竹简本无"学"字。
⑩ 文:文献典籍。此处之"文",与"文、行、忠、信"之"文"意义相同。
⑪ 弗畔:不违背。定州竹简本"叛"上有"之"字。畔:同"叛",背离、违反。郑玄:"弗畔,不违道也。"

【译文】

孔子说:"君子广泛地学习文献典籍,自觉用礼仪约束自己言行,就可以不离经叛道了。"

6.28 子①见南子②,子路不说③。夫子矢④之曰:"予所否者⑤,天厌⑥之! 天厌之!"

【译文】

孔子见南子,子路不高兴。孔子发誓说:"如果我做了不符合礼仪的事,上天会阻扰我的大道行不通! 上天会阻扰我的大道行不通!"

6.29 子曰:"中庸⑦之为德也,其至⑧矣乎! 民鲜久矣。"

---

① 子:定州竹简本作"孔子",唐开成石经本作"夫子"。

② 南子:卫灵公夫人,把持当时卫国朝政。根据《史记》记载,孔子周游列国期间,经匡地之围返卫后,迫于情势,曾谒见卫灵公夫人南子。卫灵公夫人南子明确表示所有来卫国想见灵公的人都必须先见她。"四方之君子不辱欲与寡君为兄弟者,必见寡小君。寡小君愿见。"孔子起初婉言谢绝,但终究住在卫国,南子又三番两次派人致意,孔子被逼无奈,违心地去拜见了她。"孔子入门,北面稽首。夫人自帷中再拜,环珮玉声璆然。"南子隔着帏帐答礼,一问一答皆合乎礼仪。南子与宋朝通奸一事,最早见于汉代刘向所著《列女传·孽嬖传》:"南子者,宋女卫灵公之夫人,通于宋子朝,太子蒯聩知而恶之,南子谮太子于灵公曰:'太子欲杀我。'灵公大怒蒯聩,蒯聩奔宋。"不知刘向从何处得知南子与宋公子朝通奸,为何此事又不见于《史记》。

③ 说:皇侃本作"悦"。

④ 矢:通"誓",发誓。

⑤ 所……者:假如……的话,古人誓词常用格式。否:不合礼仪之事。

⑥ 厌:堵塞、行不通。王弼说:"否泰有命,我之所屈不用于世者,乃天命厌之,言非人事所免也。重言之者,所以誓其言也。"

⑦ 中庸:用中,儒家道德修养最高境界。何晏《集解》:"庸,常也。中和可常行之德也。"朱子《集注》:"中者,无过无不及之名也。庸,平常也。至,及也。……程子曰:'不偏之谓中,不易之谓庸。中者天下之正道,庸者天下之定理。自世教衰,民不兴于行,少有此德久矣。'"

⑧ 至:极。

【译文】

孔子说:"中庸这种德行,应该是最高的境界了! 人们很少能达到这种道德境界,而且这种现象已持续很长时间了。"

6.30　子贡曰:"如有博施于民而能济众①,何如? 可谓仁乎?"子曰:"何事于仁②! 必也圣乎! 尧、舜③其犹病④诸! 夫⑤仁者,己欲立而立人,己欲达而达人。能近取譬⑥,可谓仁之方也已。"

【译文】

子贡说:"为官一方,如果能广施恩惠于民众,并且能周济平民大众,此人可以称为仁者吗?"孔子说:"岂只是仁者! 肯定达到圣人标准了! 尧、舜大概也很难做到吧! 所谓仁者,就是自己想安身立命,也辅助他人安身立命;仁者想通达天地之理,也辅助他人通达天地之理。凡事能从己身推及他人,忠恕待人,就是求仁得仁的最佳途径。"

---

① 如有博施于民而能济众:皇侃本、正平本作"如能博施于民而能济众者",定州竹简本作"若博施于民能济众"。施,给予。济,救助。

② 何事于仁:何止符合仁德。邢昺《注疏》:"言君能博施济众,何止事于仁! 谓不啻于仁,必也为圣人乎!"

③ 尧、舜:传说上古时期的两位帝王,儒家理想化的圣人。皇侃《义疏》:"前所能之事,乃是圣人之行,而圣人犹病患其事之难行也。"

④ 病:担忧。

⑤ 夫(fú):发语词。

⑥ 譬:比喻。定州竹简本作"辟"。能近取譬:能就自身作比喻,体察己身,推己及人。吕公著认为"子贡有志于仁,徒事高远,未知其方。孔子教以于己取之,庶近而可入。是乃为仁之方,虽博施济众,亦由此进。"为仁之方,在于"能近取譬",脚踏实地,不可好高骛远,空发高论。

卷七 述而第七 凡三十八章

7.1 子曰:"述①而不作②,信而好古,窃③比于我老彭④。"

【译文】

孔子说:"传述前贤典籍而不创始新说,笃信古代文化,孜孜好学不倦,私下把自己比作老彭。"

7.2 子曰:"默而识之⑤,学而不厌⑥,诲⑦人不倦⑧,何有于我哉⑨?"

---

① 述:传述。

② 作:创作、创立。皇侃《义疏》:"述者,传于旧章也。作者,新制礼乐也。"

③ 窃:私下、私自。

④ 窃比于我老彭:皇侃本作"窃比于我于老彭"定州竹简本作"窃比我于老彭",包咸曰:"我若老彭矣,祖述之耳也。"包咸所见本与定州竹简本或许相同。老彭:包咸认为是殷商时期的贤大夫,"老彭,殷贤大夫也。好述古事。"一说指老子和彭祖,郑玄认为"老,老聃;彭,彭祖。"也有人认为"老彭"即老子,王氏《四书稗疏》云:"先儒谓老彭为二人。老,老聃。彭,彭铿。乃彭铿他不经见,唯《汉书·艺文志》有《彭祖御女术》,则一淫邪之方士耳。《集注》据《大戴礼》商彭祖、仲傀之教,人谓为殷之贤者。考仲傀即仲虺,莱朱也。老彭在其前,皆成汤时人。而子曰我老彭,亲之之词,必觌面相授受者矣。按老聃亦曰太史儋,聃、儋、彭音盖相近,古人质朴,命名或有音而无字,后人传闻,随以字加之,则老彭即问礼之老子矣。《礼记》称'吾闻诸老聃',聃盖多识前言往行以立教者。五千言中称古不一,而曰'执古之道,御今之有',则其好古而善述可见矣。特其志意有偏,故庄、列之徒得缘饰而为异端。当夫子之时,固未泛滥,以亲相质问,而称道之,又何疑焉。"

⑤ 识(zhì):记住。皇侃《义疏》:"见事必识而口不言,谓之默识也。"

⑥ 厌:满足。

⑦ 诲:教诲、教育。

⑧ 默而识之、学而不厌、诲人不倦:定州竹简本作"黑而职,学不厌,诲人不卷"。

⑨ 何有于我哉:对我而言有何困难呢? 学术史上理解不一,郑玄说:"人无有是行,于我我独有之也。"皇侃《义疏》:"言人无此诸行,故天下贵于我耳。若世人皆有此行,则何复贵有于我哉?"朱子《集注》:"何有于我,言何者能有于我也。三者已非圣人之极至,而犹不敢当,则谦而又谦之辞也。"此采第一种解释。《论语》中的"何有"多以反问形式表达肯定意。

【译文】

孔子说:"将所学知识默默地记在心中,孜孜求学永不满足,教诲弟子从不倦怠,这些对我来说又有什么困难呢?"

7.3　子曰:"德之不修①,学之不讲,闻义不能徙②,不善不能改,是吾忧也③。"

【译文】

孔子说:"品德不时时修行,学问不时常研习,看到见义勇为的事却不能挺身而出,有了过错不能立即改正,这些都是我所担忧的。"

7.4　子之燕居④,申申⑤如也,夭夭⑥如也⑦。

---

①　修:修明。皇侃《义疏》:"得理之事,宜修治在身也,而世人不修也。"

②　徙:因循、践行。皇侃本、定州竹简本作"从",又据冯登府《论语异文考证》、足利本、高丽本亦作"从"。

③　皇侃本、正平本、定州竹简本本章每句句末皆有"也"字,敦斯6121号写郑本前二句句末有"也"字。

④　燕居:闲居。《释文》:"燕,郑本作'晏'。"定州竹简本句末有"也"字。

⑤　申申:心平气和。

⑥　夭夭:从容和悦。

⑦　学术史上对这句话的理解有多种:皇侃《义疏》:"明孔子居处有礼也。燕居者,退朝而居也。申申者。心和也,夭夭者,貌舒也。《玉藻》云:'燕居貌温温。'《乡党》云:'居不容。'故当燕居时,所以心和而貌舒也。故孙绰曰:'燕居无事,故云心内夷和外舒畅者也。'《诗》云:'桃之夭夭,灼灼其华。'即美舒义也。"朱子《集注》:"燕居,闲暇无事之时。杨氏曰:'申申,其容舒也。夭夭,其色愉也。'程子曰:'此弟子善形容圣人处也,为申申字说不尽,故更着夭夭字。今人燕居之时,不怠惰放肆,必太严厉。严厉时着此四字不得,怠惰放肆时亦着此四字不得,惟圣人便自有中和之气。'"胡绍勋《四书拾义》云:"《汉书·万石君传》:'子孙胜冠者在侧,虽燕必冠,申申如也。'师古注云:'申申,整敕之貌。'此经记者先言'申申',后言'夭夭',犹《乡党》先言'踧踖',后言'与与'也。"黄氏后案:"燕,犹闲也。居,坐也。《礼·仲尼燕语居》:'子张、子贡、言游侍。子曰:居。'居亦坐言也。今蹲踞字古只用居,居亦有坐意。详见十七篇。申申如状其躬之直,夭夭如状其躬之稍俯也。此记圣人徒坐之容,合伸屈观之而见其得中也。《说文》:'夭,屈也。'……此文上句谓其申,下句谓其屈。洪筠轩曰:'燕居之时,其容体可以屈伸如意。'式三以此言坐容。"

83

【译文】

孔子闲居在家的时候,仪态温和舒放,神情从容和悦。

7.5　子曰:"甚矣吾衰也! 久矣吾不复梦见周公①!"

【译文】

孔子说:"我衰老得很严重啊! 我很久没有再梦见周公了!"

7.6　子曰:"志②于道,据③于德,依④于仁,游⑤于艺⑥。"

【译文】

孔子说:"立志于道,据守于德,依倚于仁,涵泳于六艺。"

7.7　子曰:"自行束脩⑦以上,吾未尝无诲焉⑧。"

---

① 皇侃本、正平本句末有"也"字,敦斯 6121 号写郑本无"复"字。周公:姓姬,名旦,周文王之子,周武王之弟。周初分封宗室时,他的封国在鲁国。周公制礼作乐,是周代礼乐制度的创始者,也是孔子最崇敬的圣人。孔子感叹道"周监于二代,郁郁乎文哉! 吾从周。"孔子不仅崇尚周公所定的礼乐制度,更倾慕周公的道德人格。孔子一生的理想是将经过损益的周公礼制颁行天下。朱子《集注》:"孔子盛时,志欲行周公之道,故梦寐之间,如或见之。至其老而不能行也,则无复是心,而亦无复是梦矣,故因此而自叹其衰之甚也。"

② 志:立志、向慕。戴氏本"志"上有"士"字。皇侃《义疏》:"志者,在心向慕之谓也。"程树德《论语集释》引《四书恒解》:"志者,专一向往也。"

③ 据:据守、执守。何晏《集解》:"据,杖也。德有成形,故可据也。"

④ 依:依靠、因循。何晏《集解》:"依,倚也。仁者功施于人,故可倚之也。"

⑤ 游:涵泳。皇侃《义疏》:"游者,履历之辞也。"

⑥ 艺:六艺,礼、乐、射、御、书、数。

⑦ 脩:脯、肉干,十条为一束。束脩就是十条肉干,古人初次拜见所用的菲薄礼物。朱子《集注》:"修,脯也。十脡为束。古者相见,必执赞以为礼,束脩其至薄者。盖人之有生,同具此理,故圣人之于人,无不欲其入于善。但不知来学,则无往教之礼,故苟以礼来,则无不有以教之耳。"皇侃《义疏》:"此明孔子教化有感必应者也。束脩,十束脯也。古者相见必执物为贽。贽,至也,表己来至也。上则人君用玉,中则卿羔、大夫雁、士雉,下则庶人鹜,工商执鸡。其中或束脩壶酒一犬,悉不得无也。束脩最是贽之至轻者也。孔子言人若能自施贽行束脩以上来见谒者,则我未尝不教诲之。"

⑧ 敦斯 0800 号写本"吾"上有"则"字。《礼记·曲礼上》:"礼闻来学,不闻往教。"

84

【译文】

　　孔子说："面对诚心行尊师之礼的人,我从来没有不加以教诲的。"

　　7.8　子曰:"不愤①不启,不悱②不发。举一隅③不以三隅反,则不复也④。"

【译文】

　　孔子说:"教育学生,不到他心困惑而未通的时候,不去开导他;不到他想表达却不能表达清楚的时候,不去启发他。列举一个方面,弟子不能进而举一反三推知其他方面,我就不再教导他了。"

　　7.9　子食于有丧者之侧,未尝饱也⑤。

【译文】

　　孔子临丧助祭的时候,在有丧事的人旁边吃饭,从来没有吃饱过。

　　7.10　子于是日⑥哭,则不歌⑦。

---

　　①　愤:冥思苦想后仍然不能豁然大悟,朱子《集注》:"愤者,心求通而未得之意。"
　　②　悱(fěi):想表达却又无法明白表达出来,朱子《集注》:"悱者,口欲言而未能之貌。"
　　③　隅(yú):角,角落。郑玄说:"说则举一隅以语之,其人不思其类,则不复重教之也。"
　　④　举一隅不以三隅反,则不复也:皇侃本、正平本、敦斯 0800 号写本、吐阿184 号墓 18/7(b)～18/8(b)号写郑本"举一隅"下皆有"而示之"三字、"则"下皆有"吾"字。郑玄说:"孔子与人言,必待其人心愤愤、口悱悱,乃后启发为之说也。如此则识思之深也。"
　　⑤　未尝饱也:皇侃本作"未有尝饱也",何晏《集解》:"丧者哀戚,饱食其侧,是无恻隐之心也。"邢昺《注疏》:"此章言孔子助丧家执事时,故得有食。饥而废事,非礼也。饱而忘哀,亦非礼。故食而不饱,以丧者哀戚,若饱食于其侧,是无恻怆隐痛之心也。"
　　⑥　是日:吊丧当天。皇侃本、正平本"是日"下有"也"字。
　　⑦　不歌:《礼记·曲礼上》:"哭日不歌。"皇侃《义疏》:"谓孔子吊丧之日也。吊丧必哭,哭、歌不可同日,故是于吊哭之日不歌。故范宁曰:'是日,即吊赴之日也。礼,歌、哭不同日也,故哭则不歌也。'"又,邢昺《注疏》:"此章言孔子于是日闻丧或吊人而哭,则终是日不歌也。若一日之中,或哭或歌,是亵渎于礼容,故不为也。《檀弓》曰:'吊于人,是日不乐。'注引此文是也。"

【译文】

孔子在吊丧这一天哭过了,就不再唱歌。

7.11　子谓颜渊曰:"用之①则行,舍之则藏②,惟我与尔有是夫③。"

子路曰:"子行三军④,则谁与?"⑤子曰:"暴虎冯河⑥,死而不悔者,吾不与也⑦。必也临事而惧⑧,好谋而成者也。"

【译文】

孔子对颜渊说:"如果聘请我入仕为官,我就大张旗鼓推行我的仁义之道;如果不用,我就退隐山林,继续撰述我的学说。当今之世,大概

① 定州竹简本无"之"字。
② 舍之则藏:定州竹简本"藏"作"臧",吐阿184号墓18/7(b)～18/8(b)号写郑本"舍"作"捨"。
③ 用之则行,舍之则藏,惟我与尔有是夫:邢昺《注疏》云:"言时用之则行,舍之则藏,用舍随时,行藏不忤于物,唯我与汝同有是行夫。"宋石经"惟"作"唯"。
④ 三军:大国兵制,设有三军,一军为一万二千五百人。按照礼制,天子有六军,诸侯大国有三军,小国一军。
⑤ 谁与:与谁。孔安国说:"大国三军。子路见孔子独美颜渊,以为己有勇,至夫子为三军将,亦当唯与己俱,故发此问也。"
⑥ 暴虎冯(píng)河:徒手与老虎搏斗,没有舟船徒步涉水过河,皇侃《义疏》:"空手搏虎为暴虎,无舟渡河为凭河。言搏虎须杖,渡河须舟,然后身命可全。若无杖而搏虎,无舟而渡河,必至伤溺。若为此勇,则我行三军所不与也。以斥子路之勇,必不得其死然也。"皇侃本、正平本、吐阿184号墓18/7(b)～18/8(b)号写郑本"冯"作"凭"。
⑦ 邢昺《注疏》:"空手搏虎为暴虎,无舟渡河为冯河,言人若暴虎冯河,轻死而不追悔者,吾不与之同也。子路之勇若此,故孔子抑之也。"此章涉及孔子论勇,孟子将儒家之"勇"德分为圣王之勇和匹夫之勇,也即大勇和小勇:"王请无好小勇。夫抚剑疾视曰:'彼恶敢当我哉!'此匹夫之勇,敌一人者也。王请大之!《诗》云:'王赫斯怒,爰整其旅,以遏徂莒,以笃周祜,以对于天下。'此文王之勇也。文王一怒而安天下之民。《书》曰:'天降下民,作之君,作之师,惟曰其助上帝宠之,四方有罪无罪惟我在,天下曷敢有越厥志?'一人衡行于天下,武王耻之。此武王之勇也。而武王亦一怒而安天下之民。今王亦一怒而安天下之民,民唯恐王之不好勇也。""勇"必须"载德",即持仁守义方可谓大勇。"一夫之勇"是莽撞之勇、血气之勇,而非真正的勇。
⑧ 惧:戒慎。

只有你和我才有这样的操守。"

　　子路说:"您若统率三军,会挑选哪位弟子辅佐您呢?"孔子说:"徒手杀虎,徒步涉河,临死也不知道悔恨的人,我不与他共事。如果要找人协助,必须找遇事小心谨慎、善于谋划而终能成事的人。"

　　7.12　子曰:"富而①可求也②,虽执鞭之士③,吾亦为之。如不可求,从吾所好。"

【译文】

　　孔子说:"如果富贵可以求得,即使是低贱的差使,我也愿意去做。如果不能依循仁义之道获得,还是做我喜欢从事的工作吧。"

　　7.13　子之所慎:齐④,战,疾⑤。

【译文】

　　孔子所谨慎对待的事:斋戒、战争和疾病。

---

　　①　而:若,表假设。富而可求,指富贵如果可以因循仁义获得。
　　②　敦斯0800号写本"也"作"者"。
　　③　执鞭之士:据《周礼》有两种解释:一是天子、诸侯出入时,手拿皮鞭开路之人。《周礼·秋官》:"条狼氏:掌执鞭以趋辟。王出入,则八人夹道,公则六人,侯伯则四人,子男则二人。"二是在集市入口,手执皮鞭维护秩序之人,《周礼·司市》:"司市:掌市之治教、政刑、量度、禁令。……凡市入,则胥执鞭度守门。"孔子于此喻指职位卑贱之人,因而朱子《集注》云:"执鞭,贱者之事。"
　　④　齐:同"斋",古斋、齐同音,所以古文多借"齐"为"斋"。敦斯0800号写本、敦伯2510号写郑本即作"斋",斋戒。古人在祭祀之前要洁净身心,不饮酒、不食荤、不与妻妾同房。《礼记·祭统》:"及时将祭,君子乃斋。"
　　⑤　邢昺《注疏》云:"此一章记孔子所慎之行也。将祭,散斋七日,致斋三日。斋之为言齐也,所以齐不齐也,故戒慎之。《左传》曰:'皆陈曰战。'夫兵凶战危,不必其胜,重其民命,固当慎之。君子敬身安体,若偶婴疾病,则慎其药齐以治之。此三者,凡人所不能慎,而夫子能慎之也。"

7.14　子在齐闻《韶》①，三月不知肉味，曰："不图②为③乐之至于斯也。"

【译文】

孔子在齐国闻习《韶》乐，很长时间尝不出肉的美味，并且说："想不到欣赏音乐可以使人达到如痴如醉的境界。"

7.15　冉有曰："夫子为④卫君⑤乎?"子贡曰："诺⑥。吾将问之⑦。"

入，曰："伯夷、叔齐何人也?"曰⑧："古之贤人也。"曰："怨

---

① 《韶(sháo)》：定州竹简本作"诏"，皇侃本、正平本"韶"下有"乐"字。鲁昭公二十五年(公元前517年)，鲁国发生内乱，鲁昭公被迫逃往齐国，孔子也离开鲁国，到了齐国。《史记·孔子世家》亦载此事，言孔子"与齐太师语乐，闻《韶》音，学之，三月不知肉味，齐人称之"。《韶》亦作《箫韶》、《大韶》、《九歌》等，周代"六舞"之一，属"文舞"，周代用以祭祀"四望"(即四方)。《韶》乐传说是舜时代的音乐，孔子认为《韶》乐"尽美矣，又尽善也"(《论语·八佾》)，美指形式美，善指内容善。因此孔子听得如痴如醉，甚至忘记了鲜肉的滋味。对形式美的欣赏，是艺术情趣；对内容善的赞扬，是道德情怀。因此，《礼记·乐记》说："乐者，所以象德也。"音乐象征着德性。他对《韶》乐的激赏，是艺术情趣与道德情怀的交融为一。
② 图：谋虑、计划、预先想到。
③ 为：欣赏。释文曰："为，本或作'妫'，音居危反，非。"
④ 为：助，辅佐。
⑤ 卫君：指卫出公蒯辄，是卫灵公的孙子，太子蒯聩的儿子。蒯聩与南子关系交恶，欲杀南子。蒯聩被卫灵公驱逐出卫国，逃到晋国。卫灵公去世后，立蒯辄为国君。晋国赵简子帮助蒯聩返回卫国夺君位，并借机攻打卫国。卫国举兵反抗，同时将蒯聩拒之国门之外。蒯聩、蒯辄父子争夺王位之事，与伯夷、叔齐互相禅让王位形成鲜明对比，所以子贡故意用二人之事探问孔子的立场。邢昺《注疏》云："此章记孔子崇仁让也。……卫君谓出公辄也。卫灵公逐太子蒯聩，公薨而立孙辄，辄即蒯聩之子也。后晋赵鞅纳蒯聩于戚城，卫石曼姑帅师围之。子而拒父，恶行之甚。时孔子在卫，为辄所宾礼，人疑孔子助辄，……孔子以伯夷、叔齐为贤且仁，故知不助卫君明矣。"
⑥ 诺：定州竹简本作"若"，借字。
⑦ 释文曰："一本无'将'字。"
⑧ 皇侃本、正平本、敦斯0800号写本、敦伯2510号写郑本"曰"上有"子"字。

乎?"曰:"求仁而得仁,又何怨①?"出,曰:"夫子不②为也。"

【译文】

冉有问:"夫子会支持卫君吗?"子贡说:"嗯,我去问问他。"于是走进居室,问孔子:"伯夷和叔齐是什么样的人?"孔子说:"古时候的贤人。"子贡又问:"他们心存怨恨吗?"孔子说:"他们追求仁,最后得到了仁,又有什么怨恨呢?"子贡退出,告诉冉有说:"夫子不会支持卫君。"

7.16　子曰:"饭③疏食④,饮水,曲肱⑤而枕⑥之,乐亦在其中矣。不义而富且贵,于我如浮云。"

【译文】

孔子说:"吃粗粮,喝白水,弯着手臂做枕头,快乐油然而生。用不义的方式获得的富贵,对我来说就像天上的浮云一样。"

7.17　子曰:"加⑦我数年,五十以学《易》⑧,可以无

----

① 皇侃本、正平本、敦伯 2510 号写郑本句末有"乎"。孔安国说:"伯夷、叔齐让国远去,终于饿死,故问怨乎。以让为仁,岂怨乎?"
② 不:定州竹简本作"弗"。
③ 饭:动词,食、吃。
④ 疏食:粗粮,皇侃本、正平本、敦伯 2699 号写本作"蔬食",释文曰:"疏,本或作蔬。"皇侃《义疏》:"言孔子食于菜食而饮水,无重肴方丈也。"
⑤ 肱(gōng):胳膊。皇侃《义疏》:"肘前曰臂,肘后曰肱,通亦曰臂。"
⑥ 枕:作动词用。朱子《集注》引程子:"非乐疏食饮水也,虽疏食饮水,不能改其乐也。"
⑦ 加:同"假",给予。《史记·孔子世家》作"假我数年"。
⑧ 《易》:《周易》,儒家经典之一。《鲁论》,定州竹简本"易"作"亦"。元初《四书辨疑》对作"易"提出疑问:"注又言:'学《易》则明乎消长吉凶之理、进退存亡之道,故可以无大过。'予谓若以此章为孔子七十时所言,假我数年以学《易》,则又期在七十以后。然孔子七十三而卒,直有大过一世矣。只从五十字说,亦有五十年大过,小过则又不论也,何足为圣人乎?孔子天纵生知,不应晚年方始学《易》也。五十、七十义皆不通。又有说学《易》为修《易》,过为《易》书散乱者。复有说学《易》而失之无所不至,孔子忧之,故托以戒人者。皆为曲说。此章之义,本不易知,姑当置之以待后之君子。"钱宾四先生《论语新解》云:"然何以读《易》始可以无过,又何以必五十始学《易》?孔子常以《诗》、《书》、礼、乐教,何以独不以《易》教?此等皆当另作详解。今从《鲁论》做亦。"

大过矣①。"

【译文】

孔子说："再给我几年时间,到五十岁再温习《易》理,就可以不犯大的过失。"

7.18　子所雅言②,《诗》、《书》、执礼③,皆雅言也。

【译文】

孔子用雅言的场合:诵读《诗》、《书》和执行礼事的时候,都用雅言。

7.19　叶公④问孔子于子路,子路不对。子曰:"女⑤奚⑥不曰'其为人也,发愤忘食,乐以忘忧,不知老之将至⑦'云尔⑧。"

① 定州竹简本"无"作"毋"。皇侃《义疏》认为孔子在四十五岁左右说此言:"当孔子尔时,年已四十五六。"龚元玠《十三经客难》提出不同观点:"先儒句读未明。当'五'一读,'十'一读,言或五或十,以所加年言。"

② 雅言:正言、正音,即官话。春秋时期各国语言不一,孔子平时谈话用鲁国语言,吟诵《诗》、《书》就用正言。韩愈认为"音作言,字之误也。传写因注云雅言正言,遂误尔。"孔安国说:"雅言,正言也。"又郑玄说:"读先王典法,必正言其音,然后义全,故不可有所讳。礼不诵,故言执也。"邢昺《注疏》曰:"此章记孔子正言其音,无所讳避之事。雅,正也。子所正言者,《诗》、《书》、《礼》也。此三者,先王典法,临文教学,读之必正言其音,然后义全,故不可有所讳。《礼》不皆文诵,但记其揖让周旋,执而行之,故言执也。举此三者,则六艺可知。"

③ 定州竹简本"礼"下衍"疾"字。

④ 叶(shè)公:楚国贵族,姓沈,名诸梁,字子高,食邑在叶地(今河南叶县),僭越称公。

⑤ 女:皇侃本及唐诸写本皆作"汝"。

⑥ 奚:定州竹简本作"何"。

⑦ 定州竹简本脱"将"字,皇侃本、正平本句末有"也"字。

⑧ 云尔:如此之类、如此而已。

90

【译文】

叶公向子路打听孔子的为人,子路不回答。孔子说:"你为何不这样说:'他的为人啊,发愤求道经常忘记吃饭,快乐的时候忘记一切忧愁,甚至连自己即将是老年人这回事也忘记了',如此而已。"

7.20 子曰:"我非生而知之者,好古,敏①以②求之者也。"

【译文】

孔子说:"我不是生来就无所不知的人,而是喜好古代文化、勤奋追求的人。"

7.21 子不语怪③、力、乱、神④。

【译文】

孔子一般不讨论怪异、暴力、悖乱和鬼神之事。

7.22 子曰:"三人行⑤,必有我师焉⑥。择其善者而从

---

① 敏:敏捷、勤奋。

② 皇侃本"以"上有"而"字,正平本、敦伯 2510 号写郑本"以"作"而"。郑玄说:"言此者,勉劝人于学也。"

③ 怪:正平本、敦伯 2699 号、3705 号写本作"恠"。

④ 王肃说:"怪,怪异也。力谓若奡荡舟、乌获举千钧之属也。乱谓臣弑君、子弑父也。神谓鬼神之事也。或无益教化也,或所不忍言也。"朱子《集注》云:"怪异、勇力、悖乱之事,非理之正,固圣人所不语。鬼神,造化之迹,虽非不正,然非穷理之至,有未易明者,故亦不轻以语人也。"

⑤ 三人行:三人非虚指,实指三人。皇侃本、正平本、定州竹简本、唐石经作"我三人行"。何晏《集解》:"言我三人行,本无贤愚,择善从之,不善改之,故无常师也。"邢昺《注疏》云:"此章言学无常师也。言我三人行,本无贤愚相悬,但敌体耳,然彼二人言行,必有一人善,一人不善,我则择其善者而从之,不善者而改之。有善可从,是为师矣,故无常师也。"朱子《集注》云:"三人同行,其一我也。彼二人者,一善一恶,则我从其善而改其恶焉,是二人者皆我师也。尹氏曰:'见贤思齐,见不贤而内自省,则善恶皆我之师,进善其有穷乎?'"

⑥ 必有我师焉:皇侃本、正平本、定州竹简本作"必得我师焉"。

之,其不善者而改之。”

【译文】

　　孔子说:"三人同行,其中一定有我值得师从的人。学习并因循他们正确之处;对于他们不善的言行,引以为戒。如果发现自己也有类似的缺点,就及时改正。"

　　7.23　子曰:"天生德于予①,桓魋②其如予何?"

【译文】

　　孔子说:"既然上天赋予我仁义德性,桓魋又能把我怎么样呢?"

　　7.24　子曰:"二三子③以我为隐④乎? 吾无隐乎尔。吾

---

　　①　天生德于予:上天赋予我德性。敦伯2510号写郑本句末衍"者"字。

　　②　桓魋:宋国司马向魋,由于是宋桓公的后代,因而又称作桓魋。鲁哀公三年(公元前492年),孔子途经宋国。据《礼记·檀弓上》载,孔子居宋时,"见桓司马自为石椁,三年而不成",工程浩大,耗资费时,工匠痛恨不已。孔子十分不满,因此愤然斥责曰:"若是其靡也,死不如速朽之愈也",诅咒桓魋如此浪费人力物力,不如死后速朽为好。另据《孔子家语·曲礼子贡问》载,时冉有为仆(驾车),闻孔子此言,因问"礼,凶事不豫,此何谓也?"孔子就事而论,指出"既死而议谥,谥定而卜葬,既葬而立庙,皆臣子之事",此非生前所能准备,况桓魋"自为棺椁",已是违礼之甚。孔子的批评,引起了桓魋的不满。据《史记·孔子世家》载:"孔子去曹过宋,与弟子习礼大树下。宋司马桓魋欲杀孔子,拔其树。孔子去。弟子曰:'可以速矣'。孔子曰:'天生德于予,桓魋其如予何?'"大概是司马桓魋听到孔子对自己"自为石椁"激烈批评诅咒之语而记恨欲杀孔子,闻孔子"习礼树下",即率人前往袭击。皇侃《义疏》云:"予,我也。桓魋,宋司马也。凶愚,心恒欲害孔子。孔子故明言语之,使其凶心止也。言天生圣德于我,我与天同体,桓魋虽无道,安能违天而害我乎? 故云如予何也。夫凶人亦宜不屡谢,而有时须以道折之。故江熙曰:'小人为恶,以理喻之则愈凶强,晏然待之则更自处,亦尤匡人闻文王之德而兵解也。'"

　　③　二三子:包咸曰:"二三子,谓诸弟子也。圣人智广道深,弟子学之不能及,以为有所隐匿,故解之也。"

　　④　隐:隐瞒。皇侃本、正平本、定州竹简本、敦伯2510号写郑本、敦斯0800号写本、敦伯2699号、3783号写本"隐"下有"子"字。

无行而不与二三子者①，是丘也。"

【译文】

孔子说："你们以为在教育方面我可能隐瞒你们什么吗？我对你们丝毫没有隐匿之处。我与你们朝夕相处，真诚以对，这就是我孔丘的秉性。"

7.25　子以四教：文、行、忠、信②。

【译文】

孔子从四个方面教育学生：文献典籍、孝悌恭睦、忠义、诚信。

7.26　子曰："圣人③，吾不④得而见之矣；得见君子者，

---

①　皇侃本、正平本"无行"作"无所行"，定州竹简本句末无"者"字。孔子尝言："君子有三思"，其中一项是"少而不学，长无能也"（《荀子·法行》）。小时候不养成学习求知的习惯，长达了也不会有什么才能。孔子极为重视对弟子的教育，对待自己的儿子与对待弟子一视同仁，无所隐瞒。孔子弟子陈亢曾问孔子之子伯鱼："子亦有异闻乎？"陈亢想了解伯鱼是否得到与众不同的传授。伯鱼回答"未也"，而是告诉陈亢孔子如何督促自己学习《诗》与《礼》。"尝独立，鲤趋而过庭。曰：'学诗乎？'对曰：'未也。''不学诗，无以言。'鲤退而学诗。他日，又独立，鲤趋而过庭。曰：'学礼乎？'对曰：'未也。''不学礼，无以立。'鲤退而学礼。"（《论语·季氏》）陈亢闻伯鱼之语十分欣喜，认为"一问得三"，"闻诗、闻礼，又闻君子之远其子也"。领悟了《诗》，领悟了《礼》，又得知君子一视同仁的教育方法。

②　文、行、忠、信：邢昺《注疏》云："此章记孔子行教以此四事为先也。文谓先王之遗文。行谓德行，在心为德，施之为行。中心无隐谓之忠。人言不欺谓之信。此四者有形质，故可举以教。"《四书辨疑》则认为"行"不当解作"德行"，否则与忠、信重复，皇侃《义疏》引李充言："其典籍辞意谓之文，孝悌恭睦谓之行，为人臣则忠，与朋友交则信，此四者，教之所先也。故以文发其蒙，行以积其德，忠以立其节，信以全其终也。"李充之说为是。

③　圣人：儒家理想人格，《大戴礼记·哀公问五义》记载孔子对"圣人"所作界说："所谓圣人者，知通乎大道，应变而不穷，能测万物之情性者也。大道者，所以变化而凝成万物者也。情性也者，所以理然不然取舍者也。故其事大，配乎天地，参乎日月，杂于云蜺，总要万物，穆穆纯纯，其莫之能循；若天之司，莫之能职；百姓淡然，不知其善。若此，则可谓圣人矣。"孔子认为精通天地之道、有智慧有才能之人才是圣人。

④　定州竹简本本章"不"字皆写作"弗"。

斯可矣。"①

　　子曰②："善人,吾不得而见之矣;得见有恒③者,斯可矣④。亡⑤而为有,虚而为盈,约而为泰⑥,难乎有恒矣。"

【译文】

　　孔子说:"我没有机会见到君子。毕生能见到君子,就已心满意足了。"

　　孔子说:"我没有机会遇见善人,能看到有恒心、有操守的人就欣喜。明明没有却装作有,明明空虚却装作充足,穷困却装作富足,这样的人很难有恒心。"

7.27　子钓而不纲⑦,弋⑧不射宿⑨。

---

　　① 孔子认为尧、舜、禹、汤、文、武六人是圣人,自己尚未臻于圣人境界。《论语》一书"尧"出现4次、"舜"出现8次、"禹"出现5次,孔子对尧格外推崇:"大哉,尧之为君也! 巍巍乎! 唯天为大,唯尧则之。荡荡乎! 民无能名焉。巍巍乎! 其有成功也;焕乎,其有文章!"邢昺《注疏》云:"圣人谓上圣之人,若尧、舜、禹、汤也。君子谓行善无怠之君也。言当时非但无圣人,亦无君子也。"
　　② 子曰:朱子《集注》认为是衍文。
　　③ 恒:恒心。朱子《集注》:"恒,常久之意。"
　　④ 《论语》一书"善人"凡四见,皇侃《义疏》:"善人之称,亦上通圣人,下通一分。而此所言,指贤人以下也。吾世道流丧,吾复不得善人也。有恒谓虽不能作善,而守常不为恶者也。言尔时非唯无作片善者,亦无直置不为恶者,故亦不得见也。"
　　⑤ 亡:同"无",没有。《释文》曰:"'亡'如字,一音无。""有"与"无"、"虚"与"盈"、"泰"与"约",容易使人联想道家思想。《论语》一书多处语录与《老子》有相近之处,《白虎通义·辟雍》说:"孔子师老聃。"
　　⑥ 泰:侈泰、奢侈。"约"与"泰"相对,可以理解为俭约。
　　⑦ 纲:渔网上用于收束的大绳叫"纲"。皇侃《义疏》:"周孔之教,不得无杀,是欲因杀止杀,故同物有杀也。"
　　⑧ 弋(yì):用带生丝的箭射。
　　⑨ 宿:宿鸟,还巢之鸟。邢昺《注疏》云:"此章言孔子仁心也。钓者,以缴系一竿而钓取鱼也。纲者,为大网,罗属著纲,以横绝流而取鱼也。钓则得鱼少,纲则得鱼多。孔子但钓而不纲,是其仁也。弋,缴射也。宿,宿鸟也。夫子虽为弋射,但昼日为之,不夜射栖鸟也,为其欺暗必中,且惊众也。"

【译文】

孔子用钓鱼竿钓鱼,但不用大绳拉网捕鱼。用带生丝的箭射鸟,但是不射杀已经归巢歇宿的鸟儿。

7.28　子曰:"盖有不知而作①之者,我无是也②。多闻,择其善者而从之;多见而识③之;知之次④也。"

【译文】

孔子说:"世上有一种人,不懂装懂并凭空妄加制作,我没有这样的毛病。多听,选择其中好的因循而行;多看,并默记于心,这就是学而知之的知(仅次于生而知之)。"

7.29　互乡⑤难与言,童子⑥见,门人惑。

子曰:"与⑦其进也,不与其退也,唯何甚⑧? 人洁⑨己以进,与其洁也,不保其往⑩也。⑪"

---

①　作:妄作。皇侃《义疏》:"'不知而作'谓妄作穿凿,为异端也。"
②　盖有不知而作之者,我无是也:定州竹简本作"盖有弗智也而作之者,我无是"。
③　识(zhì):通"志",记住。
④　次:次一等。据杨伯峻考证,《论语》"次"字凡8见,含义相同。孔安国说:"如此,次于生知之者也。"
⑤　互乡:地名,传说这个地方的人难以沟通。郑玄注曰:"其乡人言语自专,不达时宜"。
⑥　童子:未成年的男子,古人以二十岁为成年。皇侃《义疏》:"童子。十九以下未冠者也。"
⑦　与:赞许、赞同。
⑧　唯何甚:何必如此过分呢。唯,语助词。甚,过分。
⑨　洁:唐石经、宋石经、戴氏本、作"絜",下文同。
⑩　不保其往:这句话历来有两种理解:第一种诠释,将"往"理解为"去",即是无法保证他离去后的行为,郑玄注曰:"往犹去也。人虚己自洁而来,当与其进之,亦何能保其去后之行也。"邢昺《注疏》:"往犹去也。言人若虚己自洁而来,当与之进,亦何能保其去后之行。去后之行者,谓往前之行,今已过去。"第二种诠释将"往"理解为"过往",皇侃《义疏》引顾欢曰:"往,谓前日之行也。夫人之为行,未必可一,或有始无终,或先迷后得。故教诲之道,洁则与之,往日行非我所保也。"顾欢之说为是。保:守。
⑪　朱熹认为这句有颠倒、阙文:"疑此章有错简。'人洁'至'往也'十四字,当在'与其进也'之前。……唯字上下,疑又有阙文,大抵亦不为已甚之意。"

【译文】

互乡这个地方的人难以交谈,但是互乡的一位少年求见孔子,孔子却答应了,孔子的学生感到很困惑。

孔子说:"我们赞许他的进步,不赞许他自暴自弃。对人何必这样过分呢? 他抱着洁身自好、止于至善之心来见我,我们称赞他洁身自好的做法,不必抓住他以往的过失不放。"

7.30 子曰:"仁远乎哉? 我欲仁,斯仁至①矣。"

【译文】

孔子说:"仁难道离我们很遥远吗? 我想要仁,仁就来了。"

7.31 陈司败②问昭公③知礼乎,孔子曰④:"知礼。"

孔子退,揖巫马期⑤而进之⑥,曰:"吾闻君子不党⑦,君子亦党乎? 君取于吴⑧,为同姓⑨,谓之吴孟子⑩。君而⑪知礼,

---

① 斯仁至:戴氏本作"仁斯至"朱子《集注》:"仁者,心之德,非在外也。放而不求,故有以为远者;反而求之,则即此而在矣,夫岂远哉? 程子曰:'为仁由己,欲之则至,何远之有?'"斯:则。

② 陈司败:孔颖达认为司败为陈国官名,即司寇。

③ 昭公:鲁昭公,名裯,公元前541年—510年在位。

④ 孔子曰:皇侃本、正平本、敦斯0800号写本、敦伯2510号写郑本作"孔子对曰"

⑤ 巫马期:姓巫马,名施,字子期,孔子的学生,小孔子三十岁。

⑥ 皇侃本"之"作"也"。

⑦ 党:包庇,偏袒。皇侃《义疏》:"相助匿非曰党。"

⑧ 取:同"娶",皇侃本、正平本、敦伯2510号写郑本、敦斯0800号写本、释文即作"娶";吴:吴国封土在今江浙一带,是周初分封周先祖太王之子泰伯后人之地。君取于吴,指鲁昭公娶吴国的王室女。

⑨ 同姓:鲁国是周公之后,是姬姓,吴国是太王之后,也是姬姓。按照周礼的规定,同姓不婚,鲁国与吴国通婚,违背了周礼。

⑩ 吴孟子:鲁昭公的夫人。春秋时代,国君夫人的称号一般是她的生长国的国名加上她的姓,这位夫人应该称作"吴姬",但因为鲁吴同姓而婚违反了周礼,所以为了隐瞒事实,改称"吴孟子"。鲁国人称她为吴孟子,属于讥讽之辞。

⑪ 而:若。

孰不知礼?"

巫马期以告①。子曰:"丘也幸,苟有过②,人必知之。"

【译文】

陈司败问孔子:"昭公懂礼吗?"孔子说:"懂礼。"

孔子走后,陈司败向巫马期作揖,请他靠近自己,然后说:"我听说君子不偏袒他人,难道君子也有所偏私吗?鲁君娶了一位吴国的夫人,鲁国和吴国都是姬姓,是国君的同姓,出于避讳的原因,不称她吴姬而是称作吴孟子。如果鲁君也算懂礼,天下还有谁不懂礼呢?"

巫马期把陈司败的话转告孔子。孔子说道:"我真幸运!一旦有过错,别人一定会指出来。"

7.32 子与人歌而善③,必使反④之,而后和⑤之。

---

① 敦伯 2510 号写郑本、敦斯 0800 号写本"告"下有"之"字。

② 苟有过:邢昺《注疏》云:"云'讳国恶,礼也'者,僖元年《左传》文也。案,《坊记》云:'善则称君,过则称已,则民作忠。''善则称亲,过则称已,则民作孝。'是君亲之恶,务欲掩之,是故圣贤作法,通有讳例。杜预曰:'有时而听之则可也,正以为后法则不经,故不夺其所讳,亦不为之定制。'言若正为后法,每事皆讳,则为恶者无复忌惮,居上者不知所惩,不可尽令讳也。人之所极,唯君与亲,才有小恶,即发其短,非复臣子之心,全无爱敬之义。是故不抑不劝,有时听之,以为讳恶者,礼也,无隐者,直也。二者俱通,以为世教也。云'圣人道弘,故受以为过'者,孔子所言,虽是讳国恶之礼,圣人之道弘大,故受以为过也。皇侃云:孔子得巫马期之言,称已名,云是已幸,受以为过。故云:苟有过,人必知之。所以然者,昭公不知礼,我答云知礼。若使司败不讥我,则千载之后,遂永信我言,用昭公所行为知礼,则乱礼之事,从我而始。今得司败见非而受以为过,则后人不谬,故我所以为幸也。"朱子《集注》云:"孔子不可自谓讳君之恶,又不可以娶同姓为知礼,故受以为过而不辞。"

③ 子与人歌而善:善,善之。敦伯 2510 号写郑本句末有"之"字。

④ 反:再一次。

⑤ 和(hè):应和、唱和。孔子对音乐素有研究,孔子曾向乐官师襄子学琴,师襄子教一曲,孔子"十日不进",师襄子言此曲已熟练,"可以益矣"。孔子言"丘已习其曲矣,未得其数也。"曲调虽已学过,演奏的技巧尚未学好。又过了几日,师襄子言"已习其数,可以益矣。"孔子又言"丘未得其志也",应进一步体悟曲作者的志趣神韵。又过了几日,师襄子言"已习其志,可以益矣。"孔子言:"丘未得其为人也"。还要通过反复演奏体悟作者的为人风貌。如此反复再三后,孔子"有所穆然深思焉,有所怡然高望而远志焉",于是心有所得,言"丘得其为人,黯然而黑,几然而长,眼如望羊,如王四国,非文王其谁能为此也",根据琴曲意境,孔子断定是周文王所作。师襄子闻此肃然起敬,"辟席再拜",称赞孔子为"君子圣人",然后说:"师盖云《文王操》也。"言自己老师教此曲时正是告知曲名为"文王操"。

【译文】

孔子与人一起唱歌,如果唱得好,一定请人再唱一遍,然后与他一起唱和。

7.33　子曰:"文,莫吾犹人也①。躬行君子②,则吾未之有得③。"

【译文】

孔子说:"在文献典籍研究方面,我不敢落人之后。至于身体力行君子之道,我自认为做得还远远不够好。"

7.34　子曰:"若圣与仁④,则吾岂⑤敢? 抑⑥为之⑦不厌,诲人不倦⑧,则可谓云尔已矣。"

公西华曰:"正唯弟子不能学也⑨。"

【译文】

孔子说:"至于圣与仁,我怎么敢当呢? 学而能行,从不满足。教育

---

①　莫:大约、大概,定州竹简本作"幕"。朱子《集注》云:"莫,疑辞。犹人,言不能过人,而尚可以及人。"

②　定州竹简本无"行"字,当脱。

③　未之有得:没有完全做到。敦伯 2510 号写郑本"得"作"德",皇侃本、正平本句末有"也"字。朱子《集注》云:"未之有得,则全未有得,皆自谦之辞。而足以见言行之难易缓急,欲人之勉其实也。"

④　圣与仁:《孟子·公孙丑章句上》:"昔者子贡问于孔子,曰:'夫子圣矣乎?'孔子曰:'圣则吾不能,我学不厌而教不倦也。'子贡曰:'学不厌,智也;教不倦,仁也。仁且智,夫子既圣矣。'夫圣,孔子不居。——是何言也?"

⑤　岂:定州竹简本作"几",借字。

⑥　抑:助词,定州竹简本作"印",借字。

⑦　之:指前文的圣和仁。

⑧　倦:定州竹简本作"卷",借字。皇侃《义疏》:"孔子虽不受仁圣之目,而以此二事自许也。"

⑨　正唯弟子不能学也:定州竹简本作"诚唯弟子弗能学也"。

弟子,从不懈怠。如此自我期许还是比较恰当的。"

公西华说:"这正是我们弟子难以企及的。"

7.35　子疾病①,子路请祷。子曰:"有诸?"子路对曰:"有之。《诔》②曰:'祷尔于上下神祇③。'"子曰:"丘之祷久矣④。"

【译文】

孔子病重,子路向鬼神祈祷求福。孔子痊愈之后,问子路:"你真的为我向鬼神祈祷了吗?"子路回答说:"有这回事。《诔》文上说:'替你向天地神明祈祷。'"孔子说:"我已经祈祷很久了。"

7.36　子曰:"奢则不孙⑤,俭则固⑥。与其不孙也,宁固。"

【译文】

孔子说:"过于奢侈就不知道谦逊,过于节俭就易陷于寒伧。与其不知逊让,宁愿固陋一些。"

---

① 疾病:古人称一般的疾病为疾,称重病为病,二字连缀指病重。定州竹简本无"病"字。

② 诔(lěi):应作"讄",祈祷文,用于生者的作"讄",用于死者的作"诔",戴氏本即作"讄",《释文》曰:"诔,《说文》作'讄',云:'或作【言纍】。'"

③ 神祇(qí):古代称天神为神,地神为祇,定州竹简本"祇"作"提"。

④ 丘之祷久矣:皇侃本作:"丘之祷之久矣"。邢昺《注疏》云:"此章记孔子不谄求于鬼神也。……孔子不许子路,故以此言拒之。若人之履行违忤神明,罹其咎殃则可祷请。孔子素行合于神明,故曰'丘之祷久矣'。"朱子《集注》云:"祷者,悔过迁善,以祈神之佑也。无其理则不必祷,既曰有之,则圣人未尝有过,无善可迁。其素行固已合于神明,故曰:'丘之祷久矣。'又《士丧礼》,疾病行祷五祀,盖臣子迫切之至情,有不能自已者,初不请于病者而后祷也。故孔子之于子路,不直拒之,而但告以无所事祷之意。"

⑤ 孙:同"逊",谦逊。正平本、诸唐写本、敦伯 2510 号写郑本均作"逊"。

⑥ 固:固陋、寒伧。朱子《集注》:"奢俭俱失中,而奢之害大。"

7.37　子曰:"君子坦荡荡①,小人长戚戚②。"

【译文】

孔子说:"君子心胸平坦宽广,小人则常常局促不安。"

7.38　子③温而厉④,威而不猛⑤,恭而安⑥。

【译文】

孔子气象温和儒雅而又内藏严厉,仪态威严庄重但不凶猛,谦恭平顺而又安详舒泰。

---

① 坦:平坦;荡荡:宽广无私。定州竹简本"坦"作"觇","荡"字不重。《大学》:"富润屋,德润身,身广体胖。"

② 戚戚:忧愁、忧虑的样子,定州竹简本不重"戚"字。郑玄说:"坦荡荡,宽广貌也。长戚戚,多忧惧貌也。"

③ 敦斯0800号写本、敦伯2699号、3705号写本"子"下皆有"曰"字,定州竹简本"温"上有"曰"字,阙"子"字。

④ 温而厉:皇侃《义疏》:"温,和润也。厉,严也。人温和者好不能严厉,孔子温而能厉也。"

⑤ 威而不猛:朱子《集注》:"人之德性本无不备,而气质所赋,鲜有不偏。惟圣人全体浑然,阴阳合德,故其中和之气见于容貌之间者如此。门人孰察而详记之,亦可见其用心之密矣。抑非知足以知圣人而善言德行者不能也,故程子以为曾子之言。学者所宜反复而玩心也。"

⑥ 恭而安:邢昺《注疏》云:"此章说孔子体貌也。言孔子体貌温和而能严正,俨然人望而畏之而无刚暴,虽为恭孙而能安泰,此皆与常度相反。若《皋陶谟》之九德也。他人不能,唯孔子能然,故记之也。"

卷八　泰伯第八　凡二十一章

8.1　子曰:"泰伯①,其可谓至德也已矣。三以天下让②,民无得而称③焉。"

【译文】

孔子说:"泰伯可以说是普天下品德最高尚的人。三次把君位让给季历,老百姓简直找不到合适的语言来称颂他的美德。"

8.2　子曰:"恭而无礼④则劳⑤,慎而无礼则葸⑥,勇而无礼则乱,直而无礼则绞⑦。君子笃于亲,则民兴于仁;故旧不

---

①　泰伯:周太王古公亶父的长子。古公亶父生有三子,泰伯、仲雍、季历。季历即周文王姬昌之父。古公亶父想打破嫡长子继承制度,把王位传给季历,从而传给姬昌。但是泰伯和仲雍都没有失德行为,不能轻易被废黜。古公亶父因而郁郁寡欢,泰伯明白父亲的意思,为了实现父亲的愿望,借为父亲采药的机会,带着弟弟仲雍出走到了勾吴,季历顺利继承王位。

②　三以天下让:皇侃《义疏》引范宁云:"有二释,一云:泰伯少弟季历,生子文王昌,昌有圣德。泰伯知其必有天下,故欲令传国于季历,以及文王。因太王病,托采药于吴越不反。太王薨而季历立,一让也。季历薨而文王立,二让也。文王薨而武王立,于此遂有天下,是为三让也。又一云:太王病而托采药出,生不事之以礼,一让也。太王薨而不反,使季历主丧,死不丧之以礼,二让也。断发文身,示不可用,使季历主祭祀,不祭之以礼,三让也。"也有人认为"三"为虚数,用以表示泰伯礼让态度之坚决,朱子《集注》云:"三让,谓固逊也。"这里的"天下"与后世的天下不同,仅就当时的周部落而言,指的是君位、王位。

③　敦伯2510号写郑本"无"下有"以"字。民无得而称:人民找不到最适当的词汇来称颂他的美德。

④　无礼:没有礼仪的约束,皇侃《义疏》云:"此章明行事悉须礼以为节也。"朱子《集注》云:"无礼则无节文,故有四者之弊。"

⑤　劳:徒劳无功。

⑥　敦伯2510号写郑本"慎"作"顺"。葸(xǐ):畏惧、胆怯。

⑦　绞:尖酸刻薄。马融说:"绞,绞刺也。"

101

遗①,则民不偷②。"

【译文】

孔子说:"一个人,恭敬却不合礼就会劳而无功,谨慎待人但没有礼的指导就会畏缩怯弱,刚直而没有礼的指导就会变得尖酸刻薄。在上位的人厚待他的父母尊长,老百姓就会以仁爱为美。在上位的人不遗弃故交老友,老百姓为人处世就不会冷漠淡薄。"

8.3　曾子有疾③,召门弟子曰:"启予足④!启予手!《诗》云:'战战兢兢,如临深渊,如履⑤薄冰。'⑥而今而后,吾知免⑦夫!小子⑧!"

---

①　故旧:故交老友。

②　敦伯 2510 号写郑本"君子笃于亲,则民兴于仁。故旧不遗,则民不偷"上有"子曰"二字,朱子《集注》云:"吴氏曰:'君子以下,当自为一章,乃曾子之言也。'愚按:此一节与上文不相蒙,而与首篇慎终追远之意相类,吴说近是。"偷:薄,指人与人之间的情感淡薄。包咸说:"君能厚于亲属,不遗忘其故旧,行之美者也,则民皆化之,起为仁厚之行,不偷薄也。"

③　疾:皇侃本作"病"。

④　启:打开。启予足,启予手,指打开被子看看我的脚和手。郑玄注曰:"启,开也。曾子以为受身体于父母,不敢毁伤,故使弟子开衾而视之也。"一说,同"睟",看的意思,戴氏注云:"启读曰睟。睟,视也。"

⑤　履:步行。

⑥　出自《诗经·小雅·小旻(mín)篇》。孔安国曰:"言此《诗》者,喻已常戒慎,恐有所毁伤也。"

⑦　免:指身体免于刑戮损伤,敦伯 2510 号写郑本作"勉",借字。曾子认为"身者,父母之遗体也。行父母之遗体,敢不敬乎?""父母生之,子弗敢杀;父母置之,子弗敢废;父母全之,子弗敢阙。"据《大戴礼记·曾子大孝》载:曾子弟子乐正子春不慎扭伤了脚,伤瘳之后,仍然连续几个月闭门不出。学生问其中缘故,乐正子春回答说:"善如尔之问也!吾闻之曾子,曾子闻诸夫子曰:'天之所生,地之所养,人为大矣。父母全而生之,子全而归之,可谓孝矣;不亏其体,可谓全矣。'故君子顷步之不敢忘也。今予忘夫孝之道矣,予是以有忧色。故君子一举足不敢忘父母,一出言不敢忘父母。"乐正子春脚伤虽已痊愈,仍数月闭户不出,面壁思过。因为按照"父母全而生之,子全而归之"孝道,"全体"、"贵生"也就成为了人伦之孝的一项要求。

⑧　小子:对弟子的称呼。

【译文】

曾参患了重病,把他的学生召集到病榻前,说:"看看我的脚!看看我的手!《诗》上说:'战战兢兢,如临深渊,如履薄冰。'从今往后,我知道可以免于刑戮毁伤了。学生们!"

8.4　曾子有疾,孟敬子①问②之。曾子言曰③:"鸟之将死,其鸣也哀;人之将死,其言也善④。君子所贵乎道⑤者三:动容貌,斯远暴慢矣⑥;正颜色,斯近信矣⑦;出辞气,斯远鄙倍⑧矣。笾豆之事,则有司存⑨。"⑩

---

①　孟敬子:鲁国大夫,仲孙氏,名捷,孟武伯之子,"敬"是谥号,宋石经作"孟钦子"。

②　问:探病、慰问。

③　此处不作"曰",而作"言曰",朱子《集注》以为"言,自言也";皇侃《义疏》云:"或问曰:'不直云曾子曰而云言曰,何也?'答曰:'欲重曾子临终言善之可录,故特云言也。'又一通云:'出己曰言,答述曰语。曾子临终绵困,不堪答述也,示直出己之怀而已。'"

④　鸟之将死,其鸣也哀;人之将死,其言也善:朱子《集注》云:"鸟畏死,故鸣哀。人穷反本,故言善。此曾子之谦辞,欲敬子知其所言之善而识之也。"

⑤　道:礼,郑玄、皇侃皆作此解。郑玄说:"此道,谓礼也。"正平本"道"上无"乎"字。

⑥　动容貌:容貌、仪态庄重有礼;远暴慢:远离暴悖、傲慢放肆之人。定州竹简本"慢"作"曼",借字。郑玄说:"动容貌,能济济跄跄,则人不敢暴慢之也。"皇侃《义疏》云"动容貌,谓成仪容举止也。君子坐则俨然,行则跄济,如此则人望而畏之,不敢有暴慢之者,故云斯远暴慢也。故颜延之云:'动容则人敬其仪,故暴慢息也。'"

⑦　正颜色:端正自己的脸色、神情。郑玄注曰:"正颜色,能矜庄严栗,则人不敢欺诞之也。"皇侃《义疏》云:"人之颜色恒欲庄正,不数变动,则人不敢欺诈之,故云近信也。故颜延之云:'正色则人达其诚,故信者立也。'"

⑧　出辞气:注重言语表达的声气和措辞;鄙倍:鄙,粗野鄙陋,倍同背,悖理、不合理。郑玄注曰:"出辞气,能顺而说,则无恶戾之言入于耳也。"皇侃《义疏》云:"辞气,言语音声也。既见颜色,次接言语也。出言有章,故人不敢鄙秽倍违之也。故颜延之云:'出辞则人乐其文,故鄙倍绝也。'"《礼记·冠义》:"凡人之所以为人者,礼义也。礼义之始,在于正容体、齐颜色、顺辞令。容体正,颜色齐,辞令顺,而后礼义备。"意思与本章相近。

⑨　笾(biān)豆:礼器,笾是盛果脯的竹制礼器,豆是盛肉类的木制礼器。笾豆之事指祭祀和礼仪相关事宜。有司:主管相关事宜的官吏。

⑩　关于曾子这段话的用意,学术史上有两种诠释:包咸说:"敬子忘大务小,故又戒之以此也。笾豆,礼器。"朱子《集注》则认为"言道虽无所不在,然君子所重者,在此三事而已。是皆修身之要、为政之本,学者所当操存省察,而不可有造次颠沛之违者也。若夫笾豆之事,器数之末,道之全体固无不该,然其分则有司之守,而非君子之所重矣。"

【译文】

　　曾子重病在身，孟敬子前来探望。曾子说："鸟之将死，其鸣也哀；人之将死，其言也善。君子所看重的礼义准则有三点：注重自己的仪态容貌，就可以远离无礼之人的暴悖和欺诞；端正自己的神色，使人感觉忠诚可信；说话彬彬有礼、言语大方得体，就可以避免他人的粗鄙和悖理。至于礼仪方面的具体事宜，自会有相关官员具体负责。"

　　8.5　曾子曰："以能问于不能，以多问于寡①；有若②无，实若③虚，犯而不校④。昔者吾友⑤尝从事于斯矣⑥。"

【译文】

　　曾子说："自己才华洋溢，却虚心向不如自己的人请教。自己博学多识，却时常向见识不如自己的人请益。学富五车却显得好像没有学问，德行充实却显得好像很空虚，被人冒犯却时常以宽恕之心待人。从前我的一位好友就是这样为人处世的。"

　　8.6　曾子曰："可以托六尺之孤⑦，可以寄百里之命⑧，临大节而不可夺也⑨，君子人与？君子人也⑩。"

---

　　①　定州竹简本"于"作"乎"。
　　②　定州竹简本"若"作"如"。
　　③　定州竹简本"若"作"而"。
　　④　校（jiào）：计较、报复，唐石经作"挍"，敦伯 2510 号写郑本作"效"。包咸说："校，报也。言见侵犯而不校之也。"
　　⑤　吾友：马融认为指颜回，后人多从之。据《大戴礼记·曾子疾病》载：曾子对曾元、曾华说："吾无夫颜氏之言，吾何以语汝哉！"由此可见，曾子一生对颜回敬佩有加。
　　⑥　皇本无"于"字。
　　⑦　六尺：古代六尺约合今天 138 厘米，六尺高的人还是孩子。一般七尺为成人，六尺指十五岁以下的孩子。托孤，指帝王临终前将年幼的继位人托付某人。孔安国说："六尺之孤，谓幼少之君也。"
　　⑧　寄百里之命：代理国家政务。百里，诸侯国。
　　⑨　临大节而不可夺也：敦伯 2510 号写郑本无"可"、"也"二字。皇侃《义疏》："国有大难，臣能死之，是临大节不可夺也。"
　　⑩　君子人也：敦伯 2510 号写郑本二"人"皆作"仁"；释文作"君子人与君子也"。朱子《集注》引程子语："节操如是，可谓君子矣。"

【译文】

曾子说:"可以把未成年的孩子托付给他,可以把国家的政务全权交付给他。面临生死存亡紧要关头,能做到杀身成仁、视死如归,这样的人称得上是君子吗? 当然是君子啊!"

8.7 曾子曰:"士不可以不弘毅①,任重而道远。仁以为己任,不亦重乎? 死而后已,不亦远乎?"

【译文】

曾子说:"士君子不可以不心存高远而且意志刚毅,因为他肩负的使命重大而且路途遥远。以实现仁道为自己毕生使命,责任还不算重大吗? 死神降临才能歇息停止,道路还不算遥远吗?"

8.8 子曰:"兴②于《诗》,立于礼,成于乐③。"④

---

① 弘毅:宏伟、刚毅,杨伯峻引章太炎《广论语骈枝》曰:"《说文》:'弘,弓声也。'后人借'强'为之,用为'彊'义。此'弘'字即今之'强'字也。《说文》:'毅,有决也。'任重须彊,不彊则力绌;致远须决,不决则志渝。"包咸说:"弘,大也。毅,强而能决断也。士弘毅,然后能负重任致远路也。"

② 兴:起,开始。

③ 成于乐:孔安国说:"乐所以成性也。"

④ 学术史上对这章的理解有两种:第一种认为主旨是阐释学习的次序,皇侃《义疏》云:"此章明人学须次第也。"又朱子《集注》云:"诗本性情,有邪有正,其为言既易知,而吟咏之间,抑扬反复,其感人又易入。故学者之初,所以兴起其好善恶恶之心,而不能自已者,必于此而得之。礼以恭敬辞逊为本,而有节文度数之详,可以固人肌肤之会,筋骸之束。故学者之中,所以能卓然自立,而不为事物之所摇夺者,必于此而得之。乐有五声十二律,更唱迭和,以为歌舞八音之节,可以养人之性情,而荡涤其邪秽,消融其查滓。故学者之终,所以至于义精仁熟,而自和顺于道德者,必于此而得之,是学之成也。按《内则》,十年学幼仪,十三学乐诵诗,二十而后学礼。则此三者,非小学传授之次,乃大学终身所得之难易、先后、浅深也。"第二种观点认为是阐释人修身立德的次序,邢昺《注疏》云:"此章记人立身成德之法也。兴,起也。言人修身,当先学起于《诗》也。立身必须学礼,成性在于学乐。不学《诗》,无以言。不学礼,无以立。既学《诗》、《礼》,然后乐以成之也。"

【译文】

孔子说:"学习《诗》,是学而成人的开始;践行礼,道德人格逐渐挺立;在乐的涵泳中,君子人格得以牢固树立。"

8.9　子曰:"民可使由之,不可使知①之。"②

【译文】

孔子说:"用知识启迪老百姓的智慧,但不可以用暴力强制压服老百姓。"

8.10　子曰:"好勇疾③贫,乱也。人而不仁,疾之已④

① 由、知:由通"迪",启迪、引导,旧说从,一说用;知通"折",压服,廖名春《不要再误读〈论语〉了》云:"在《论语·泰伯》此章中,有两个假借字:一是'由',郭店简《尊德义》作引导的'导',可知当读作启迪的'迪',这是我的学生李锐指出来的。第二是'知',它的本字就是'折',折服的'折'。"

② 旧注对此章的解释多有误读,郑玄注曰:"民,冥也,其见人道远。由,从也,言王者设教,务使人从之。若皆知其本末,则愚者或轻而不行。"何晏、皇侃、邢昺理解同,邢昺《义疏》云:"此章言圣人之道深远,人不易知也。由,用也。民可使用之,而不可使知之者,以百姓能日用而不能知故也。"亦有人为孔子回护,如朱子《集注》引程子曰:"圣人设教,非不欲人家喻而户晓也,然不能使之知,但能使之由之尔。若曰圣人不使民知,则是后世朝四暮三之术也,岂圣人之心乎?"出土文献为我们理解此章提供了新的视角。郭店楚简《尊德义》篇云:"民可使导之,不可使知之。民可导也,而不可强也。"廖名春经过考证,认为此处"知"为"折"的借字:"如果按照一般的理解,说民'不可使知之',那孔子的教学就无从谈起了。因为民'不可使知之',孔子再怎么'诲人不倦'也没有用。我们只要肯定孔子是一个伟大的教育家,是'有教无类'的,就势必不能接受孔子有民'不可使知之'的说法。把这段话读懂了,就知道孔子这句话非但不是愚民思想,而是非常强烈的民本思想,即老百姓只能去引导(迪),不能以暴力去强迫、去压服(折)。为什么? 因为孔子知道'匹夫不可以夺志'。"详见廖名春:《〈论语〉"民可使知之"章新释》,《学习时报》,2007 年 10 月 16 日;廖名春:《不要再误读〈论语〉了》,《中华读书报》,2012 年 12 月 3 日。

③ 疾:憎恨、痛恨。荀子将儒家之"勇"观念概括为四大类:"狗彘之勇""贾盗之勇""小人之勇""士君子之勇":"有狗彘之勇者,有贾盗之勇者,有小人之勇者,有士君子之勇者。争饮食,无廉耻,不知是非,不辟死伤,不畏众强,牟牟然惟利饮食之见,是狗彘之勇也。为事利,争货财,无辞让,果敢而振,猛贪而戾,牟牟然惟利之见,是贾盗之勇也。轻死而暴,是小人之勇也。义之所在,不倾于权,不顾其利,举国而与之不为改视,重死持义而不桡,是士君子之勇也。""狗彘之勇"勇于争食,无是非、羞耻之心;"贾盗之勇"着眼于世俗的荣誉期求,勇于争财,无辞让之心;"小人之勇"易受无节制愤怒的驱使,轻死、逞强、暴戾是其主要形式。荀子认为这三种"勇"皆是血气之勇,实际上属于勇敢的假象。

④ 敦伯 2510 号写郑本"已"作"巳",借字。

甚,乱也。"①

【译文】

孔子说:"喜好勇武而又不能安于贫困,是一种祸害;对于不仁的人,痛恨得太过分了,也会出乱子。"

8.11 子曰:"如有周公之才之美②,使骄且吝③,其余不足观也已④。"

【译文】

孔子说:"一个人即使有周公那好的才华和美德,如果骄傲又吝啬,那么其他方面也就不值一提了。"

8.12 子曰:"三年学⑤,不至⑥于谷⑦,不易得也⑧。"

---

① 邢昺《注疏》云:"此章说小人之行也。言好勇之人患疾己贫者,必将为逆乱也。人若本性不仁,则当以礼孙接,不可深疾之。若疾恶太甚,亦使为乱也。"朱子《集注》云:"好勇而不安分,则必作乱。恶不仁之人而使之无所容,则必致乱。二者之心,善恶虽殊,然其生乱则一也。"

② 定州竹简本作"如周公之材之美已"。"美"字在《论语》出现 14 次,在《孟子》中出现 17 次,《国语·楚语上》云:"夫美也者,上下、内外、小大、远近皆无害焉,故曰美。"

③ 皇侃本作"设使骄且悋",正平本"吝"作"悋"、句末有"矣"字,定州竹简本"吝"作"邻"、句末有"已"字。

④ 皇侃本、正平本句末有"矣"字,定州竹简本作"其余无可观"。

⑤ 三年:泛指多年。

⑥ 至:朱子《集注》云:"'至',疑当作'志'。"杨伯峻先生《论语译注》:"这'至'字和《雍也篇》第六'回也其心三月不违仁,其余则日月至焉而己矣'的'至'用法相同,指意念之所至。"

⑦ 谷:学术史上有两种解释,第一种释谷为善,孔安国说:"谷,善也。言人三岁学,不至于善,不可得,言必无及也,所以劝人于学也。"第二种解作禄位,朱子《集注》云:"穀,禄也。至,疑当作志。为学之久,而不求禄,如此之人,不易得也。杨氏曰:'虽子张之贤,犹以干禄为问,况其下者乎?然则三年学而不至于谷,宜不易得也。'"

⑧ 皇本、正平本"也"下"已"字,定州竹简本"也"作"已",敦伯 0800 号写本无"也"字,敦伯 3783 号写本"也"作"乎"字。

【译文】

孔子说:"一个人求学多年,还不急于谋取禄位,真是难能可贵。"

8.13　子曰:"笃信①好学,守死善道②。危邦不入,乱邦不居③。天下有道则见④,无道则隐。邦有道,贫且贱焉,耻也;邦无道,富且贵焉,耻也⑤。"

【译文】

孔子说:"坚定不移相信仁义之道,孜孜不倦学习仁义之道。誓死捍卫仁义之道,杀身成仁。上下名分不正的国家不进入,动荡不宁的国家不居住。天下太平就出仕为官,社会背离正道就隐居不出。国家政治清明,自己还甘于贫困卑微,这是可耻之举;国家政治黑暗,自己却富贵显达,尤其可耻!"

8.14　子曰:"不在其位,不谋其政⑥。"⑦

【译文】

孔子说:"不在那个职位上,就不谋虑那个职位的政务。"

---

①　笃信:坚信,定州竹简本"笃"作"孰"。皇侃《义疏》:"今笃厚于诚信,而好学先王之道也。"

②　守死善道:坚守仁义之道,至死不渝。皇侃《义疏》:"宁为善而死,不为恶而生,故云'守死善道'也。"

③　危邦、乱邦:包咸曰:"臣弑君、子弑父,乱也。危者,将乱之兆也。"

④　见(xiàn):同"现"。

⑤　富且贵焉,耻也:皇侃《义疏》:"国君无道而己出仕,招致富贵,则是己亦无道,得会恶逆之君,故亦为可耻也。"荀悦将"耻"分为三类,即"耻诸神明""耻诸人"和"自耻",君子修行应该以自耻为准绳,自耻是修行之本:"或曰:'修行者,不为人耻诸神明,其至也乎?'曰:'未也。自耻者,本也。耻诸神明,其次也。耻诸人,外矣。夫唯外,则慝积于内矣。故君子审乎自耻'。"

⑥　皇侃本、正平本句末有"也"字,定州竹简本"政"作"正"。

⑦　邢昺《注疏》云:"此章戒人侵官也。言不在此位,则不得谋此位之政。欲使各专一,守于其本职也。"

8.15　子曰:"师挚之始①,《关雎》之乱②,洋洋③乎盈耳哉。"④

【译文】

孔子说:"从太师挚演奏的序曲开始,到结尾合奏的《关雎》,美妙动听的音乐充满了我的耳朵。"

8.16　子曰:"狂⑤而不直,侗⑥而不愿⑦,悾悾⑧而不信,吾不知⑨之矣。"⑩

【译文】

孔子说:"行为激进却不能做到正直率真,幼稚无知却不能做到恭敬厚朴,外表朴实却不能做到言行一致,这种人真使我失望。"

---

①　师挚:鲁国的乐师,名挚;始,指乐曲的开端,叫"升歌"。古代奏乐,开端的升歌一般由太师演奏,挚是太师,所以说"师挚之始"。

②　乱,乐之终,即曲终的大合奏。《关雎》以下六篇乃合乐所用,乐曲用于曲终的合奏,所以说《关雎》之乱。

③　洋洋:美妙动听。朱子《集注》:"孔子自卫反鲁而正乐,适师挚在官之初,故乐之美盛如此。"

④　郑玄注曰:"师挚,鲁大师之名也。始,犹首也。周道既衰微,郑、卫之音作,正乐废而失节。鲁大师挚识《关雎》之声,而首理其乱者,洋洋乎盈耳哉,听而美也。"

⑤　狂:狂妄、激进。孔安国说:"狂者进取,宜直也。"

⑥　侗(tóng):无知、幼稚。定州竹简本作"侚",借字。孔安国说:"侗,未成器之人也,宜谨愿也。"

⑦　愿:谨慎,皇侃《义疏》云:"愿,谨愿也。人幼未成人者,情性宜谨愿,而当时幼者亦不谨愿也。"朱子《集注》云:"愿,谨厚也。"

⑧　悾悾(kōng):诚恳,郑玄注曰:"悾悾,诚悫也。"包咸曰:"悾悾,悫悫也,宜可信也。"朱子《集注》则解作"无能"。定州竹简本、敦伯 2510 号写郑本、伯 3534 号、伯 3783 号写本作"空空"。

⑨　定州竹简本"不知"作"弗智"。

⑩　邢昺《注疏》云:"此章孔子疾小人之性与常度反也。狂者,进取宜直,而乃不直。侗,未成器之人,宜谨愿,而乃不愿。悾悾,悫也,质悫之人,宜信,而乃不信。此等之人,皆与常度反,我不知之也。"

8.17　子曰:"学如不及①,犹恐失之②。"

【译文】

孔子说:"做学问犹如学驾车,总担心追赶不上前面的车辆。一旦追赶上了,还总是担心被人追赶上来。"

8.18　子曰:"巍巍③乎,舜、禹④之有天下也⑤,而不与⑥焉。"

【译文】

孔子说:"多么崇高伟大啊,舜和禹拥有天下,贵为天子,却从不把君位当作自己的私有之物。"

8.19　子曰:"大哉,尧之为君也! 巍巍乎,唯天为大,唯尧则⑦之。荡荡⑧乎,民无能名⑨焉。巍巍乎其有成功也,焕⑩乎其有文章⑪。"

---

①　定州竹简本"不"作"弗",敦伯 2510 写郑本"学"下有"而"字。
②　犹恐失之:朱子《集注》:"言人之为学,既如有所不及矣,而其心犹竦然,惟恐其或失之,警学者当如是也。"
③　巍巍:伟大、高大,定州竹简本作"魏魏"。
④　禹:夏朝的开国国君,据传说他因为治水有功而接受舜帝的禅让。
⑤　舜禹之有天下也:定州竹简本无"之"、"也"二字,敦伯 2510 写郑本无"禹之"、"也"字。
⑥　不与:史上有多种理解:其一,指并非自己预求而得,皇侃《义疏》云:"舜受尧禅而有天下,禹受舜禅而有天下,此二圣得时有天下,并非身所预求,而君自禅之也。"其二,指孔子惜未在舜禹之时,皇侃《义疏》云:"一曰,孔子叹己不预见舜、禹之时也。若逢其时,则己宜道当用也。故王弼曰:'逢时遇世,莫如舜禹也。'"其三,指与自己得失无关,朱子《集注》云:"不与,犹言不相关,言其不以位为乐也。"
⑦　则:效法。朱子解作"准",指只有尧可以与天齐平。
⑧　荡荡:广远。朱子《集注》:"言物之高大,莫有过于天者,而独尧之德能与之准。故其德之广远,亦如天之不可以言语形容也。"
⑨　名:称颂。
⑩　焕:光辉、光明。
⑪　文章:礼乐文明。

【译文】

孔子说:"崇高伟大呀,尧这样的君王! 多么崇高啊,只有天道最深远,只有尧真正效法天道。他的恩惠多么广博呀! 百姓都无法用语言赞美他。他的功业多么崇高啊,他的礼乐制度多么光辉灿烂啊。"

8.20　舜有臣五人①而天下治。武王②曰:"予③有乱臣④十人。"

孔子曰:"才难,不其⑤然乎? 唐、虞之际,于斯为盛⑥。有妇人焉⑦,九人而已。三分天下有其二⑧,以服事殷。周之德⑨,其可谓至德也已矣。"

【译文】

舜重用五位治国的贤臣,天下大治。周武王说:"我有十位治国的贤臣。"

---

①　臣五人:指辅佐舜的禹、契、后稷、皋陶和伯益。

②　武王:周武王姬发,他率领诸侯讨伐暴虐无道的商纣王,推翻商朝,建立周王朝。

③　敦伯 2510 号写郑本无"予"字。

④　乱:治理。《说文》:"乱,治也。"乱臣,治国之臣。马融认为指"周公旦、召公奭、太公望、毕公、荣公、大颠、闳夭、散宜生、南宫适,其余一人谓文母也"。文母,即大姒,武王的母亲,刘敞《七经小传》认为没有子以母为臣之理,改文母为武王的妻子邑姜。

⑤　敦伯 2510 号写郑本"其"误作"期"。

⑥　唐虞:尧出于陶唐氏,舜出于有虞氏,唐虞指尧舜。学术史上对这句话有多重理解:第一种观点认为周初比尧舜时期人才更隆盛,孔安国曰:"言尧、舜交会之间,比于此,周最盛,多贤才,然尚有一妇人,其余九人而已。大才难得,岂不然乎?"第二种观点认为尧舜和周初两个时期为盛,朱子《集注》云:"言周室人才之多,惟唐虞之际,乃盛于此。降自夏商,皆不能及,然犹但有此数人尔,是才之难得也。"第三种观点认为周初人才最盛,戴氏注云:"际,尤降也。言人才唐虞以降,于周斯时最盛。"朱子之说为是。

⑦　有妇人焉:或指武王的妻子邑姜,古时女性只负责掌管宫内事务,不参与朝政。敦伯 2510 号写郑本、伯 2699 号写本"妇"上有"一"字。

⑧　三分天下有其二:当时天下有九州,周文王、周武王在灭商前已有六州归附。皇侃本"三"作"叁"。

⑨　皇侃本、正平本、定州竹简本无"之"字。

孔子说:"人才难得,历来不正是这样吗? 尧舜之间和周武王的时候,人才最兴盛。但是武王的十位治国人才中,还有一位不在朝廷的妇女,其实只有九人而已。周文王拥有天下的三分之二,还恭谨侍奉商纣王。周朝先王的德行,可以说是至高无上的了。"

8.21　子曰:"禹,吾无间①然矣。菲②饮食而致孝乎鬼神③,恶衣服而致美乎黻冕④,卑⑤宫室而尽力乎沟洫⑥。禹,吾无间然矣。"

【译文】

孔子说:"对于大禹,我实在没有什么可挑剔的了。他自己的饮食十分菲薄,祭祀鬼神的祭品却丰盛无比。他平时穿的衣服简朴粗劣,但祭祀时穿戴的礼服和冠帽却十分华美。他住的宫室低矮简陋,但竭尽全力修造农田水利。对于大禹,我没有什么不满意的地方。"

---

① 间:批评、指责、挑剔,朱子《集注》云:"间,罅隙也,谓指其罅隙而非议之也。"

② 菲:菲薄。皇侃《义疏》:"此已下皆是禹不可间之事也。其有三事:一是饮食,饮食为急,故最先也。二是衣服,衣服缓于饮食,故为次也。三是居室,居室缓于衣服,故最后也。"

③ 致孝乎鬼神:商周时代孝观念的内涵丰富,涵盖八个方面:敬养父母、祭享祖先、继承先祖遗志、孝于宗室、孝于婚媾、孝于夫君、孝友合一、勤于政事。概而论之,商周时代的孝观念具有三大特点:其一,孝观念的内涵驳杂,孝的对象广泛。商周时代的孝道不仅涵盖健在的父母尊长,也涵摄已去世的父、母、祖、妣;孝的对象不仅指涉直系亲属,也指涉宗室、宗庙、宗老、大宗、兄弟、婚姻、朋友等等;其二,孝的名称多种多样。有"用孝"、"享孝"、"追孝"、"显孝"、"卿孝"、"孝友",也有"用追享孝"、"日夜享孝"、"夙夜享孝",此外,还有超越时空、永志不忘的"永孝"、"世享孝";其三,孝不仅是家庭伦理,也是政治伦理。《诗经·大雅·卷阿》:"有孝有德,以引以翼。岂弟君子,四方为则。"有孝德之人才能成为天下楷模。孝并非仅仅适用于家庭与亲属关系,实际上它的适用范围非常广阔。在"忠"概念尚未产生之前,孝概念实际上涵融了后世"忠"概念的基本义项。

④ 黻(fú)冕(miǎn):祭祀时穿戴的礼服和冠帽。定州竹简本"冕"作"絻"。

⑤ 卑:低矮,作动词,指把宫室建造得低矮。

⑥ 沟洫(xù):沟渠,指农田水利,朱子《集注》云:"沟洫,田间水道,以正疆界、备旱潦者也。"

卷九　子罕第九　凡三十一章

9.1　子罕①言利，与命与仁②。

【译文】

孔子很少主动谈论利，对命和仁谈论比较多。

9.2　达巷③党人曰，"大哉孔子，博学而无所成名④。"子闻

---

① 罕言：罕，稀少。言，《说文》："直言曰言，论难曰语。"

② 学术史上对此章理解不一：第一种观点认为孔子少言利益、命运和仁，如何晏《集解》："罕者，希也。利者，义之和也。命者，天之命也。仁者，行之盛也。寡能及之，故希言也。"朱熹解释与何晏相同。但《论语》一书孔子多次谈到仁、命、利，不能说罕言。第二种观点认为此处"言"指自言，程树德《论语集释》云："窃谓解此章者多未了'言'字之义。盖'言'者，自言也。记者旁窥已久，知夫子于此三者皆罕自言，非谓以此立教也。说者徒见弟子问答多问仁，遂疑命仁为夫子所常言，实皆非此章之义也。《论语》中如'小人喻于利'、'放于利而行'、'君子畏天命'、'不知命无以为君子'、'我欲仁而仁至'、'当仁不让于师'之类，出于夫子自言者实属无几。大抵言仁稍多，言命次之，言利最少，故以利承罕言之文，而于命、于仁则以两'与'次第之。"杨伯峻《论语译注》认为是孔子鲜少主动谈论利、命和仁，与程氏之说同。第三种观点认为孔子很少以利、命、仁许人，皇侃《义疏》云："利者，天道元亨，利万物者也。与者，言语许与之也。命，天命穷通，夭寿之目也。仁者，恻隐济众，行之盛者也。弟子记孔子为教化所希言及所希许与人者也。所以然者，利是元亨利贞之道也，百姓日用而不知，其理玄绝，故孔子希言也。命是人禀天而生，其道难测，又好恶不同，若逆向人说，则伤动人情，故孔子希说与人也。仁是行盛，非中人所能，故亦希说许与人也。然希者，非都绝之称，亦有时而言与人也。"第四种观点主张释"与"为赞许，句读为"子罕言利，与命与仁。"即孔子很少谈论利，赞许命和仁德，史绳祖《学斋占毕》云："子罕言者，独利而已。当以此四字为句作一义。曰命曰仁，皆平日所深与，此当别作一义"。第五种观点认为孔子少言利、命和仁，但少言仁是不轻易许人，杨遇夫《论语疏证》云："所谓罕言仁者，乃不轻许人以仁之意，与罕言利、命之义似不同。"

③ 达巷：党名，古时候五百家为一党。郑玄说："达巷者，党名也。五百家为一党。此党之人美孔子博学道艺，不成一名而已。"

④ 博学而无所成名：史上有两种理解，第一种观点认为孔子博学多才，因而不能单纯从某一方面称赞他，皇侃《义疏》云："言大哉孔子，广学道艺周遍，不可一一而称，故云无所成名也，犹如尧德荡荡，民无能名也。"第二种，认为孔子博学而无专技，没有一技之长以成名于世，朱子《集注》云："博学无所成名，盖美其学之博而惜其不成一艺之名也。"

之,谓门弟子曰①:"吾何执②? 执御乎,执射乎? 吾执御矣。"③

【译文】

达巷党人说:"孔子真伟大啊! 他的学问广博深远,但没有一技之长炫名于世。"孔子听说之后,自嘲地对学生说:"我究竟要专攻什么呢? 专职赶车呢? 还是专职射箭呢? 我还是专职赶车吧。"

9.3　子曰:"麻冕④,礼也;今也纯,俭⑤,吾从众。拜下⑥,礼也;今拜乎上⑦,泰⑧也,虽违众,吾从下。"⑨

【译文】

孔子说:"用麻布做礼冠,这是礼仪的规定。现在改用丝料编织,更加节省费用,我认同大家的做法。君王赐酒的时候,臣子应先在堂下礼拜,然后再到堂上礼拜致谢,这是礼仪的规定。现在臣见君只是在堂上礼拜致谢,态度倨傲无礼。即使与大家的作法不同,我仍然坚守拜于堂下的古礼。"

---

① 敦伯2510号写郑本"谓"上衍"曰"子,敦伯3305号写本"子"下无"曰"字。
② 执:专攻、掌握。
③ 吾执御矣:这句话是孔子自谦自嘲之语,郑玄注曰:"闻人美之,承之以谦也。吾执御者,欲名六艺之卑也。"朱子《集注》云:"执,专执也。射御皆一艺,而御为人仆,所执尤卑。言欲使我何所执以成名乎? 然则吾将执御矣。闻人誉己,承之以谦也。"
④ 麻冕:缁布冠,一种用麻布做的礼冠,做工精细,故贵。
⑤ 今也纯俭:皇侃本作"今纯俭也",定州竹简本"俭"下有"也"字。纯:黑色的丝;俭:麻冕用的麻布比较费工,丝则比较省工,所以说用丝为俭,朱子《集注》云:"缁布冠,以三十升布为之,升八十缕,则其经二千四百缕矣。细密难成,不如用丝之省约。"
⑥ 拜下:定州竹简本"下"下有"乎"字。指臣子与君主行礼,先在堂下跪拜,然后升堂后再跪拜。朱子《集注》:"臣与君行礼,当拜于堂下。君辞之,乃升成拜。"
⑦ 拜乎上:指省去堂下跪拜的礼仪,直接在堂上跪拜。
⑧ 泰:倨傲无礼。
⑨ 朱子《集注》引程子曰:"君子处世,事之无害于义者,从俗可也;害于义,则不可从也。"

114

9.4　子绝四：毋①意②，毋必③，毋固④，毋我⑤。

【译文】

孔子杜绝四种毛病：不凭空臆测，不武断绝对，不固执己见，不自私自利。

9.5　子畏于匡⑥，曰："文王⑦既没⑧，文不在兹乎⑨？天

---

①　毋：无，《朱子文集·答吴晦叔》曰："孔子自无此四者。'毋'即'无'字，古书通用耳。"

②　意：臆测，敦伯2510写郑本作"亿"。何晏《集解》："以道为度，故不任意也。"

③　必：武断，朱子《集注》云："必，期必也。"

④　固：固执。朱子《集注》云："固，执滞也。"

⑤　我：私心。朱子《集注》云："我，私己也。盖意必常在事前，固我常在事后，至于我又生意，则物欲牵引，循环不穷矣。"

⑥　子畏于匡：鲁定公十四年（前496）孔子带领弟子南行，来到卫国匡邑（今河南长垣县西南）。匡邑在濮水南岸，原本属卫，后被郑国侵占。鲁定公六年（前504），鲁国的阳虎曾帅师侵郑，攻占匡邑，匡人蒙受了苦难。孔子师徒经过匡邑时，为孔子驾车的颜刻用马鞭指着匡邑城墙告诉大家，他以前随阳虎攻匡就从那儿破墙而入。颜刻的话正巧被匡人听见，匡人早就对阳虎恨之入骨，孔子长得有点像阳虎，如今匡人看见"阳虎"路过匡邑，认为正是报仇雪恨之时，于是匡人将孔子一行团团围住。在匡人围困孔子之时，有些弟子惊慌失措，孔子却镇定自如。匡人将孔子一行围困了五天，后来查问清楚孔子不是阳虎，才将孔子一行释放。匡人终于没有伤害孔子这位文化巨人。关于匡地之围，《孔子家语》记载："孔子之宋，匡人简子以甲士围之。子路怒，奋戟将与战。孔子止之曰：'恶有修仁义而不免世俗之恶者乎？夫诗书之不讲，礼乐之不习，是丘之过也，若以述先王，好古法而为咎者，则非丘之罪也。命之夫。由，歌，予和汝。'子路弹琴而歌，孔子和之，曲三终，匡人解甲而罢。"《韩诗外传》、《说苑·杂言》也记载了类似的故事："孔子行，简子将杀阳虎，孔子似之，带甲以围孔子舍。子路愠怒，奋戟将下。孔子止之曰：'由！何仁义之寡裕也。夫《诗》、《书》之不习，礼乐之不讲，是丘之罪也。若吾非阳虎而以我为阳虎，则非丘之罪也，命也！我歌子和若。'子路歌，孔子和之，三终而围罢。"畏：拘，拘禁，俞樾《群经平议》、戴氏注皆采此说。又如《盐铁论》云："治鲁不遂，见逐于齐，不用于卫，遇围于匡。"

⑦　文王：周文王姬昌，武王和周公的父亲。

⑧　没（mò）：通"殁"，定州竹简本即作"殁"。

⑨　文：礼乐文化；兹：孔子自称。

之将丧斯文也,后死者①不得与②于斯文也③;天之未丧斯文也,匡人其如予何。"

【译文】

孔子在匡地被匡人围困,说:"周文王去世后,周朝的礼乐文化不都保存在我这里吗? 如果上天真的想灭绝礼乐文化,那就不会让我这个后来者领会和掌握这种文化了;如果上天不想灭绝礼乐文化,匡人又能把我怎么样呢?"

9.6 大宰④问于子贡曰:"夫子圣者与⑤! 何其多能也?"子贡曰:"固天纵之将圣⑥,又多能也。"

子闻之,曰:"大宰知我乎⑦! 吾少也贱,故多能鄙事⑧。君子⑨多乎哉? 不多也!"

---

① 后死者:孔子自谓。孔安国说:"文王既没,故孔子自谓后死也。言天将丧此文也,本不当使我知之;今使我知之,未欲丧之。"
② 与(yù):领会、掌握,钱宾四《论语新解》解作"得知"。
③ 正平本句末无"也"字,定州竹简本无"得"字。
④ 大(tài)宰:大夫官名,相当于后世的宰相。郑玄认为是吴国的伯嚭(pǐ),毛奇龄《论语稽求篇》对此有所考证。皇侃本、正平本、敦伯 2510 写郑本、伯 3305 写本作"太宰",下同;宋闽刊本此处作"大宰",下文则作"太宰"。
⑤ 定州竹简本"与"作"耶"。
⑥ 纵:无所限量。朱子《集注》云:"纵,犹肆也,言不为限量也。"将:皇侃《义疏》:"将,大也。"朱子《集注》则曰:"将,殆也,谦若不敢知之辞。"圣:《大戴礼记·哀公问五义》记载哀公问孔子"何如可谓圣人矣?"孔子回答说:"所谓圣人者,知通乎大道,应变而不穷,能测万物之情性者也。大道者,所以变化而凝成万物者也。情性也者,所以理然不然取舍者也。故其事大,配乎天地,参乎日月,杂于云蜺,总要万物,穆穆纯纯,其莫之能循;若天之司,莫之能职;百姓淡然,不知其善。若此,则可谓圣人矣。"
⑦ 皇侃本、正平本作"太宰知我者乎",敦伯 2510 号写郑本、3305 号写本作"太宰知我者"。
⑧ 鄙事:小的技艺,孔子自谦语。
⑨ 君子:《论语》中的"君子"有二义,或指在位者,或指有德者。此处的君子指在位者,与"少也贱"相对。包咸曰:"我少小贫贱,常自执事,故多能为鄙人之事。君子固不当多能也。"

【译文】

太宰问子贡:"夫子难道是圣人吗? 怎么这样多才多艺呢?"子贡说:"这本来就是上天让他成为圣人,又赋予他多才多艺。"

孔子听说后,说:"太宰真的了解我吗? 我幼时生活贫贱,所以从小学会很多生活的技能。在位的君子会有这么多的生活技能吗? 不会有这么多的。"

9.7 牢①曰:"子云:'吾不试②,故艺。'"

【译文】

琴牢说:"夫子曾经说:'我长期不见用于时,所以从小学到了一些才艺。'"

9.8 子曰:"吾有知③乎哉? 无知也。有鄙夫④问于我⑤,空空如也⑥。我叩⑦其两端⑧而竭⑨焉。"

---

① 牢:郑玄认为指孔子的弟子子牢,皇侃赞同此说。但《史记·仲尼弟子列传》无此人。《孔子家语·七十二弟子解》云:"琴牢,卫人,字子开,一字张。"

② 试:入仕为官。

③ 知:智慧。皇侃《义疏》:"知,谓有私意于其间之知也。"

④ 鄙夫:地位低贱者。

⑤ 皇侃本、敦伯 3305 号写本、伯 3783 号写本"鄙夫"下有"来"字,定州竹简本"于"作"乎"。

⑥ 空空如也:学术史上有三种解释,第一种指孔子以"无固、无我"态度面对来者;第二种指鄙夫一无所知;第三种,"空"通"悾",指鄙夫态度诚恳,郑玄曰:"悾悾,诚悫也。"

⑦ 叩:叩问、询问。钱穆《论语新解》:"孔子之善教,正因其自认无知。此鄙夫之善学,亦正因其心空空诚悫求问。盖问者心虚,而答者亦心虚,故使答者能转居于叩问之地位,而问者转居于开悟对答之地位。"

⑧ 敦伯 3305 号写本无"其"字。两端:首尾、正反、始终,朱子《集注》云:"两端,犹言两头。言终始、本末、上下、精粗,无所不尽。"

⑨ 敦伯 2510 号写郑本无"而竭"二字。竭:尽力。孔安国说:"有鄙夫来问于我,其意空空然。我则发事之终始两端以语之也,而竭尽所知,不为有所爱也。"

117

【译文】

孔子说:"我真的有智慧吗? 其实没有啊。有农夫来向我请教,我以清净虚一心态与他交谈。我从问题的首尾、正反、始终与善恶等方面启发他,然后竭尽全力回答他。"

9.9   子曰:"凤鸟①不至,河不出图②,吾已矣夫!"③

【译文】

孔子说:"凤凰不出现,黄河也没有出现龙马,我的社会理想或许无法实现了。"

9.10   子见齐衰④者、冕衣裳者⑤与瞽者⑥,见之,虽少必作⑦;过之,必趋⑧。

①   凤鸟:凤凰,古人认为它是祥瑞的象征,凤凰出现意味着天下太平,据说舜帝、周文王时期都曾有凤鸟出现。班固《白虎通义·封禅》:"德至鸟兽,则凤凰翔,鸾鸟舞,麒麟臻,白虎到,狐九尾,白雉降,白鹿见,白鸟下。"
②   图:即河图,传说伏羲时期,黄河中出现龙马,背上有八卦图文,河出图被视为圣人受命而王的吉兆。班固《白虎通义·封禅》:"德至渊泉,则黄龙见,醴泉涌,河出龙图,洛出龟书,江出大贝,海出明珠。"
③   孔安国云:"有圣人受命,则凤鸟至,河出图。今天无此瑞。'吾已矣夫'者,不得见也。"
④   齐衰(zī cuī):又做"齐縗",丧服的一种。齐,缝缉。衰,同縗,以熟麻布制作。齐指缘边缝制整齐,比不缝边的斩衰低一级。根据死者与服丧者之间的亲疏远近,又分为齐衰三年、齐衰杖期(一年)、齐衰不杖期(一年)、齐衰五月、齐衰三月等。这里齐衰泛指所有的丧服,齐衰者指服丧之人。
⑤   冕,指贵族戴的礼帽;衣,指上衣;裳,指下衣,古代男子上穿衣,下着裙。冕衣裳者,泛指贵族。敦伯2510号写郑本作"弁衣常者"。
⑥   瞽(gǔ):盲者,此处指襄助祭礼之乐师。
⑦   皇侃本、正平本作"虽少者必作",朱子《集注》云:"或曰:'少,当作坐'。"作:站起身来,与"趋"都表示敬意。
⑧   趋:小步快走,古人以疾行表达敬意。朱子《集注》引范氏曰:"圣人之心,哀有丧,尊有爵,矜不成人。其作与趋,盖有不期然而然者。"尹氏曰"此圣人之诚心,内外一者也。"

【译文】

　　孔子见到服丧者、穿戴礼帽礼服之人和盲人,相见的时候,即使对方是年轻人,也必定站起身来;走过他们的身旁,以小步快走方式表达敬意。

　　9.11　颜渊喟然①叹曰:"仰之弥高②,钻之弥③坚;瞻④之在前,忽焉在后⑤! 夫子循循然善诱人⑥:博我以文,约我以礼⑦,欲罢不能。既竭吾才,如有所立,卓尔⑧;虽欲从之,末由也已⑨!"

【译文】

　　颜渊感叹地说:"夫子之道,我越是抬头仰望,越觉得高远;越用心钻研,越觉得坚固深奥。夫子之道无形无象,看着它似乎在前面耸立,翩然又飘闪到后面了。但是夫子善于由浅入深引导我们,用各种文献典籍拓展我的视野,用礼义廉耻约束我的行为,使我想停止学习都不可能。我已经用尽了我的才力,仿佛见到夫子之道如同一座高山远远矗立在远方。虽然我想继续追随,却一时找不到前进的方向了。"

----

　　①　喟(kuì)然:叹息。
　　②　定州竹简本作"卬之迷高"。
　　③　弥:更加。何晏《集解》:"言不可穷尽也。"
　　④　瞻:看,视。
　　⑤　忽焉在后:颜回感叹孔子学问高深,不容易把握。朱子《集注》云:"在前在后,恍惚不可为象。此颜渊深知夫子之道,无穷尽、无方体,而叹之也。"
　　⑥　循循然:厘然有次序;诱:劝导,定州竹简本作"牖"。何晏《集解》:"循循,次序貌也。诱,进也。言夫子正以此道劝进人,有次序也。"
　　⑦　博我以文,约我以礼:博,广博;约,约束。文,文献典章。孔安国说:"言夫子既以文章开博我,又以礼节节约我,使我欲罢而不能已。"
　　⑧　卓尔:高远。孔安国说:"竭我才矣,其有所立,则又卓然不可及。言己虽蒙夫子之善诱,犹不能及夫子之所立也。"
　　⑨　定州竹简本句末无"已"字。末:没有;由:途径。钱穆《论语新解》:"颜子言,悦之深而力已尽,虽欲再进,而已无路可由,亦所谓'犹天之不可阶而升'。"

9.12　子疾病，子路使门人为臣①。病间②，曰："久矣哉，由之行诈也！无臣而为③有臣，吾谁欺？欺天乎？且予与其死于臣之手也，无宁④死于二三子之手乎！且予纵不得大葬⑤，予死于道路乎？"

【译文】

孔子病重时，子路安排孔子的学生扮作家臣为孔子准备后事。孔子病情减轻之后，听闻此事，批评子路说："仲由做这种弄虚作假的事已经很久了吧。没有家臣却假装有家臣，我欺骗谁呢？欺骗天吗？我与其让这种所谓的家臣为我送终，还不如在你们这些弟子的照料中死去。即使我不能按照大夫的葬礼下葬，难道就会孤独地死在路边无人送终吗？"

① 臣：指家臣。按照古礼，大夫之丧，由家臣料理丧葬之事。朱子《集注》云："夫子时已去位，无家臣。子路欲以家臣治其丧，其意实尊圣人，而未知所以尊也。"

② 间：减轻，这里指病情减轻。孔安国说："病小差曰间也。"

③ 为：同"伪"。孔子周游列国返回鲁国之后，已无任何官职。鲁哀公十六年（前479）夏历二月，孔子病重。子贡前去探望，时孔子"方负杖逍遥于门"。见子贡来，曰："赐，汝来何其晚也？"子贡是与老师感情深厚的弟子之一，孔子见子贡赶到，感慨万千，以自己将不久于人世，故有"晚矣"之叹。叹罢自吟自歌曰："太山坏乎！梁柱摧乎！哲人萎乎！"子贡对曰："泰山其颓，则吾将安仰？梁木其坏，哲人其萎，则吾将安放？"孔子于是与子贡入门，"谓子贡曰：'天下无道久矣，莫能宗予。夏人殡于东阶，周人于西阶，殷人两柱间。昨暮予梦坐奠两柱之间，予始殷人也'。"两柱之间是殷礼停殡之处，孔子乃殷人之后，故由梦坐两柱间而有"予始将死也"之言。孔子对自己一生唯一感到遗憾的是"道之不行"，故临终仍耿耿于心，极为伤感。此后，孔子便卧床不起，"寝疾七日而殁"。鲁哀公十六年（前479）夏历二月十一日，孔子溘然长世，享年73岁。

④ 无宁：宁愿。皇侃《义疏》："言设使与我死于臣手，则我宁死弟子手也。臣礼就养有方，有方则隔；弟子无方，无方则亲也。"

⑤ 大葬：指君臣丧礼，这里指大夫的丧葬仪式。皇侃《义疏》："大葬，臣礼葬君也。君臣葬礼大，故曰大葬也。"

9.13　子贡曰："有美玉于斯，韫椟①而藏诸？求善贾②而沽③诸？"子曰："沽之哉！沽之哉！我待贾者也④！"⑤

【译文】

　　子贡说："如果您有一块美玉，您打算把它放到宝匣里珍藏起来呢？还是找个识货的商人卖掉它？"孔子说："卖掉它！卖掉它！我正等着识货的人呢！"

9.14　子欲居九夷⑥。或曰："陋⑦，如之何？"子曰："君子居之，何陋之有？"⑧

【译文】

　　孔子想搬到九夷去住。有人说："那里闭塞简陋，怎么住啊？"孔子说："无论君子住在什么地方，那里就会成为过化之地，又有什么闭塞落后可言呢？"

---

　　①　皇侃本、唐石经作"韫匵"，定州竹简本作"昷匵"，敦伯 2510 号写郑本作"韫柜"。韫(yún)：包裹、收藏；椟(dù)：木匣。
　　②　贾(gǔ)：商人，又同"价"，价钱。因而善贾有两种理解，一种指识货的商人；另一种指好价钱。第一种理解可能更符合本章原意。
　　③　沽：卖，定州竹简本作"贾"。
　　④　正平本句末无"也"字。王弼说："重言'沽之哉'，卖之无疑也。故孔子乃聘诸侯以急行其道也。"
　　⑤　邢昺《注疏》云："此章言孔子藏德待用也"朱子《集注》云："子贡以孔子有道不仕，故设此二端以问也。孔子言固当卖之，但当待贾，而不当求之耳。范氏曰：'君子未尝不欲仕也，又恶不由其道。士之待礼，犹玉之待贾也。若伊尹之耕于野，伯夷、太公之居于海滨，世无成汤文王，则终焉而已，必不枉道以从人，衒玉而求售也。'"
　　⑥　九夷：古代称东方的少数民族为夷，九夷即有九种少数民族，邢昺《注疏》云："案《东夷传》云：'夷有九种，曰畎夷，于夷，方夷，黄夷，白夷，赤夷，玄夷，风夷，阳夷。'又一曰玄菟，二曰乐浪，三曰高丽，四曰满饰，五曰凫臾，六曰索家，七曰东屠，八曰倭人，九曰天鄙。"刘宝楠《正义》认为九夷指朝鲜，君子指的是箕子。
　　⑦　陋：粗野、落后。马融说："君子所居者，皆德化也。"
　　⑧　邢昺《注疏》云："孔子答或人，言君子所居则化，使有礼义，故云'何陋之有'。"

9.15　子曰：“吾自卫反鲁①，然后乐正，《雅》、《颂》②各得其所。”

【译文】

孔子说：“我从卫国返回鲁国，然后订正了乐，《雅》和《颂》各篇章和乐曲得到了完美结合。”

9.16　子曰：“出则事公卿，入则事父兄，丧事不敢不勉③，不为酒困④，何有于我哉⑤！”⑥

① 自卫反鲁：皇侃本、定州竹简本、正平本作“自卫反于鲁”，诸唐写本“反”皆作“返”。鲁哀公十一年春季，齐国攻打鲁国。孔子弟子冉求和樊迟各领一军，沉着指挥，击败齐军。齐鲁之战结束后，季康子表扬冉求和樊迟出色的军事能力，季康子问冉求“之于军旅，学之乎，性之乎？”冉求回答“学之于孔子”。又补充道：“夫子播之百姓，质诸鬼神，而无憾，用之则有名。”意思是我的老师高贵的品德、卓绝的才能天下皆知，就算鬼神来评判也无可挑剔，若能重用他，必使鲁国振兴。冉求特别强调“欲召之，则毋以小人固之，则可矣。”季康子回忆起父亲季桓子病故前的叮嘱：“我即死，若必相鲁；相鲁，必召仲尼。”康子因此欲召孔子，于是派遣有贤德的重臣为使，携重酬赴卫国迎孔子回国。孔子自卫返鲁，历时十四年周游列国生涯终于结束，孔子已是六十八岁的垂垂老者。

② 《雅》、《颂》：《诗经》中的两类诗，不同的诗歌配有不同的乐曲，《雅》是宫廷典礼上演奏的乐曲，《颂》是祭祀时唱的乐曲。孔子在整理《诗》和《礼》的同时，也对乐进行了整理。因为三百篇中的每一首诗原来都是配曲演唱，孔子在整理诗的时候，也对乐曲进行了整理，使三百篇重新配曲演唱。礼和乐互相联系、不可分割，因为每一种礼在进行的时候，往往伴有音乐舞蹈的场面。文献记载与考古资料都说明，孔子整理过“六经”，《诗》、《书》、《礼》、《乐》、《易》、《春秋》都是孔子教育学生的基本教材。“六经”虽非孔子所作，却赖有孔子的整理而保存、流传下来，孔子所言“乐正”，既是调整了《诗》各类篇章，也对各类篇章的乐曲作了修正。

③ 定州竹简本、敦伯2510号写郑本“勉”作“免”。勉：勉力。

④ 困：困扰。马融说：“困，乱也。”

⑤ 何有于我哉：对我而言，又有什么困难呢？皇侃《义疏》：“言我何能行此三事，故云‘何有于我哉’。又一云：人若能如此，则何复须我，故云‘何有于我哉’也。缘人不能，故有我应世耳。”刘氏《正义》云：“‘何有’，言不难有也。”

⑥ 邢昺《注疏》云：“此章记孔子言忠顺、孝悌、哀丧、慎酒之事也。困，乱也。言出仕朝廷，则尽其忠顺以事公卿也；入居私门则尽其孝悌以事父兄也；若有丧事则不敢不勉力以从礼也，未尝为酒乱其性也。他人无是行于我，我独有之，故曰：‘何有于我哉’。”

【译文】

孔子说:"出仕则尽心尽职做好公务,在家孝敬父母、友悌兄长,有丧事不敢不依照丧礼尽力去办,不为饮酒误事。这些对我而言,又有什么困难呢?"

9.17　子在川上曰:"逝者如斯①夫! 不舍②昼夜。"③

【译文】

孔子在河边感叹:"逝去的时光就像河流一样啊! 日夜奔腾,永不停息。"

9.18　子曰:"吾未见好德如好色者也④。"

【译文】

孔子说:"我从来没有见过像喜爱女色那样喜好美德的人。"

---

① 定州竹简本"斯"作"此"。

② 舍:止息、停留。

③ 邢昺《注疏》云:"此章记孔子感叹时事既往,不可追复也。逝,往也。夫子因在川水之上,见川水之流迅速,且不可追复,故感之而兴叹,言凡时事往者,如此川之流夫,不以昼夜而有舍止也。"弟子子贡曾经就这一问题请教过孔子:"君子之所以见大水必观焉者,是何?"孔子回答说:"夫水大,遍与诸生而无为也,似德;其流也埤下,裾拘必循其理,似义;其洸洸乎不漏尽,似道;若有决行之,其应佚若声响,其赴百仞之谷不惧,似勇;主量必平,似法;盈不求概,似正;淖约微达,似察;以出以入,以就鲜洁,似善化;其万折也必东,似志。是故君子见大水必观焉。"水哺育一切有生命的物体而出乎自然,类似美德;流向低处,弯曲回折执守一定之理,类似正义;汹涌澎湃从无止息,类似道行;假若人们开掘堤坝使其流淌,它就会一泻千里如同响之应声;水跌赴万丈深的山谷而毫不畏惧,类似勇敢;用它来衡量地平肯定允当,类似法度;盈满于容器不必用量器也会至平,类似公正;水柔弱却又无所不达,类似明察;万物出入于水,而后趋于新鲜洁净,类似善为教化;水千曲万折流向东方,类似有坚定的意志。因为水具有德性之美,"是故君子见大水必观焉。"

④ 此句应结合当时语境理解。孔子所言应是针对卫国君不君、臣不臣、父不父、子不子以及南子乱政而发。据《史记·孔子列传》记载,居卫期间,卫灵公要孔子陪他出游,"灵公与夫人同车,宦者雍渠参乘,出,使孔子为次乘,招摇市过之。孔子曰:'吾未见好德如好色者也'。于是丑之,去卫。"

9.19　子曰："譬如为山,未成一篑①,止,吾止也;譬如平地,虽覆②一篑,进,吾往也!"③

【译文】

孔子说:"比如堆土成山,只差一筐土就可以完成了,这时却停下来不干,这是我自己停下来的。又比如填平洼地,即使只倒了一筐土,如果继续努力,也是我自己决心勇往直前。"

9.20　子曰:"语之而不惰者④,其回也与⑤!"

【译文】

孔子说:"听我讲课始终不懈怠的人,大概只有颜回吧!"

9.21　子谓颜渊曰:"惜乎! 吾见其进也⑥,吾未见其止⑦也!"⑧

---

①　篑(kuì):装土的筐,戴氏本作"蒉",敦伯 2510 号写郑本作"匦"。

②　覆:倒。

③　这段话是说学业与修德贵在自己努力奋进。马融说:"平地者将进加功,虽始覆一篑,我不以其见功少而薄之也。据其欲进而与之也。"又,朱子《集注》云:"盖学者自强不息,则积少成多;中道而止,则前功尽弃。其止其往,皆在我而不在人也。"

④　惰:困倦。皇侃《义疏》:"余人不能尽解,故闻孔子语而有疲懈。唯颜回体之,故闻语即解。"定州竹简本"惰"作"隋",敦伯 3305 号写本无"者"字。

⑤　正平本无"也"字,敦伯 2510 号写郑本"与"作"欤"。

⑥　敦伯 3305 号写本句末无"也"字,下句同。

⑦　敦伯 2510 号写郑本"止"作"退"。

⑧　孔子晚年一再发生白发人送黑发人的人生悲剧。鲁哀公十三年(前 482 年)孔子之子孔鲤去世,时年五十岁。颜回是孔子唯一许以"仁"的弟子,却于鲁哀公十四年(前 481)先孔子而逝。哀公曾问孔子"弟子孰为好学",这使孔子又思念起自己最满意的学生:"有颜回者好学,不迁怒,不贰过,不幸短命死矣,今也则亡,未闻好学者也。"(《论语·雍也》)孔子非常好学,常说"三人行,必有我师焉。择其善者而从之,其不善者而改之。"(《论语·述而》)也一直以此而自豪,认为没有人能比得上自己,他说"十室之邑,必有忠信如丘者焉,不如丘之好学也。"(《论语·公冶长》)孔子也从未说过某人好学,唯一夸奖过颜回"好学"。《论语·公冶长》中孔子和子贡论及颜回,问子贡:"女与回也孰愈?"子曰:"赐也何敢望回。回也闻一以知十,赐也闻一以知二。"子贡深知自己与颜回差距非常大,孔子也感叹道:"你的确不如他,我们都不如他啊!""吾见其进也,未见其止也。"天不假年,颜回早逝对孔子是一沉重打击,使孔子陷入极度悲哀伤感之中,直呼"噫! 天丧予! 天丧予!"颜回是孔子之道的承继者,颜回之死跟孔子自己死意义一样重大。随从弟子不理解孔子的心情,安慰夫子"子恸矣",提醒老师不要过于悲伤。孔子此时已难以控制自己悲伤之情,反问道:"有恸乎? 非夫人之为恸而谁为?"

【译文】

孔子评价颜回说:"可惜呀(这么早就死了)! 我只看到他不断进步,从未见到他停止不动。"

9.22　子曰:"苗而不秀①者有矣夫,秀而不实②者有矣夫!"③

【译文】

孔子说:"禾苗虽然拔节却不吐穗开花,这种情况确实存在。庄稼只吐穗开花却不凝浆结果,这种情况也时常发生。"

9.23　子曰:"后生可畏④,焉知来者之不如今⑤也? 四十⑥、五十而无闻⑦焉,斯亦不足畏也已⑧!"

【译文】

孔子说:"年轻人值得敬畏,怎么知道将来的他们比不上我们呢?

---

①　苗而不秀:谷始生曰苗。秀字从禾,吐穗开花曰秀。

②　实:吐穗成谷曰实。孔安国说:"言万物有生而不育成者,喻人亦然也。"

③　学术史上有人认为此章是孔子针对颜回早卒而发感叹,皇侃主此说,邢昺《注疏》也云:"此章亦以颜回早卒,孔子痛惜之,为之作譬也。言万物有生而不育成者,喻人亦然也。"朱子《集注》则持不同观点:"盖学而不至于成,有如此者,是以君子贵自勉也。"

④　畏:敬畏。皇本、正平本、定州竹简本句末有"也"字。皇侃《义疏》:"可畏,谓有才学可心腹者也。"

⑤　焉知来者之不如今:邢昺《注疏》云:"言年少之人,足以积学成德,诚可畏也,安知将来者之道德不如我今日也?"朱子《集注》云:"孔子言后生年富力疆,足以积学而有待,其势可畏,安知其将来不如我之今日乎?"

⑥　定州竹简本、敦伯 2510 号写郑本、伯 3305 号写本"四十"合文作"卌"。

⑦　无闻:没有名望。一说年至四十、五十尚未闻道。朱子《集注》:"曾子曰:'五十而不以善闻,则不闻矣。'盖述此意。"钱穆《论语正解》:"古人四十曰强仕,五十而爵,四十五十,乃德立名彰之时,故孔子据以为说。"

⑧　皇侃本、正平本句末有"矣"字,定州竹简本作"此亦不可畏也"。

125

但如果到四十、五十岁仍然没有令闻在世,也就不值得敬畏了。"

9.24　子曰:"法语之言①,能无从乎? 改之为贵! 巽②与之言,能无说③乎? 绎④之为贵! 说⑤而不绎,从而不改,吾末⑥如之何也已矣⑦!"

【译文】

孔子说:"合乎仁义的规正箴言,能不听从吗? 但能改正过错才可贵! 恭顺揄扬之言,谁听了会不喜悦呢? 但要分析反省才可贵。只愿听顺耳之言而不分析判断,表面听从却在行为上从不改正,我对这种人非常失望。"

9.25　子曰:"主忠信⑧,毋友⑨不如己者,过则勿惮改。"⑩

---

①　法语之言:合于礼法的箴言,邢昺《注疏》云:"谓人有过,以礼法正道之言告语之",戴氏注云:"法语,先王之法言,述之以箴君过。"

②　巽(xùn):通"逊",谦恭顺从。定州竹简本、敦伯2510号写郑本作"选",敦伯3783号写本作"逊"。

③　定州竹简本"无"作"毋",皇侃本"说"作"悦",下文同;正平本此处"说"仍作"说",下文则作"悦"。

④　绎(yì):本指抽丝,这里指寻找头绪、分析、探究。定州竹简本作"择"。马融说:"能寻绎行之,乃为贵也。"

⑤　说:皇侃本作"悦",前文则作"说"。

⑥　末:无,没有。

⑦　定州竹简本作"吾无如之何矣",敦伯2510号写郑本无"也"字,敦伯3783号写本"末"作"未"。皇侃《义疏》引孙绰:"疾夫形服心不化也。"

⑧　忠信:《论语》虽然出现"诚"字,但皆非名词,忠信相结合,与"诚"意思相近。

⑨　友:据《说苑·杂言》记载:子夏喜与贤能之人交友,而子贡喜与各种人来往。孔子谈"为仁"时,特意对子贡讲"事其大夫之贤者,友其士之仁者"。"好与贤己者处"是子夏为人的特点之一,与比自己贤能之人交友,可以在学业与修身等方面不断提升自我,孔子预测子夏会不断进步的原因恰在于此。

⑩　朱子《集注》:"重出而逸其半。"皇侃本、正平本、敦伯2510号写郑本、伯3305号、3783号、4643号写本"毋"皆作"无"。

【译文】

孔子说:"君子以忠信为为人处世之道,不要与一无是处的人交友。有了过错,不要害怕改正。"

9.26　子曰:"三军可夺帅也①,匹夫②不可夺志也。"

【译文】

孔子说:"军队的统帅可以被俘虏,但是一个人的志节却不能被掳掠。"

9.27　子曰:"衣③敝④缊⑤袍与衣狐貉⑥者立,而不耻者,其由也与⑦!'不忮不求,何用不臧?'⑧"

---

①　三军可夺帅也:根据周礼,天子六军,大的诸侯国三军,每军一万两千五百人。敦伯3305号、3467号、3783号、4643号写本无"也"字,下句同。敦伯2510号写郑本"帅"误作"师"、无"也"字。

②　匹夫:平民,皇侃《义疏》云:"谓为匹夫者,言其贱,但夫妇相配匹而已也。"又云:古人质,衣服短狭,二人衣裳唯共用一匹,故曰匹夫、匹妇也。"敦伯2510号写郑本作"疋"。

③　衣:穿,作动词,去声。

④　敝:破旧。皇侃本、正平本、敦伯2510号写郑本、伯3305号、3467号、3783号、敦斯3922号写本皆作"弊"。

⑤　缊(yùn):丝绵絮,或说乱麻。

⑥　狐貉(hé):用狐和貉的毛皮做的裘皮衣服,属于比较贵重的裘袍,正平本、诸唐写本作"狐貉"。

⑦　正平本无"也"字,敦伯2510号写郑本"与"作"欤"。

⑧　不忮(zhì)不求,何用不臧:见《诗经·邶风·雄雉篇》。忮:嫉妒;求:贪求;臧:善。庄子《齐物论》中的"无己"、"无功"、"无名",表面上是赞颂真人之德,实际上是表述道之德性,因为真人、圣人、至人都是道之人格化形象。道至善,在《骈拇》篇中直接表述为道"臧":"且夫属其性乎仁义者,虽通如曾、史,非吾所谓臧也;属其性于五味,虽通如俞兒,非吾所谓臧也;属其性乎五声,虽通如师旷,非吾所谓聪也;属其性乎五色,虽通如离朱,非吾所谓明也。吾所谓臧者,非仁义之谓也,臧于其德而已矣;吾所谓臧者,非所谓仁义之谓也,任其性命之情而已矣;吾所谓聪者,非谓其闻彼也,自闻而已矣;吾所谓明者,非谓其见彼也,自见而已矣。""臧"即善,成玄英《疏》云:"臧,善也"。德源出于道,德"臧"自然以道"臧"为前提。"臧于其德"和"任其性命之情",都是指道在人性之彰显。道善决定了人性善,人性("真性")中的仁义是"道德不废"意义上的仁义,这种仁义是"大仁"、"至仁"。

子路终身诵之。子曰："是道也,何足以臧!"①

【译文】

孔子说:"穿着破旧的绵袍和身穿狐貉裘袍的人站在一起,一点也不觉得寒伧自卑的人,大概只有仲由了。《诗》上说'不嫉妒、不贪求,当然是美善之德。'"

子路听到之后,喜不自禁,总是吟诵这句诗。孔子于是告诫他说:"这是君子当行之道,哪里值得自我夸耀呢!"

9.28　子曰:"岁寒,然后知松柏之后彫②也。"③

【译文】

孔子说:"天寒地冻,才知道松树和柏树是最后才凋零的。"

9.29　子曰:"知④者不惑,仁者不忧⑤,勇者不惧⑥。"

---

①　皇侃本"臧"上有"为"字。孔子于此提撕子路,邢昺《注疏》云:"孔子见子路诵之不止,惧其伐善,故抑之。言人行尚复有美于是者,此何足以为善?"朱子《集注》云:"终身诵之,则自喜其能,而不复求进于道矣,故夫子复言此以警之。"

②　彫:通"凋",凋冷。覆宋淳祐本、宋闽刊本、皇侃本、唐石经本也作"彫"。何晏《集解》:"喻凡人处治世,亦能自修整,与君子同。在浊世,然后知君子之正,不苟容也。"

③　此章旨在表达君子与小人不同之处。朱子《集注》云:"范氏曰:'小人之在治世,或与君子无异。惟临利害、遇事变,然后君子之所守可见也。''谢氏曰:"士穷见节义,世乱识忠臣。欲学者必周于德。'"

④　《论语》一书"智"与"知"常假借,"智"皆写作"知"。"知"字凡见 116 次,具有"智慧"之义的"智"皆写作"知",共出现 25 次。皇侃本、定州竹简本、敦伯2510 号写郑本、伯 3305 号、3783 号、3467 号写本"知"作"智"。

⑤　仁者不忧:智、仁、勇"三达德"在春秋初期已是社会普遍价值观,《国语·晋语二》载"人谓申生曰:'非子之罪,何不去乎?'申生曰:'不可。去而罪释,必归于君,是怨君也。章父之恶,取笑诸侯,吾谁乡而入?内困于父母,外困于诸侯,是重困也。弃君去罪,是逃死也。吾闻之:'仁不怨君,智不重困,勇不逃死。'若罪不释,去而必重。去而罪重,不智。逃死而怨君,不仁。有罪不死,无勇。去而厚怨,恶不可重,死不可避,吾将伏以俟命。'"

⑥　勇者不惧:孔子"勇"观念,对弟子影响日深。据《孔子家语·困誓》记载:"孔子之宋,匡人简子以甲士围之。子路怒,奋戟将与战。孔子止之,曰:'恶有修仁义而不免俗者乎? 夫《诗》、《书》之不讲,礼乐之不习,是丘之过也;若以述先王好古法而为咎者,则非丘之罪也。命夫! 歌! 予和汝。'子路弹琴而歌,孔子和之,曲三终,匡人解甲而罢。

【译文】

孔子说:"智者之心无困惑,仁者之心常快乐,勇者之心无所畏惧。"

9.30 子曰:"可与共学,未可与适①道;可与适道,未可与立②;可与立,未可与权③。"

【译文】

孔子说:"可以与他一同求学之人,未必能与他共同求道;能够与他共同求道之人,未必可以与他携手依礼立身;可以与他坚定不移依礼立身之人,未必可以与他一起在日常生活中通权达变。"

9.31 "唐棣之华④,偏⑤其反⑥而。岂不尔思? 室是远而。"⑦子曰:"未之思也⑧,夫何远之有⑨?"⑩

【译文】

"唐棣花儿开,在风中翩翩摇曳。我怎么能不想念你呢? 可惜相隔太遥远了。"孔子评论说:"他不是真的想念你啊! 如果真心思念,怎么还会觉得天各一方呢?"

---

① 适:往、前往、达到。何晏《集解》:"适,之也。虽学,或得异端,未必能之道也。"
② 立:依礼而立身。
③ 权:本意为秤锤。秤锤在秤杆上来回移动,引申为权变、变通。程子认为"权只是经也",朱熹不同意此说,指出"然以孟子嫂溺援之以手之义推之,则权与经亦当有辨。"
④ 唐棣(dì)之华:一种植物名,属蔷薇科,花朵或赤色或白色,朱熹认为即郁李。华即花。
⑤ 偏:同"翩",敦伯2510号写郑本即作"翩"。
⑥ 反:翻,花在风中摇曳。
⑦ 古之逸诗,朱子《集注》:"此逸诗也,于六义属兴。"
⑧ 敦伯2510号写郑本"未"作"末"。
⑨ 皇侃本、正平本、敦伯2510号写郑本句末有"哉"。
⑩ 此章是唯一可以窥见孔子爱情观的篇章,极有价值。但学术史上大多学者认为孔子于此借诗以言志。譬如,朱子《集注》云:"夫子借其言而反之,盖前篇'仁远乎哉'之意。程子曰:'圣人未尝言易以骄人之志,亦未尝言难以阻人之进。但曰未之思也,夫何远之有? 此言极有涵蓄,意思深远。'"

卷十　乡党第十　凡二十七章

10.1　孔子于乡党①，恂恂②如也，似不能言者。其在宗庙朝廷，便便③言，唯谨尔④。

【译文】

孔子在故乡温和恭慎，好像不善言辞。在宗庙和朝廷上，孔子却总是如高山悬河，侃侃而谈，但是言出有据。

10.2　朝⑤，与下大夫⑥言，侃侃如也⑦；与上大夫⑧言，訚訚⑨如也。君在，踧踖⑩如也，与与⑪如也。

【译文】

上朝的时候，国君还没有到来，孔子与下大夫交谈，温和坦率；和上

---

①　乡党：家乡。皇侃《义疏》："天子郊内有乡党，郊外有遂鄙。"钱穆《论语新解》："孔子生于陬邑之昌平乡，后迁曲阜之阙里，亦称乡党。此称乡党，应兼两地言。"
②　恂恂（xún）：恭顺。王肃说："恂恂，温恭之貌也。"
③　便便（pián）：辩，侃侃而言，善于言辞。郑玄说："便便，辨貌也。"
④　唯谨尔：谨，谨敬。敦伯2510号写郑本句末有"也"。
⑤　朝（cháo）：上朝。
⑥　下大夫：周代官爵名，《礼记·王制》："王者之制禄爵，公、侯、伯、子、男凡五等。诸侯之上大夫卿、下大夫、上士、中士、下士，凡五等。"孔子在鲁国做过大司寇，地位相当于卿。
⑦　敦伯2510号写郑本句末无"也"字。侃侃：直言、坦率。下大夫地位稍卑，所以可以坦率地交谈；一说温和愉悦之貌。孔安国说："侃侃，和乐之貌也。"
⑧　上大夫：地位相当于卿，也是周代官爵名。
⑨　訚（yín）訚：中正恭敬之貌。
⑩　踧（cù）踖（jí）：恭敬温顺。皇侃《义疏》："《礼》：'君每日旦，诸臣列在路门外以朝君，君至日出而出视之。视之则一一揖卿大夫，而都一揖士'。"
⑪　与与：容仪安详适中。马融说："与与，威仪中适貌也。"

130

大夫交谈,和悦而又直言相辩。君主在场时,外表恭敬、心中谦和,行为举止适中有礼。

10.3　君召使摈①,色勃如②也,足躩③如也。

揖所与立④,左右手⑤,衣前后⑥,襜⑦如也。

趋进,翼⑧如也。

宾退,必复命,曰:"宾不顾矣。"⑨

【译文】

国君召见孔子,安排他接待外宾。孔子神色立刻变得庄重矜持,脚步谦敬而又快速。

向与他一起接待宾客的人作揖,或向左或向右拱手行礼。礼服跟随步伐前后摆动,整齐不乱。

快步向前走的时候,礼服像鸟儿展开双翅一般徐徐舒展。

宾客辞别后,一定向国君禀告:"宾客不再回头看了。"

---

①　摈(bìn):同"傧",接待宾客。接待外国国君,宾客之副为"命介",主人之副为"摈副"。释文曰:"摈,本又作'傧',亦作'宾',皆同。"皇侃《义疏》:"摈者,为君接宾也。"

②　色勃如:脸色矜持庄重,皇侃《义疏》云:"既召己接宾,故己宜变色起敬,故勃然如也。"

③　躩(jué):恭敬而快步行走,皇侃《义疏》云:"躩,盘辟貌也。既被召,不敢自容,故速行而足盘辟也。故江熙云:'不暇闲步。躩,速貌也。'"

④　揖所与立:向左右两旁的摈副作揖。

⑤　左右手:皇侃本、正平本作"左右其手"。

⑥　衣前后:衣袍随着身体的俯仰而摆动,郑玄曰:"揖左人,左其手;揖右人,右其手;一俯一仰,衣前后则襜如也。"

⑦　襜(chān):整齐不乱。

⑧　翼:好像鸟儿展翅快速行走,朱子《集注》云:"疾趋而进,张拱端好,如鸟舒翼。"

⑨　宾不顾:宾客不再回头看,皇侃《义疏》云:"旧云:'主人若礼送宾,未足则宾犹回顾;若礼足送,则宾直去不复回顾。此明则送宾礼足,故云不顾也'。"

10.4　入公门，鞠躬①如也，如不容。

立不中门②，行不履阈③。

过位④，色勃如也，足躩如也，其言似不足者⑤。

摄⑥齐⑦升堂，鞠躬如也，屏气⑧似不息者。

出，降一等⑨，逞⑩颜色，怡怡如也⑪；没阶⑫，趋进⑬，翼如也；复其位，踧踖如也。

【译文】

孔子进宫殿的大门，微微鞠躬而行，似乎门窄不可容身。

不在宫殿大门中间站立，走路不踩门槛。

经过国君的座位时，神色立刻庄重有礼，双脚快步而过，说话轻声细语。

提起衣服下摆走向朝堂时，微微鞠躬而行，屏声敛气。

从宫殿退出时，走下一个台阶，神色就开始舒展放松，怡然自得；走

---

① 鞠躬：曲敛身体。皇侃《义疏》：“臣入君门，自曲敛身也。君门虽大，而己恒曲敛，如君门之狭，不见容受为也。”

② 中门：公门中间。

③ 不履阈（yù）：不踩门槛。阈，门槛。皇侃《义疏》：“所以然者，其义有二：一则忽上升限，似自高矜。二则人行跨限，己若履之则污限。污限则污跨者之衣也。”

④ 过位：经过君王的空座位。包咸说：“过君之空位也。”

⑤ 其言似不足者：说话轻声细语、谦和有礼，邢昺《注疏》云：“‘其言似不足’者，下气怡声，如似不足者也。”皇侃《义疏》云：“不足，少若不能也。”

⑥ 摄：提起，皇本本作“摄”，又改为“揖”。

⑦ 齐（zī）：衣服的下摆，皇侃《义疏》：“齐，衣裳下缝也。”敦伯3305号、3783号、列1399号写本作“斋”。

⑧ 屏（bǐng）气：憋住呼吸。

⑨ 降一等：下一级台阶。

⑩ 逞：放松，敦伯2510号写郑本、3783号写本“逞”下有“其”字。

⑪ 怡怡如也：神情怡然，舒展和悦。定州竹简本“怡怡如也”作“怠若也”，下文二“如”字皆作“若”。

⑫ 没阶：走完台阶。孔安国说：“没，尽也。下尽阶也。”

⑬ 趋进：定州竹简本无“进”字，释文曰：“一本作‘没阶趋进’，误也。”

到台阶的尽头后,快步向前走,衣袍飘动好像鸟儿展开双翅一般;回到他自己的座位时,神色庄重宁静。

10.5　执圭①,鞠躬如也,如不胜②。上如揖,下如授③。勃如战色④,足蹜蹜⑤如有循⑥。

享礼⑦,有容色⑧。

私觌⑨,愉愉如也。

【译文】

孔子出使外国,拿着鲁国国君授予的圭,庄敬有礼,好像拿不动圭似的。上台阶时,身体微微前倾,好像在作揖。下台阶时,身体稍微挺直,好像在递东西给人。脸色庄重,如同在战场作战,脚步细碎,好像沿着一条直线行走。

敬献礼物的时候,神情和缓舒展。

以私人身份和外国君臣会见时,显得轻松愉快、收放自如。

---

①　圭(guī):一种玉制礼器,上尖下方,天子、诸侯举行祭祀、丧葬、朝聘等仪式时所用。国君使臣代表国君出使他国时也使用圭,以为信物。

②　如不胜(shēng):好像承受不了。朱子《集注》云:"如不胜,执主器,执轻如不克,敬谨之至也。"

③　下如授:下台阶之时,身体稍微挺直,好像授物与人。释文曰:"《鲁》论读'下'为'趋',今从《古》。"戴氏本云:"'如'当言'而',声之误也。"

④　战色:战,神色肃静庄重,战色指脸色庄重的如同战栗一般。郑玄说:"战色,敬也。"

⑤　蹜(sù)蹜:脚密而狭,指小步走路,敦伯3305号、3783号写本作"缩缩"。

⑥　循:遵循、沿着。皇侃本、正平本"循"下有"也"字,敦伯2510号写郑本重"循"字。

⑦　享礼:朝聘之后的献礼。使臣受到他国国君接见后,向他国国君贡献礼物的仪式。郑玄说:"聘礼既聘而享,享用圭璧,有庭实也。"

⑧　有容色:神色和缓。

⑨　觌(dí):相见。

10.6　君子不以绀①緅②饰③，红紫不以为亵服④。

当暑，袗绤绤⑤，必表而出之⑥。

缁⑦衣羔⑧裘，素衣麑⑨裘，黄衣狐裘。

亵裘长⑩，短右袂⑪。

必有寝衣⑫，长一身有半⑬。

狐貉之厚以居⑭。

去丧，无所不佩。

非帷裳⑮，必杀⑯之。

羔裘玄冠不以吊⑰。

---

①　绀（gàn）：深青透红色，相当于现在的天青色，是斋戒的衣服用色。

②　緅（zōu）：青多红少，比绀颜色更深，是祭祀礼服的用色。

③　饰：衣服的镶边，这里做动词。古时黑色是礼服颜色，绀和緅都接近礼服颜色，所以不可用来镶边。

④　亵服：便服、家居服。王肃说："亵服，私居非公会之服，皆不正。"

⑤　袗（zhěn）：单衣，作动词，皇侃本、正平本、敦伯 3305 号、3783 号写本作"縝"，释文作"紾"，云："本又作'袗'。"；绤（chī）：细葛布；绤（xì）：粗葛布。

⑥　皇侃本、正平本句末无"之"字。表：皇侃《义疏》云"表，谓加上衣也。""表而出之"指加上衣服后才出门。朱熹之说与此相反："表而出之，谓先着里衣，表绤绤而出之于外，欲其不见体也。"

⑦　缁（zī）：黑色。

⑧　羔：小羊，定州竹简本写作"美"。孔安国云："服皆中外之色相称也。"裘皮的颜色与衣服同。

⑨　麑（ní）：小鹿，毛白色，与"素"相称，皇侃《义疏》云："麑，鹿子也。鹿子色近白，与素微相称也。"。古时穿皮衣，皮毛向外，因此出门必须穿罩衣，罩衣即裼衣。缁衣、黄衣和素衣，皆指裼衣。

⑩　亵裘长：家居常穿的裘皮衣袍比较长一点。

⑪　袂（mèi）：袖子。短右袂，右边的袖子短一些，便于做家务活。

⑫　寝衣：睡衣。

⑬　长一身有半：朱子《集注》疑此句错简："程子曰：'此错简，当在齐必有明衣布之下。'愚谓如此，则此条与明衣变食，既得以类相从；而亵裘狐貉，亦得以类相从矣。"

⑭　居：坐，这里作名词，坐垫的意思。

⑮　帷裳：祭祀和上朝穿的礼服，用整幅布做成，不加裁剪。

⑯　杀：减少、裁剪。

⑰　羔裘玄冠不以吊：羔裘玄冠皆是黑色，古代都用作吉服，所以不可穿戴羔裘玄冠前往吊丧。

吉月①,必朝服而朝。

【译文】

君子不用天青色和黑红色的布做衣服的镶边,不用红色和紫色的布做家居便服。

夏天的时候,穿着细葛布或粗葛布做的单衣。如果外出,一定要加上衣服才出门。

黑色的衣服配黑羊皮裘,白色衣服配白鹿皮裘,黄色衣服配狐狸皮裘。

在家穿的皮袍,衣身做得比较长一点,右边袖子做得短一些。

夜晚一定要有睡衣,有一身半长。

冬天用狐、貉的厚皮毛制作坐垫。

守丧期满后脱去丧服,什么饰品都可以佩戴。

除了上朝和祭祀穿的礼服,用整幅布做的礼服外,其余衣裳一定要裁去多余的布。

不可穿戴黑羊皮裘和黑色帽子前去吊丧。

大年初一,一定要穿着上朝的礼服去朝贺。

10.7　齐②,必有明衣③,布④。

① 吉月:正月,程树德《集释》云:"所谓吉月者,谓正月也。从前解吉月为月朔,断无致仕官每月月朔朝君之礼,毛西河驳之是也。即曰为孔子仕鲁时事,而鲁自文公四不视朔,至定、哀间,此礼之废已久,夫子犹必每月月朔朝服而朝,亦与事理不合。今人虽致仕官,元旦尚可随班朝贺,古犹是也。"

② 齐:同"斋",斋戒沐浴,皇侃本、正平本、敦伯2510号写郑本即做"斋",下文同。

③ 明衣:沐浴之后所穿洁净之衣。

④ 布:正平本、敦伯2510号写郑本句末有"也"字。布:与今天的布不同,王夫之《四书稗疏》云:"古之言布者,兼丝、麻、枲、葛而言之。练丝为帛,未练为布,盖今之生丝绢也。《清商曲》有云:'丝布涩难缝。'则晋、宋间犹有丝布之名。唯《孔丛子》谓'麻、苎、葛曰布',当亦一隅之论。明衣之以布别者,异于织缟靡丽之服耳。"

齐,必变食①,居必迁坐②。

【译文】

斋戒的时候,一定要穿沐浴之后的洁净之衣,贴身之衣用布制作。

斋戒期间一定要更改平时的饮食习惯,也必须住在与平时不同的卧室。

10.8　食不厌精③,脍④不厌细。

食饐而餲⑤,鱼馁⑥而肉败⑦,不食。色恶不食,臭⑧恶不食。失饪⑨不食,不时⑩不食。割不正不食⑪,不得其酱不食⑫。

---

① 变食:改变平时的饮食习惯,不饮酒、不食荤腥。皇侃《义疏》:"方应接神,欲自洁净,故变其常食也。"

② 迁坐:更改卧室,古人斋戒期间要迁到外寝居住,外寝又称正寝。内寝又称正寝,乃夫妻常居之室。

③ 食不厌精:指粮食不嫌舂(chōng)得精细。食,谷物粮食。不厌,不嫌弃。精,上等米,引申为精致。朱子《集注》云:"不厌,言以是为善,非谓必欲如是也。"

④ 脍(kuài):细切的鱼和肉。释文曰:"又作'鲙'。"皇侃《义疏》:"细切鱼及肉,皆曰脍也。"

⑤ 食饐(yì)而餲(ài):食物存放久了之后腐败变质。皇侃《义疏》:"饐,谓饮食经久而腐臭也。餲,谓经久而味恶也。"

⑥ 馁(něi):鱼腐烂、不新鲜,敦伯3271号、3783号写本作"餧",敦伯2510号写郑本、3305号写本作"腰"。

⑦ 败:肉腐烂。《尔雅》云:"肉谓之败,鱼谓之馁。"

⑧ 臭(xiù):通"嗅",气味。

⑨ 饪(rèn):烹饪。失饪,指生熟不当、烹调不当。

⑩ 不时:不该吃饭的时间。郑玄曰:"不时,非朝夕日中时也。"朱熹则认为指非瓜果、稻黍等成熟季节:"不时,五谷不成,果实未熟之类。"

⑪ 割不正不食:朱子《集注》云:"割肉不方正者不食,造次不离于正也。汉陆续之母,切肉未尝不方,断葱以寸为度,盖其质美,与此暗合也。"邢昺《注疏》云:"谓折解牲体,脊、胁、臂、臑之属,礼有正数,若解割不得其正,则不食也。"

⑫ 不得其酱不食:马融说:"鱼脍非芥酱不食也。"

肉虽多，不使胜食气①。唯酒无②量，不及乱③。

沽④酒，市脯⑤，不食。

不撤姜食，不多食⑥。

【译文】

粮食舂得越精细越好，鱼和肉切得越细越好。

饭食霉烂变味，鱼和肉腐烂变质，都不吃。食物颜色难看，不吃，食物气味难闻，不吃。烹调失当的食物不吃，不合时令的食物不吃。不按一定方法切割的肉，不吃。没有合适的调味酱料，不吃。

即使席上的肉食再多，食用时也不能超过主食的量。酒虽然不限量，但不能喝到酒醉失礼。

从不明场合买来的酒和肉干，不吃。

吃完饭后，姜不撤除，但也不能多吃。

---

① 气(xì)：同"饩"，即谷物、粮食。释文曰："气，《说文》作'既'。"

② 定州竹简本"无"作"毋"。

③ 不及乱：因醉酒而行为失礼。"唯酒无量，不及乱"或涉及古代诸侯国的燕享之礼。"不及乱"并非指所有场合饮酒不加限量，而是有所专指。《诗经·小雅·瓠叶》是一首燕饮之诗，透露燕享之礼一些细节。献、酢、酬皆是燕饮礼仪的程序，郑玄说："饮酒之礼，主人献宾，宾酢主人，主人又饮而酌宾，谓之酬。"献是国君向大臣敬酒，酢是大臣回敬国君，酬是国君饮过臣子敬酒，再劝臣子同饮，至此一献之礼成，宾主各饮两爵。在献、酢、酬、旅酬各环节，主宾不但要进行洗爵、洗手、辞降、祭祀等井然有序的程式，而且对行酒的次数有着严格的规定，对饮酒的爵数也有明确的规定。旅酬之后，进入燕饮者随意互相劝饮阶段，《仪礼·燕礼》称之为"无筭爵"。"无筭爵"即"无算爵"，对行酒的次数不再作规定。但也不允许因醉失礼。

④ 沽：买。

⑤ 市：买；脯(fǔ)：肉干。皇侃《义疏》："酒不自作则未必清净，脯不自作则不知何物之肉。故沽市所得，并所不食也。"

⑥ 不多食：皇侃《义疏》："多则伤廉，故不多也。"

10.9 祭于公①,不宿肉②。祭肉③,不出三日。出三日④,不食之矣。

【译文】

参与国家祭祀分得的胙肉,不存留到第二天。家祭用过的祭肉,存放不超过三天,超过三天就不吃了。

10.10 食不语,寝不言⑤。

【译文】

吃饭的时候不交谈,睡觉的时候不说话。

---

① 祭于公:参与国家的祭祀典礼。

② 不宿肉:不把颁赐的祭肉再存放过夜。肉指参加国君的祭祀之后,按照贵贱等级分得的胙肉。朱子《集注》云:"助祭于公,所得胙肉,归即颁赐。不俟经宿者,不留神惠也。""堕三都"失败后,孔子与三桓之间的矛盾不断加深。而"夹谷之会"上孔子的杰出表现,也引起了邻国齐国的恐惧。"齐人闻而惧,"认为"孔子为政必霸,霸则吾地近焉,我之为先并矣。"在鲁国内外政治势力的合力排挤之下,孔子实现王道政治的愿望愈加渺茫,子路劝孔子尽早离开是非之地:"夫子可以行矣!"但孔子心有不甘,对鲁定公与季桓子还抱有一丝幻想。他对子路说:鲁国即将举行郊祭,按惯例祭祀之后应该把祭肉分送给大夫们。"如致膰乎大夫,则吾犹可以止。"如果郊祭后,季桓子能够按照惯例分祭肉给孔子,说明他对孔子的政绩还是认同的,那么孔子或许可以不离开鲁国。但郊祭之后,季桓子并没有按惯例把祭肉分送给孔子。孔子与三桓之间的矛盾公开化,孔子对鲁国政坛彻底失望,于是带领弟子周游列国。

③ 祭肉:指家里祭祀的肉,朱子《集注》云:"家之祭肉,则不过三日,皆以分赐。盖过三日,则肉必败,而人不食之,是亵鬼神之余也。但比君所赐胙,可少缓耳。"

④ 出三日:郑玄说:"自其家祭肉也。过三日不食也,是亵鬼神之余也。"

⑤ 食不语,寝不言:朱子《集注》:"答述曰语,自言曰言。"

10.11　虽疏食①、菜羹②、瓜祭③，必齐④如也。

【译文】

即便是粗食、菜汤、瓜果之类食物，饭前也要祭一祭，祭祀的时候好像斋戒了一样，心怀恭敬感恩之情。

10.12　席⑤不正⑥，不坐。

【译文】

坐席摆放不符合礼仪，不坐。

10.13　乡人饮酒⑦，杖者⑧出，斯出矣⑨。

---

① 疏食：粗食，正平本、敦伯2510号写郑本、伯3305号、3783号写本作"蔬食"。

② 菜羹（gēng）：用蔬菜做的汤。

③ 瓜祭：古代的一种祭礼。在饮食之前，将席上的食物都取出一些放于笾豆，祭奠最早发明饮食的人，表达感恩之情。朱子《集注》："孔子虽薄物必祭，其祭必敬，圣人之诚也。"又《释文》云："《鲁论》瓜做必。"有人据此认为"瓜"为"必"字之误，瓜祭当为必祭。皇侃本、正平本、敦伯2510号写郑本、伯3305号、3783号写本"瓜"作"苽"。

④ 齐：同"斋"，真诚恭敬，正平本、敦伯2510号写郑本、伯3305号、3783号写本即作"斋"。邢昺《注疏》云："言疏食也，菜羹也，瓜也，三物虽薄，将食祭先之时，亦必严敬。"

⑤ 席：席子，当时没有凳子和椅子，人们坐在席子上。席子一般用蒲草、竹篾等材料制作。

⑥ 席不正：指席子摆放不符合礼制，邢昺《注疏》云："凡为席之礼，天子之席五重，诸侯之席三重，大夫再重席。南乡、北乡，以西方为上；东乡、西乡，以南方为上。如此之类，是礼之正也。若不正，则孔子不坐。"据《墨子·非儒》记载："哀公迎孔子，席不端弗坐，割不正弗食。"

⑦ 乡人饮酒：行乡饮酒礼。《礼记·乡饮酒义》："孔子曰：'吾观于乡，而知王道之易易也'。"

⑧ 杖者：老人，六十杖于乡。《礼记·王制》："五十杖于家，六十杖于乡，七十杖于国，八十杖于朝。"皇侃《义疏》云："杖者，老人也《礼》：杖，'五十杖于家；六十杖于乡。'故呼老人为杖者也。乡人饮酒者贵齿崇年，故出入以老年为节也。"

⑨ 斯出矣：邢昺《注疏》云："乡人饮酒之礼，主于老者，老者礼毕出，孔子则从而后出者也。"

【译文】

孔子和本乡人行乡饮酒礼之后,等老年人们都出去后,他这才出去。

10.14　乡人傩^①,朝服而立于阼阶^②。

【译文】

乡人举行迎神驱鬼逐疫傩祭活动时,孔子穿着朝服站在宗庙东边的台阶上恭敬地迎送。

10.15　问^③人于他邦^④,再拜而送之^⑤。

【译文】

孔子托人向远在异国他乡的朋友问候送礼,一定向受托之人拜谢两次后送别。

10.16　康子^⑥馈^⑦药,拜而受之^⑧。曰:"丘未达^⑨,不

---

①　傩(nuó):古代一种迎神驱鬼逐疫的巫术。皇侃《义疏》:"三傩,二是傩阴,一是傩阳。阴阳乃异,俱是天子所命。春是一年之始,弥畏灾害,故命国民家家悉傩。八月傩阳,阳是君法,臣民不可傩君,故称'天子乃傩'也。十二月傩虽是阴,既非一年之急,故民亦不得同傩也。今云'乡人傩',是三月也。"

②　阼(zuò)阶:东面的台阶,主人站立的位置,这里指宗庙的东边台阶。邢昺《注疏》云:"傩,索室驱逐疫鬼也。恐惊先祖,故孔子朝服而立于庙之阼阶。鬼神依人,庶其依己而安也。"正平本、敦伯2510号写郑本、伯3305号写本无"于"字。

③　问:问候。

④　定州竹简本"他邦"作"它国"。

⑤　再拜而送之:正平本无"而"字。之:指使者。孔安国说:"拜送使者,敬之也。"

⑥　康子:季康子。此章所记,乃孔子周游列国回到鲁国后之事。

⑦　馈:赠送。皇侃《义疏》:"馈,饷也。鲁季康子饷孔子药也。孔子得彼饷而拜受,是礼也。"

⑧　释文曰:"一本或无'而'、'之'二字。"

⑨　达:知晓、了解。

敢尝①。"

【译文】

季康子赠送药物给孔子,孔子拜谢后接受。孔子坦诚地说:"我还不了解这种药的药性,不敢贸然服用。"

10.17　厩②焚,子退朝,曰:"伤人乎?"不问马。

【译文】

马厩失火了,孔子从朝廷回来后,忙问:"伤到人了吗?"却不问马的情况。

10.18　君赐食③,必正席先尝之④;君赐腥⑤,必熟而荐⑥之;君赐生⑦,必畜⑧之。

侍食于君,君祭,先饭⑨。

---

①　不敢尝:皇侃本、正平本句末有"之"字,敦伯2510号写郑本作"不尝之"。朱子《集注》:"此一节,记孔子与人交之诚意。"
②　厩(jiù):马棚。王弼说:"孔子时为鲁司寇,自公朝退而之火处。不问马者,矫时重马者也。"
③　食:熟食。
④　正平本无"之"字。
⑤　腥:没有烹调的肉。
⑥　荐:进奉先祖。唐石经"熟"作"孰",借字。
⑦　生:通"牲",活的牲畜。敦伯2510号写郑本、伯3271号、3305号、3783号写本即作"牲"。
⑧　畜:养。朱子《集注》云:"食恐或馂余,故不以荐。正席先尝,如对君也。言先尝,则余当以颁赐矣。腥,生肉。熟而荐之祖考,荣君赐也。畜之者,仁君之惠,无故不敢杀也。"
⑨　先饭:先吃饭。自己先吃,表示为君主尝食。朱子《集注》云:"周礼,'王日一举,膳夫授祭,品尝食,王乃食'。故侍食者,君祭,则己不祭而先饭。若为君尝食然,不敢当客礼也。"

【译文】

国君所赐的熟食,必正席先尝一下。国君所赐的生肉,煮熟之后先供奉祖先。国君所赐的活物,一定要先蓄养起来。

陪国君一道用膳之时,趁国君行饭前祭礼的时候,孔子先尝一尝。

10.19　疾,君视之,东首①,加朝服,拖绅②。

【译文】

孔子生病了,鲁国国君前来探视。孔子头朝东而卧,把朝服盖在身上,束腰的大带垂了下来。

10.20　君命召,不俟③驾行矣。

【译文】

国君召见,孔子不等车马驾好,徒步而行了。

10.21　入太庙④,每事问⑤。

【译文】

孔子进入太庙助祭,每件事都向人请教。

---

① 东首:头朝东方。皇侃《义疏》:"病本当户在北壁下,东首。君既来而不宜北面,故移处南窗之下,令君入户而西转面而得南向也。故乐肇曰:'南窗下,欲令南面视之也。'"古人病卧在床,依礼设床于北窗之下。鲁哀公亲临探望,孔子病卧在床,不能起身,只好临时搬迁至南窗下,头朝东而卧。国君可以面向南探望他。

② 加朝服,拖绅:孔子病卧在床,不宜穿家居服见国君,所以将朝服和束腰大带盖在自己身上。定州竹简本"拖绅"作"拖申",敦伯 2510 号写郑本"拖"作"绝"。绅:束腰的大带。

③ 俟(sì):等待。皇侃《义疏》:"故《玉藻》曰'君命召以三节:一节以趋,二节以走。在官不俟屦,在家不俟车',是也。"

④ 太庙:郑玄说:"为君助祭也。"

⑤ 每事问:此节与《八佾篇》重。

10.22　朋友死,无所归①,曰:"于我殡②。"

【译文】

友人去世了,没有亲人为他收殓安葬,孔子说:"由我来料理丧事吧!"

10.23　朋友之馈,虽车马,非祭肉,不拜③。

【译文】

朋友赠送的礼物,即使是车马,只要不是祭肉,就接受但不拜谢。

10.24　寝不尸④,居不容⑤。

---

①　无所归:指没有亲人为他收敛安葬。孔安国说:"无所归,无亲昵也。"

②　殡(bìn):停放灵柩为殡,这里泛指丧葬事宜。孔安国说:"重朋友之恩也。"对待旧识故人,孔子也经常出手相助。原壤是孔子自幼一起长大的发小。《论语·宪问》有孔子批评原壤的话:"原壤夷俟。"韩愈曾指出"孔子之作《春秋》也,诸侯用夷礼,则夷之;进于中国,则中国之"。原壤废礼仪,行同蛮夷,故说他"夷俟"。孔子继而批评他说:"幼而不孙弟,长而无述焉,老而不死,是为贼。"另据《孔子家语·屈节解》记载:原壤母亲去世,孔子准备帮他料理丧事。子路问:"您曾经说'无友不如己者。'原壤品德低劣,为何要帮他?"孔子回答说:"君子以仁义为怀,见他人无财力料理丧葬事宜,都会竭力相助。"原壤见到孔子,敲打着棺木唱道:"狸首之斑然,执女手之卷然"。原壤故意蔑视礼法,孔子佯装不知,"为弗闻也者而过之"。子路知道后,劝孔子与他绝交。孔子说:"丘闻之,亲者毋失其为亲也,故者毋失其为故也"。

③　非祭肉,不拜:皇侃《义疏》:"车马,家财之大者也。朋友有通财之义,故虽复见馈车马,而我不拜谢也。所可拜者,若朋友见馈其家之祭肉,虽小也拜受之,敬祭也。"

④　寝不尸:睡觉的时候不可像死尸一样仰卧而眠。包咸说:"不偃卧四体、布展手足,似死人也。"

⑤　居不容:居家时仪态从容安详,不必像接待宾客那样庄重严肃。唐石经作"居不客",邢昺《注疏》云:"其居家之时,则不为容仪,为室家之敬难久,当和舒也。"杨伯峻《论语译注》则认为当作"居不客":"'客'本作'容',今从《释文》和《唐石经》校订作'客'。居,坐;客,宾客。古人的坐法有几种,恭敬的是屈着两膝,膝盖着地,而足跟承着臀部。作客和见客时必须如此。不过这样难以持久,居家不必如此。省力的坐法是脚板着地,两膝耸起,臀部向下而不贴地,和蹲一样。所以《说文》说:'居,蹲也。'最不恭敬的坐法是臀部贴地,两腿张开,平放而直伸,像箕一样,叫做'箕踞'。孔子平日的坐式可能像蹲。说见段玉裁《说文解字注》。"

【译文】

睡觉的时候，不可像死尸一样直挺挺地仰卧而眠。平时在家，也不必像见客那样庄重拘谨。

10.25　见齐衰者①，虽狎②必变。见冕③者与瞽者，虽亵④必以貌。

凶服⑤者式⑥之，式负版⑦者。

有盛馔⑧，必变色而作⑨。

迅雷、风烈，必变⑩。

【译文】

孔子见到穿丧服的人，即使平素关系很亲近，也会神色庄重表达哀

---

① 齐衰：用麻布制作的丧服。皇侃本、正平本、敦伯 2510 号写郑本、伯 3271 号、3305 号写本句首有"子"字，写郑本"衰"作"缞"。

② 狎（xiá）：亲昵、亲近。孔安国说："狎，素相亲狎也。"

③ 冕：古代天子、诸侯、卿大夫等王公贵族戴的礼帽。敦伯 2510 号写郑本"冕"作"弁"，释文曰："郑本作'弁'。"

④ 亵：亲密、熟悉。

⑤ 凶服：丧服，定州竹简本作"六"。皇侃《义疏》："凶服，送死人之衣物也。"

⑥ 式：同"轼"，古代车辆前部的横木，利于乘车人附身凭轼。此处用作动词，往前俯身，伏在横木上，表示同情或者敬意。邢昺《注疏》云："式者，车上之横木，男子立乘，有所敬，则俯而冯式，遂以式为敬名。言孔子乘车之时，见送死之衣物，见持邦国之图籍者，皆冯式而敬之也。"皇侃本"式"上有"必"字。

⑦ 负版：小商贩，泛指社会地位低贱之人。敦伯 2510 号写郑本、伯 3271 号、3305 号、3783 号写本作"负板"。"负版"何意？古今多解释为持国家图籍者，孔安国说："负板者，持邦国之图籍者也。"此说可能有误。负版应作"负贩"，做买卖的小商贩。《礼记·曲礼上》："夫礼者，自卑而尊人，虽负贩者必有尊也，而况富贵乎？"朱彬《经传考证》亦云："反复思之，负版当读如《曲礼》'虽负贩者必有尊也'之'贩'。盖承'凶服者式之'而言，方与'虽狎必变，虽亵必以貌'文势一贯。"路上若遇身着丧服者，即使是负贩这等身份卑下之人，孔子也会向其表达同情之意。俞樾《群经平议》也赞同此说。

⑧ 盛馔（zhuàn）：丰盛的菜肴。

⑨ 作：起身。《礼记·曲礼上》："食至起，上客起。"

⑩ 迅雷、风烈，必变：《礼记·曲藻》："若有疾风迅雷甚雨，则必变。虽夜，必兴，衣服冠而坐。"朱子《集注》云："必变者，所以敬天之怒。《记》曰：'若有疾风、迅雷、甚雨则必变，虽夜必兴，衣服冠而坐。'此一节，记孔子容貌之变。"

144

悼之情。看到贵族和盲人,即使平时常相见,也会以礼相待。

　　孔子如果在车上遇到穿丧服的人,马上俯身于车前的横木,以示同情。即使路遇负贩这样身份卑下的人,孔子照样俯身凭栻表达同情之意。

　　如果出席丰盛的宴席,孔子一定会恭敬地起身,表达谢意。

　　遇上雷电交加、狂风暴雨天气,孔子往往变得神色庄重,对天怀敬畏之心。

10.26　升车,必正立,执绥①。
车中,不内顾②,不疾言,不亲指③。

【译文】

　　孔子上车,先端正地站立,然后挽着绳索登上车。

　　坐在车内,不回头顾视,不高声急速地说话,不用手指指点点。

10.27　色斯举④矣,翔而后集⑤。曰:"山梁雌雉,时哉!时哉!"⑥子路共⑦之,三嗅⑧而作⑨。

---

①　绥(suí):牵着以上车的绳子。

②　内顾:往后瞧。皇侃《义疏》:"内,犹后也。顾,回头也。升在车上,不回头后顾也。"《释文》云:"《鲁》读'车中内顾',今从《古》也。"包咸注云:"前视不过衡轭也,傍视不过轮毂也。"

③　不亲指:不用手指指点点。《礼记·曲礼上》:"车上不广欬,不妄指。"

④　色斯举:野雉惊恐地向上飞。色斯,形容鸟儿惊恐的神态。举,飞。

⑤　翔而后集:鸟儿飞走之后,又栖息于树上。集,栖息。

⑥　这段话比较费解,学术史上多认为有错漏,如朱子《集注》云:"然此上下,必有阙文矣。"何焯《义门读书记》云:"色斯二句,《集解》中本不与下雌雉相属,朱子亦据胡氏,谓雌之飞也决起,其止也下投,无翔集之状。故虽典下通为一节,注中仍谓二句上下必有阙文。其谓色举翔集即雉,移'山梁雌雉'一句冠于首,则辞意尤明者,始于陈定宇也。"

⑦　共:皇侃本、正平本、敦伯3305号、3783号、斯0966号写本作"供",同"拱"。

⑧　嗅:当作臭(jú),张开双翅。朱子《集注》云:"晁氏曰:'石经嗅作戛,谓雉鸣也。'刘聘君曰:'嗅,当作臭,古阒反。张两翅也。见《尔雅》。'愚按:如后两说,则共字当为拱执之义。然此必有阙文,不可强为之说。姑记所闻,以俟知者。"

⑨　钱穆《论语新解》评论说:"此章实千古妙文,而《论语》编者置此于《乡党篇》末,更见深意。孔子一生,车辙马迹环于中国,行止久速,无不得乎时中。而终老死于阙里。其处乡党,言行卧起,饮食衣着,一切以礼自守,可谓谨慎之至,不苟且、不鲁莽之至。学者试取《庄子》《逍遥游》、《人间世》与此对读,可见圣人之学养意境,至平实,至深细,较之庄生想象,邈乎远矣。"

【译文】

野雉见到有人,惊恐地向上飞去。在空中飞翔盘旋一阵之后,又栖息于树上。孔子说:"山梁上的雉鸟,都明白得其时而动的道理!"子路听了之后,向它们拱手致意。野雉展开翅膀,远走高飞了。

卷十一　先进第十一　凡二十六章

11.1　子曰:"先进①于礼乐,野人②也;后进于礼乐,君子也。如用之,则吾从先进。"

【译文】

孔子说:"先跟我学习礼乐然后出仕为官的弟子,他们朴实的气质好像野人;晚来跟我修习礼乐而后入仕为官的弟子,就文化素养而言,看起来像君子。如果由我选用人才,我还是主张选用先来跟我学习的弟子。"

11.2　子曰:"从我于陈、蔡者③,皆不及门也④。"

---

①　先进、后进:孔安国认为指先学礼乐后入仕和先入仕后学礼乐:"先进、后进,谓仕先后辈也。"刘氏《正义》云:"郑注云:'先进、后进,谓学也。野人,粗略也。'郑此注文不备,莫由知其义。愚谓此篇皆说弟子言行,先进、后进,即指弟子。《大戴礼记·卫将军文子篇》:'吾闻夫子之施教也,先以《诗》。'卢辩注引此文,则'先进、后进',皆谓弟子受夫子所施之教,进学于此也。"刘宝楠之说为是,钱穆采用刘氏之说。

②　野人:朴野之人。皇侃《义疏》:"野人,质朴之称也。"朱子《集注》云:"野人,谓郊外之民。君子,谓贤士大夫也。"

③　从(zòng)我于陈、蔡者:鲁哀公六年(前489),吴伐陈,楚来救,驻军于城父。楚昭王听说孔子在陈、蔡之间,特意派人前来聘请。孔子计划携众弟子前往楚国寻找执政机会,途经陈国和蔡国边境时,被困在陈、蔡之间七天,这就是著名的"厄于陈蔡"事件。孔子师徒"厄于陈蔡",断粮七天。孔子毫不在意眼前的困厄,依然讲诵弦歌不止。弟子子路问"君子亦有穷乎?"孔子回答:"君子固穷,小人穷斯滥矣。"孔子继而问子路:"《诗》云'匪兕匪虎,率彼旷野',吾道非邪?吾何为于此?"子路回答:"意者吾未仁邪?人之不我信也。意者吾未知邪?人之不我行也。"子路认为大道不行或许是夫子之修养还未真正近仁近智。孔子对此回答有所不悦,"有是乎?由,譬使仁者而必信,安有伯夷、叔齐?使知者而必行,安有王子比干?"伯夷、叔齐兄弟二人因推让孤竹国国君之位而奔周,后又因反对(转下页)

【译文】

孔子说:"当年跟随我一起在陈、蔡之间受苦受难的那些人,现在都不在我身边了。"

(接上页)武王伐纣不食周粟饿死于首阳山;王子比干身为纣王叔父,屡谏纣王,后被剖心而死。在孔子看来,伯夷、叔齐"求仁而得仁",不可谓不仁,王子比干预知纣王下场,不可谓不智,然皆未得志。因此"信"与"行"否,并不完全取决于仁、智,还与"时"、"命"有关。弟子子贡也面露不满情绪,孔子有意问他:"赐,尔以予为多学而识之者与?"子贡点头称是。孔子则言"非也,予一以贯之",强调自己总是坚守仁道,"造次必于是,颠沛必于是",无论何种情势也不动摇理想信念。孔子然后又向子贡提出同样的问题。子贡说:"夫子的道太空阔高远了,所以天下容纳不下夫子之道。夫子何不稍微将标准降低一些?这样天下不就可以容纳夫子之道了吗?"子贡与子路不同,他首先肯定了老师的理想,又巧妙地批评了这种社会理想过于高远,世人难以企及。孔子对子贡说:"赐!一个会种田的农民能把田种得很好,但他不能保证一定有好收成;一个好工匠能将器物做得很精巧,但他不能保证每个使用的人都满意。君子能够修明他的道理,提纲挈领地记述它,系统地整理它,却不能让天下能够容纳它。现在你不去完善你的学说,却去迎合当今社会的习俗。赐啊,你的志向不够远大呀!"接着孔子又向颜回提出同样的问题。颜回说:"夫子之道至大,故天下莫能容。虽然,夫子推而行之,不容何病,不容然后见君子!夫道之不修也,是吾丑也。夫道既已大修而不用,是有国者之丑也。"夫子之道高远深厚,所以天下容纳不下。大道不能修明是我们的耻辱,大道已经修明而不能被当今社会运用,这是执掌国家政权者的差耻。即使天下不容纳又有何惧?不容然后见君子!颜回的回答的确超出了其他弟子水平,他既承认老师的主张不容于世的现实,又认为老师的主张完全正确,错的只是那些苟且偷安的当政者。他坚定不移地维护老师的崇高社会理想,"不容然后见君子"。正是天下不容,才体现夫子的高尚人格,这种以明道为己任而不计成败得失的君子风度,正是孔子所提倡的,也是孔子希望学生达到的。孔子听了颜回的回答十分欣慰,似乎眼前的困境已不复存在。孔子夸奖颜回道:"有是哉颜氏之子!使尔多财,吾为尔宰。"司马迁《史记·孔子世家》认为孔子赴楚引起陈、蔡两国贵族的疑惧,"孔子贤者,所刺讥皆中诸侯之疾,今者久留陈、蔡之间,诸大夫所设行皆非仲尼之意。今楚,大国也,来聘孔子,孔子用于楚,则陈、蔡用事大夫危矣",于是设法阻止孔子前往。"围孔子于野"。后"使子贡至楚。楚昭王兴师迎孔子,然后得免。"

④　不及门:不在孔子身边。皇侃本、正平本、韩李笔解本、敦斯 3011 号写本"门"下有"者"字,敦伯 3254 号写本句末无"也"字。对于"不及门"如何解释,学术史上理解不一。郑玄认为"言弟子从我而厄于陈、蔡者,皆不及仕进之门,而失其所。"朱熹不同意郑玄观点,认为"不及门"指不在孔子身边,《集注》云:"孔子尝厄于陈、蔡之间,弟子多从之者,此时皆不在门。故孔子思之,盖不忘其相从于患难之中也。"

11.3　德行①:颜渊、闵子骞、冉伯牛、仲弓;言语②:宰我、子贡;政事③:冉有、季路;文学④:子游、子夏⑤。

【译文】

德行:颜渊、闵子骞、冉伯牛和仲弓;言语:宰我和子贡;政事:冉有和季路;文学:子游和子夏。

11.4　子曰:"回也,非助我者⑥也! 于吾言,无所不说⑦。"

【译文】

孔子说:"颜回不是那种在教学相长中对我有所启发的人。对于我的学说,他总是心悦诚服,默默践行。"

11.5　子曰:"孝哉闵子骞,人不间⑧于其父母昆⑨

---

① 德行:道德品行修养。《孟子·公孙丑上》:"冉牛、闵子、颜渊,善言德行"。正平本句首有"子曰"二字。"四科"一词始于汉代,《后汉书·郧炎传》:"安得孔仲尼,为世陈四科。"

② 言语:以辞令口才见长。《孟子·公孙丑上》:"宰我、子贡,善为说辞。"

③ 政事:以治国理政见长。皇侃《义疏》引范宁:"政事,谓治国之政也。"

④ 文学:指通晓《诗》《书》《礼》《乐》《易》《春秋》等古代文献典籍之人。《孟子·公孙丑上》:"昔者窃闻之:子夏、子游、子张,皆有圣人之一体,冉牛、闵子、颜渊则具体而微。"

⑤ 此章没有出现"子曰"二字,皇侃《义疏》认为"此章初无'子曰'者,是记者所书,并从孔子印可而录在《论》之中也。"

⑥ 非助我者:孔子于此实际上分辨出了曾子与颜子不同之处。皇侃《义疏》:"圣人为教,须贤启发。于参之徒,闻言则问,是助益于我以增晓道。颜渊默识,闻言悦解,不尝口咨于我,教化无益。"

⑦ 说:同"悦",心悦诚服。敦伯2548号、伯3254号、斯0782号、斯3011号写本"说"作"悦"。

⑧ 间:非议、批评。

⑨ 昆:兄长,正平本作"兄"。

弟之言①。"

【译文】

孔子说:"闵子骞真是一位孝子啊!别人对他父母兄弟称赞他的话毫无异议。"

11.6　南容②三复白圭③,孔子以其兄之子妻之。

【译文】

南容反复诵读关于白圭的几句诗,孔子便将侄女嫁给了他。

11.7　季康子④问:"弟子孰为好学?"孔子对曰:"有颜回

---

① 朱子《集注》引胡氏曰:"父母兄弟称其孝友,人皆信之无异辞者,盖其孝友之实,有以积于中而着于外,故夫子叹而美之。"闵子骞为人所称道的主要是他的孝行,在明朝编撰的《二十四孝图》中,闵子骞排在第三。闵子骞幼时丧母,父亲再婚,继母接连生了两个儿子后,时常虐待闵子骞,但他对待继母像生母一样孝顺。有一年冬天,其父驱牛车外出,命闵子骞赶车。闵子骞手指冻僵,不慎将牛缰绳和鞭子滑落于地,牛车也翻倒在雪地里。其父见状拾起牛鞭,怒抽子骞,不料鞭落衣绽,露出芦花,芦英纷飞,饥寒交迫的闵子骞也晕倒在雪地。其父见此惊讶不已,始知是后妻所为。其父想将后妻赶出家门。闵子骞哀求父亲不要赶走后母,其父遂罢休妻之事。鲁国季氏曾派人聘请闵子骞出任费邑宰,他却要求来人替他婉言推辞,并说"善为我辞焉。如有复我者,则吾必在汶上矣。"闵子骞推辞做费邑宰的原因有二:其一,季氏专权,于礼不合;其二,闵子骞恪守孔子"有道则见,无道则隐"教诲。《盐铁论·地广》评论说:"不义而富,无名而贵,仁者不为也。故曾参、闵子不以其仁易晋、楚之富"。

② 南容:《孔子家语·弟子行》评价南宫适"独居思仁,公言言义。其于《诗》也,则一日三复'白圭之玷',是宫缩之行也"。孔子"信其能仁,以为异士"。《孔子家语·七十二弟子解》又言南宫适"以智自将,世清不废,世浊不污"。孔子对南宫适有所评价:"君子哉若人!上德哉若人!"《论语》一书中,被孔子称作君子的弟子很少,南宫适就是其中之一。孔子把侄女嫁给他,大概是看重此人有君子儒的风范。

③ 白圭(guī):一种玉制礼器,上尖下方,用于朝会、祭祀等仪式。《诗经·大雅·抑》:"白圭之玷,尚可磨也;斯言之玷,不可为也。"敦伯 2620 号、3254 号、斯 0782 号写本"复"作"覆"。

④ 《释文》无"季",云:"一本作'季康子',郑本同。"鲁哀公与季康子提出同样的问题,但孔子的回答有详略之别,哀公之问见《雍也》篇。

者好学,不幸短命死矣! 今也则亡。"①

【译文】

季康子问:"你的弟子中,哪一位是最好学之人?"孔子回答说:"颜回是好学之人,可惜短命去世了。现在没有像颜回那样好学的人了。"

11.8 颜渊死,颜路②请子之车以为之椁③。子④曰:"才不才⑤,亦各言其子也。鲤⑥也死,有棺而无椁⑦。吾不徒行,

---

① 今也则亡:皇侃本、郑本"亡"下有"未闻好学者也"数字。

② 颜路:颜回的父亲,字路,名无繇,小孔子六岁,颜回父子皆是孔子弟子。

③ 正平本无"以为之椁"四字,当缺。椁(guō):皇侃本、敦伯 3011 号、3254 号、斯 0782 号写本作"梆"。按照《礼记·檀弓》记载,大夫级别的棺木一重,侯的棺木再重,公的棺木三重,天子之棺四重,内层称棺,外层称椁。椁一般用柏木、松木之类的杂木制成,椁与棺之间用以藏放礼器等物品。《礼记·丧大记》云:"君松椁,大夫柏椁,士杂木椁。"郑玄注曰:"椁,谓周棺者也。天子柏椁以端,长六尺。夫子制于中都,使庶人之椁五寸。五寸,谓端方也。此谓尊者用大材,卑者用小材耳。自天子、诸侯、卿、大夫、士、庶人六等,其椁长自六尺而下,其方自五寸而上,未闻其差所定也。抗木之厚,盖与椁方齐。天子五重,上公四重,诸侯三重,大夫再重,士一重。"皇侃《义疏》引缪协曰:"颜路之家贫,无以备礼,而颜渊之德美,称于圣师。丧子之感,痛之愈深,二三子之徒将厚其礼,路率情而行,恐有未允。而未审制义之轻重,故托请车以求圣教也。"

④ 定州竹简本"子"作"孔子"。

⑤ 才不才:皇侃《义疏》:"才,谓颜渊也。不才,谓鲤也。言才与不才诚当有异,若各本天属,于其父则同是其子也。"定州竹简本"才"作"材"。

⑥ 鲤:孔子的儿子,名鲤,字伯鱼。皇侃本、正平本"鲤"下无"也"字。据《孔子家语·本姓解》记载,孔子"至十九,娶于宋之亓官氏。一岁而生伯鱼。鱼之生也,鲁昭公以鲤鱼赐孔子。荣君之贶,故因以名曰鲤,而字伯鱼。鱼年五十,先孔子卒。"孔子高大健硕,十九岁时娶宋人亓官氏为妻,翌年生子。鲁昭公馈赠给孔子一条鲤鱼,以示庆贺。孔子荣君之贶,给儿子取名鲤,字伯鱼。《诗经·陈风·衡门》云:"岂其取妻,必齐之姜? 岂其食鱼,必河之鲤?"在古代文献中,鲤鱼被作为"鳞介之主"、"诸鱼之长",是威势与祥瑞的象征。《太平御览》对昭公送鲤也有记载:"伯鱼之生,适有馈孔子鱼者,嘉以为瑞,故名鲤,字伯鱼。"孔子与伯鱼相处的生活片段在《礼记·檀弓上》有所记载:"伯鱼之母死,期而犹哭。夫子闻之,曰:'谁与哭者?'门人曰:'鲤也。'夫子曰:'嘻,其甚也!'伯鱼闻之,遂除之"。按照古代丧礼,父在而母死,只需服丧一年即可。伯鱼服丧超过一年期限,故孔子有所批评。孔子晚年一再发生白发人送黑发人的人生悲剧。鲁哀公十三年(前 482 年)孔子之子孔鲤去世,时年五十岁。颜回是孔子心中最优秀的弟子,也于鲁哀公十四年(前 481)先孔子而逝。

⑦ 定州竹简本无"而"字,"椁"作"郭"。

以为之椁。以吾从大夫之后，不可徒行也①。"

【译文】

颜渊去世了，他的父亲颜路请求孔子卖掉车子，为颜回置办外椁。孔子说："先不论有没有才华，说来都是各自的儿子。我的儿子孔鲤去世的时候，有内棺而没有外椁。我当时也没有卖掉车子为他置办外椁。我忝列大夫之后，依照礼仪，出门不可以步行。"

11.9　颜渊死，子曰："噫！天丧予！天丧予②！"

———

①　不可徒行也：皇侃本、正平本"不可徒行也"上有"吾以"二字，正平本句末更有"也"字，定州竹简本作"以吾从大夫之后也吾不可（下阙）"，敦伯 3254 号、伯 3474 号、斯 0782 号写本作"吾不可以徒行"。《礼记·王制》云："君子耆老不徒行"。孔子曾经担任鲁国大司寇，地位相当于卿，孔子于此说"从大夫之后"是谦逊之词。鲁哀公十一年（前 484）秋，孔子返回鲁国，被尊称为"国老"。哀公经常向孔子请教治国之道，据《孔子家语·子路初见》记载，回国后鲁哀公接见孔子，孔子侍坐于哀公，"哀公赐之桃与黍。哀公曰：'请用'。"孔子先食黍而后食桃，"左右皆掩口而笑"。哀公解释"黍者，非饭之也，以雪桃也"。意思是黍不是用来吃的，而是用来刷洗桃毛。孔子言自己并非不知此礼仪，然而"夫黍者，五谷之长也。祭先王为上盛。果蓏有六，而桃为下，祭先王不得入庙"，黍是五谷之中最尊贵者，在祭祀天地、祖先时都是上等祭品。而桃是果品中最下等者，祭祀时不允许入内。从祭礼上讲，当然黍贵而桃贱。"丘之闻也，君子以贱雪贵，不闻以贵雪贱。今以五谷之长，雪果蓏之下，是从上雪下也"，由此而论，便是贵下贱上，"臣以为妨于教，害于义"，所以不敢始食桃，"以先于宗庙之盛也"。当孔子之时，礼坏乐崩，逾礼之事不胜枚举，"先桃后黍"就是典型事例之一。鲁国公室衰微，三桓专权，孔子此言意在讽谏鲁哀公。

②　天丧予：据《史记·孔子世家》记载，鲁哀公十四年（前 481）春，"叔孙氏之车士曰子鉏商，采薪于大野，获麟焉，折其前左足，载以归"。有人将此事告诉孔子，言怪兽"有麕而角"，孔子前往观看，悲伤之情油然而生，言此即麟也，并呼"胡为来哉！"语罢"反袂拭面，涕泣沾衿"。孔子弟子子贡问孔子"夫子何泣尔"？孔子回答"麟之至，为明主也。出非其时而见害，吾是以伤焉"。麟是祥瑞"仁兽"，"麒麟，狼头，肉角，含仁怀义，音中钟吕，行步中规，折旋中矩，游必择土，翔必有处，不履生虫，不折生草，不群不旅，不入陷阱，不入罗网，文章彬彬。"在孔子看来，麒麟出现应是圣王降世、王道社会理想实现的征兆。《荀子·哀公》中鲁哀公向孔子询问舜的冠带，问了好多次，孔子都不予理会。哀公大为不悦，质问孔子："寡人问舜冠于子，何以不言也？"孔子回答道："古之王者，有务而拘领者矣，其政好生而恶杀焉。是以凤在列树，麟在郊野，乌鹊之巢，可俯而窥也。君不此问而问舜冠，所以不对也。"舜的伟大在于他的德行，在于他的功业，而不在他的衣着冠带。舜仁爱众生，行王道而化成天下，故"麟风翔乎郊"，众生安宁和乐。为君者不学其德行而一味学其衣冠末流，孔子不屑回答。在荀子看来，"麟风翔乎郊"也是王道兴盛、天下太平的象征。《说苑·至公》也说"人事浃，王道备，精和圣制，上通于天而麟至，此天之知夫子也"。鲁国郊外出现麒麟，可谓不得其时，恰如孔子胸怀王道理想、生不逢时。孔子由此想到自己坎坷不平的一生，不免睹物伤情。《史记·孔子列传》载："孔子曰'河不出图，洛不出书，吾已矣夫！'颜渊死，孔子曰：'天丧予！'及西狩见麟，曰：'吾道穷矣！'喟然叹曰：'莫知我夫！'子贡曰：'何为莫知子？'子曰：'不怨天，不尤人，下学而上达，知我者其天乎！'悲叹'吾道穷矣！'"河不出图、洛不出书、颜回之死、麟之受伤，引发孔子对王道理想不行的愤慨，悲叹"吾道穷矣！"

【译文】

　　颜渊去世,孔子说:"噫! 老天要我的命啊! 老天要我的命啊!"

　　11.10　颜渊死,子哭之恸①。从者曰:"子恸矣!"曰②:"有恸乎! 非夫人③之为恸而谁为④!"

【译文】

　　颜渊去世,孔子悲从心生,哭得极其悲伤。随行的弟子劝孔子:"您太伤心了!"孔子说:"我过度悲痛了吗? 我不为这样的人悲恸,还为谁悲恸呢?"

　　11.11　颜渊死,门人⑤欲厚葬⑥之,子曰:"不可⑦。"

---

　　①　恸(tòng):极其悲伤,定州竹简本、戴氏本作"动"。马融说:"恸,哀过也。"
　　②　皇侃本、正平本"曰"上有"子"字。
　　③　夫人:此人,指颜回。
　　④　非夫人之为恸而谁为:"非夫人之为恸"是"非为夫人恸"倒装形式。孔子对于颜回的教育异于他人。弟子们问"仁",孔子给予的解释有根本上的不同。"出门如见大宾,使民如承大祭。己所不欲,勿施于人。在邦无怨,在家无怨。"和"仁者其言也讱。"是"仁"最基本的要求,即爱他人、敬他人,在语言和行为上不冒犯他人。即便如此,孔子仍然担心仲弓和司马牛做不到,因而说"为之难,言之得无讱乎?"但是,对于颜回,孔子直接指出了最高标准"克己复礼",由礼实现仁,这既是孔子对自己的要求。也是对颜回的期待。在讨论为政之道方面,孔子对于弟子们的指点也大相径庭。对子路的指点是勤政爱民,对仲弓的要求是大公无私、举荐贤能,对子贡的指点是富民、取信于民。孔子对于颜回的指点则是"礼乐治国"。相较之下,孔子对前几位弟子的期望仅仅是做一个合格的地方官吏,而对颜回的期望则是成为像周公一样的贤相,赓续礼乐文明,实现王道理想。
　　⑤　门人:孔子弟子。皇侃《义疏》云"颜渊之门徒也",邢昺也认为当是颜渊的弟子,恐误。
　　⑥　厚葬:不惜财力办理丧葬之事。孔子虽然视其如子,但在如何安葬颜回之事上仍然坚持一贯原则,反对逾礼厚葬。孔子主张丧葬应该"称家之有亡,有,毋过礼;苟亡矣,敛首足形,还葬,县棺而封。"颜路家中本不富足,也非贵族之家,却欲按大夫礼制安葬颜回,有违孔子教诲。事后弟子们仍然悄悄厚葬颜回,孔子叹曰:"回也视予犹父也,予不得视犹子也。非我也,夫二三子也。"颜回是孔子学术思想最重要的传承人,孔子的主张即是颜回的主张。颜回如果地下有知,必定也不赞同厚葬。因此孔子一再申明,厚葬颜回并非他的初衷。
　　⑦　不可:何晏《集解》云:"礼,贫富各有宜。颜渊家贫,而门人欲厚葬之,故不听也。"

门人厚葬之。子曰："回也，视予犹父也，予不得视犹子也。非我也，夫二三子也。"①

【译文】

颜渊去世了，弟子们筹划厚葬他。孔子说："依礼不可以这样做。"弟子们仍然悄悄厚葬了颜渊。孔子听说之后，感叹地说："回啊！你像看待父亲一样看待我，我却不能像看待儿子一样看待你。这事不是我的本意，是有些弟子背着我做的啊！"

11.12　季路问事鬼神②。子③曰："未能事人，焉能事鬼？""敢④问死⑤？"曰："未知生，焉知死？"

---

①　非我也，夫二三子也：皇侃认为"二三子"指的是颜路等人，马融说："言回自有父。父意欲听门人厚葬之，我不得制止也。非其厚葬，故云耳也。"

②　鬼神：远在夏、商时代，就已产生了鬼神观念与鬼神崇拜。孙诒让总结出了"天神、地示、人鬼"商人鬼神系统，陈梦家在《殷墟卜辞综述》进一步将其分列如下：甲、天神：上帝，日，东母，西母，云，风，雨，雪。乙、地示：社，四方，四戈，四巫，山，川。丙、人鬼：先王，先公，先妣，诸子，诸母，旧臣。陈梦家指出，殷商时期祖先崇拜有一大特点，祖先崇拜与天神崇拜逐渐混合为一，而且"祖先崇拜压倒了天神崇拜。"迨至西周，周人对这一天神、地祇、人鬼崇拜系统有所损益，根据《周礼·大宗伯》所载，具体表现在三方面：其一，在天神类系统，强调对上天、天帝之信仰，"昊天上帝"为天子祭祀的最高神灵；其二，人鬼类只祭后稷等先祖，删除了祭祀先妣、诸母等内容；其三，地祇类特别注重对社稷土谷之神的祭祀。周人虽强化了对"昊天上帝"的崇拜，但对祖先神的敬仰丝毫未弱化。夏人、商人、周人所禘、所祖、所郊、所宗、所报之人，皆是声名显赫之祖先。商周之后，在鬼神起源问题上，存在一个比较流行的观点："人死曰鬼"。《礼记·祭法》云："其万物死，皆曰折；人死曰鬼。"《尔雅·释训》亦云："鬼之为言归也"，《说文》释"鬼"："人所归为鬼。"两汉时期的鬼神学说有所发展，基本上皆是沿着阴阳气学思维范式思考："人死曰鬼。鬼者，归也。精气归于天，肉归于土，血归于水，脉归于泽，声归于雷，动作归于风，眼归于日月，骨归于木，筋归于山，齿归于石，膏归于露，发归于草，呼吸之气归复于人。"汉代学者对鬼神的认识可归纳为：人类生命由精神与形体结合而成。精神为阳性，又叫魂，或称魂气；躯体为阴性，又叫魄、魄气、阴精，阴神又称之为形骸、形魄。精神是元气本原固有的内在"因子"之一，人死后，精神离开躯体，化而为鬼。

③　定州竹简本"子"作"孔子"。

④　敢：表达敬意的副词。皇侃本"敢"上有"曰"字。

⑤　敢问死：皇侃本写作"敢问事死"。朱子《集注》引程子："昼夜者，死生之道也。知生之道，则知死之道；尽事人之道，则尽事鬼之道。死生人鬼，一而二，二而一者也。或言夫子不告子路，不知此乃所以深告之也。"

154

【译文】

子路询问如何事奉鬼神。孔子说："如果不知晓与人相处的道理，怎能通晓事奉鬼神的礼仪呢？"

子路又问"请问死亡是怎么回事？"孔子说："如果生的道理都还没有弄清楚，怎么可能弄明白死亡的奥秘呢？"

11.13　闵子①侍侧，訚訚②如也；子路，行行③如也；冉有④、子贡，侃侃⑤如也。子乐⑥。"若由也，不得其死然⑦。"

【译文】

闵子骞侍立在孔子身边，恭敬而平和；子路则显得刚强勇毅、嫉恶如仇；冉有和子贡和乐坦然。各位弟子性格不一，孔子很欣慰。然后又叹息地说："像由这样的个性，生逢乱世，难免天年不保啊！"

11.14　鲁人⑧为长府⑨。闵子骞曰："仍旧贯⑩，如之何？何必改作⑪！"子⑫曰："夫人不言，言必有中⑬。"

---

①　皇侃本、正平本、敦斯 3011 号写本作"闵子骞"，定州竹简本"闵"作"亹"。

②　訚訚：正直恭敬，定州竹简本作"言言"。

③　行行（háng）：刚强勇武。皇侃《义疏》："行行，刚强貌也。子路性刚强也。"

④　唐石经本作"冉子"。

⑤　侃侃：和乐从容，定州竹简本作"衎衎"。

⑥　乐：愉悦。皇侃本"乐"下有"曰"字。

⑦　不得其死然：乱世不得善终。皇侃《义疏》引袁氏："道直时邪，自然速祸也。"邢昺《注疏》云："'若由也，不得其死然'者，'然'犹焉也。言子路以刚，必不得其以寿终。"朱子《集注》引尹氏曰："子路刚强，有不得其死之理，故因以戒之。其后子路卒死于卫孔悝之难。"

⑧　鲁人：指鲁国当权的大臣季氏。

⑨　为：改建。长府，鲁国储藏财物的处所。皇侃《义疏》："货，钱帛也。藏钱帛曰府，藏兵甲曰库也。"据《左传》记载，鲁昭公二十五年（公元前 517 年），"公据于长府。九月戊戌，伐季氏，杀公之于门，遂入之。"鲁昭公以长府为营垒抵御季氏叛乱。兵败之后，鲁昭公被驱逐出鲁国，季氏为防止鲁国公室再次以长府为据点，所以改建长府，去掉其防御功能。

⑩　仍旧贯：因循旧的规章。仍，因循、沿袭。贯，规制。

⑪　仍旧贯，如之何？何必改作：定州竹简本作"贯而可可必改作"。

⑫　定州竹简本作"孔子"。

⑬　中：切中肯綮。定州竹简本"人"、"中"下皆有"也"字。

155

【译文】

季氏计划翻修鲁国囤积财物的长府。闵子骞说:"保留原来的样子,不是很好吗? 为什么一定要改建呢?"孔子说:"此人平时要么不说话,一说话就切中要害!"

11.15　子曰:"由之瑟①奚为于丘之门②?"门人不敬子路。子曰:"由也升堂矣! 未入于室③也!"

【译文】

孔子说:"仲由弹瑟,为什么非要到我这里来弹呢?"孔子的学生听说之后,便不再尊敬子路。孔子连忙又解释说:"仲由啊,他的造诣已经很深了。已经达到升堂的水平,只是还没有入室而已。"

11.16　子贡问④:"师与商⑤也孰贤⑥?"子曰:"师也过,商也不及。"曰:"然则师愈与⑦?"子曰:"过犹不及⑧。"

---

①　瑟:《白虎通·礼乐》篇云:"瑟者,啬也,闲也。所以惩忿窒欲,正人之德也。"

②　由之瑟奚为于丘之门:孔子对子路弹奏的乐曲有所不悦。《白虎通·礼乐》篇云:"故乐所以荡涤,反其邪恶也。"马融说:"子路鼓瑟,不合《雅》、《颂》也。"皇侃《义疏》进一步解释:"我门文雅,非用武之所也。故自称名以抑之。"皇侃本、正平本、戴氏本"瑟"上有"鼓"字。

③　升堂,入于室:堂,正厅;室,内室。先入门,然后进入正厅,最后入室。升堂、入于室:比喻修学和工夫水平的高低深浅。朱子《集注》云:"升堂入室,喻入道之次第。言子路之学,已造乎正大光明之域,特未深入精微之奥耳,未可以一事之失而遽忽之也。"

④　皇侃本"问"下有"曰"字。

⑤　师:颛孙师,子张;商:卜商,子夏。

⑥　皇侃本、正平本"贤"下有"乎"字。

⑦　愈:胜过。定州竹简本作"师也隃与"。

⑧　过犹不及:过和不及都没有达到中这一水平。皇侃本、正平本句末有"也"字。《礼记·仲尼燕居》篇云:"子曰:'师尔过,而商也不及'。"朱子《集注》:"道已中庸为至。贤知之过,虽若胜于愚不肖之不及,然其失中则一也。"

156

　　子贡问:"子张与子夏,谁更贤能一些呢?"孔子说:"师的不足在于过,商的不足在于不及。"子贡又问:"那么子张稍好一点吗?"孔子说:"过和不及,在没有臻至中这一高度而言,缺陷是一样的。"

　　11.17　季氏富于周公①,而求也为之聚敛而附益之②。子曰:"非吾徒也。小子鸣鼓而攻之③,可也④!"

【译文】

　　季氏比周天子的公侯还富有,但冉求还辅佐他大肆搜刮民财,增加他的私人财富。孔子气愤地说:"他不再是我的学生了! 你们可以大张

---

　　①　周公:周天子的宰、卿士,泛指公侯贵族。皇侃《义疏》云:"周公,天子臣。食菜于周,爵为公,故谓为周公也,盖是周公旦之后也。"
　　②　附益:增益。皇侃本"附益之"的"之"字作"也"。
　　③　鸣鼓而攻之:古代作战时击鼓以号令将士进攻,此处指大张旗鼓地公开谴责冉有。郑玄说:"小子,门人也。鸣鼓,声其罪以责也。"
　　④　鲁哀公十一年(公元前484年),孔子归鲁不久,季康子便派冉求前去拜访,征询孔子对"用田赋"的意见。贪得无厌的季康子想在"丘赋"基础上,实行新的赋税政策。"丘赋之法,因其田财通出马一匹、牛三头。今欲别其田及家财各为一赋,故言田赋。"若实行"田赋"新法,政府可提高一倍的收入,但劳动人民被迫要增加一倍的经济负担。为取得孔子的支持,消除反对意见,所以季康子特意派遣冉求拜访孔子,征求他对新政策的看法。孔子说:"丘不识也。"冉求连问三次,孔子都不作答。在冉求的一再恳求下,孔子回答说:"君子之行也,度于礼:施取其厚,事举其中,敛从其薄。如是,则以丘亦足矣。若不度于礼,而贪冒无厌,则虽以田赋,将又不足。且子季孙若欲行而法,则周公之典在;若欲苟而行,又何访焉?"孔子认为,君子办理政事,要根据法典来衡量:施舍要尽量丰厚,办事要适中公正,赋敛要力求轻薄。如果根据这三条原则,那么按照正在实行的丘甲法征收赋税,"亦足矣"。如果不根据礼法来衡量,"贪冒无厌",那么即使按田亩加倍征收赋税,也不会感到满足。季孙若想办事合于法度,应遵循周公制定的典章法规;如果想一意孤行,又何必来征求我的意见?冉求知道孔子不赞成季康子实行加倍征收赋税的新法,因为新法"贪冒无厌",加重平民百姓的负担。无论新法旧法,只要符合"敛从其薄"原则,就是好法,孔子就会支持;否则便是恶法,增加百姓负担,孔子坚决反对。但是,季康子并未听从孔子的意见,于鲁哀公十二年春正式颁布"用田赋",按新法增收赋税。冉求也没有听从孔子的教导,作为季氏之臣,不勇于进谏,反而追随季康子推行新法。孔子对冉求的帮凶行为十分气愤,对身边的弟子说:"非吾徒也,小子鸣鼓而攻之,可也。"

旗鼓地声讨他!"

11.18　柴①也愚②,参也鲁③,师也辟④,由也喭⑤。

【译文】

高柴憨直,曾参诚笃,颛孙师偏激,仲由鲁莽刚强。

11.19　子⑥曰:"回也其庶⑦乎,屡空⑧。赐不受命⑨而货殖⑩焉,亿⑪则屡中。"

---

①　柴:姓高名柴,字子羔,孔子弟子,小孔子三十岁。
②　愚:愚笨。
③　鲁:诚笃、朴实。学术史上对"鲁"的解释分歧很大,战国两汉学者一般解释为"迟钝",譬如,孔安国说:"鲁,钝也。曾子迟钝也。"这种解释未得孔子思想真髓,自从程子评价"曾子之学,诚笃而已"、"传圣人之道以笃实",自宋以降,对"鲁"的诠释发生了根本性转变。程子以"诚笃"、"笃实"诠释"鲁",张栻继而在《论语解》指出"曾子之鲁,其为学笃实,故卒能深造于道"。赵顺孙《四书纂疏》也说:"曾子之学,诚笃而已。圣门学者聪明才辩不为不多,而卒传其道乃质鲁之人尔,故学以诚实为贵也。"赵顺孙将"鲁"诠释为"诚实"。值得注意的是,历代学者对"柴也愚,师也辟,由也喭"从无异议,但是,自宋代以降,对"参也鲁"的诠释发生了翻天覆地的转变,这一学术思想的变迁,值得深思。
④　辟:偏激、偏执,皇侃本、高丽本、敦斯 3011 号写本作"僻"。马融说:"子张才过人,失在邪僻文过。"
⑤　喭(yǎn):鲁莽、莽撞,定州竹简本作"献"。王弼说:"喭,刚猛也。"
⑥　定州竹简本作"孔子"。
⑦　庶:近,接近,指庶几近于道。
⑧　屡空:时常陷于贫困之中。定州竹简本"屡"作"居"。皇侃《义疏》:"空,穷匮也。颜子庶慕于几,故匮忽财利,所以家每空贫而箪瓢陋巷也。"俞樾《群经评议》认为"屡空"本作"娄空",聊备一说。
⑨　赐不受命:子贡不听从命运的摆布。朱子《集注》云:"命,天命"。何晏《集解》释"命"为"教命":"赐不受教命,唯财货是殖,亿度是非。盖美回所以励赐也。"
⑩　货殖:通过市场交易而增加钱财,即做买卖。
⑪　亿:猜度、分析,皇侃本作"忆",定州竹简本作"意"。《史记·货殖列传》说:"废著鬻财于曹、鲁之间,七十子之徒,赐最为饶益。"《索隐》解释说:"废谓物贵而卖之,举谓物贱而收买之。转货谓转贵收贱也。"

【译文】

孔子说："颜回的学问修行几乎接近道了,但他能乐居于贫困之中。端木赐不安天命,四处经商做买卖,分析市场行情,常常能百发百中。"

11.20　子张问善人①之道。子曰:"不践迹②,亦不入于室③。"

【译文】

子张问善人的为学之道。孔子说:"善人往往有主见,不盲目因循别人的旧迹。但是,仅仅做到这一点,尚难以臻至圣人境界。"

11.21　子曰:"论笃是与④,君子者乎⑤? 色庄⑥者乎?"

【译文】

孔子说:"赞许言行笃实谨敬之人,赞许彬彬有礼的君子,赞许庄重温和之人。这三种人,都可以成为善人。"

11.22　子路问⑦:"闻斯行诸⑧?"子曰:"有父兄在,如之

---

①　善人:圣人与善人,都是孔子思想中的理想人格,圣人人格高于善人。《论语》三次出现"善人",譬如《子路》篇:"子曰:'善人为邦百年,亦可以胜残去杀矣。'诚哉是言也!"朱子《集注》云:"善人,质美而未学者也。"

②　不践迹:不盲目因循别人的言行。定州竹简本"践"作"浅"。

③　亦不入于室:在学问和修行上尚未臻至圣人的境界。孔安国说:"言善人不但循追旧迹而已,亦多少能创业。然亦不能入于圣人之奥室也。"

④　论笃是与:倒装句,"与论笃"的倒装形式。定州竹简本"笃"作"祝"。笃,笃实、笃厚谨敬。与:赞许。

⑤　皇侃本"乎"作"与"。

⑥　色庄:仪态庄重。定州竹简本"色庄"作"(人亡)状"。何晏《集解》:"论笃者,谓口无择言也。君子者,谓身无鄙行也。色庄者,不恶而严,以远小人者也。言此三者,皆可以为善人者也。"

⑦　定州竹简本"问"下有"曰"字。

⑧　闻斯行诸:听到合义之事立即行动。诸,之乎。包咸说:"赈穷救乏之事也。"

何其闻斯行之!"冉有问:"闻斯行诸?"子曰:"闻斯行之!"

公西华曰:"由也问闻斯行,子曰'有父兄在';求也问闻斯行诸,子曰'闻斯行之'。赤也惑,敢问?"子曰:"求也退①,故进之;由也兼人②,故退之③。"

【译文】

子路问:"一听到合乎义的事,就应该立即采取行动吗?"孔子说:"父兄还健在,怎么能一听到什么立即就去做呢!"冉有问:"一听到合乎义的事,就应该立即采取行动吗?"孔子说:"一听到合乎义的事,就应该义无反顾立即行动!"

公西华说:"仲由问'闻斯行诸'?您说'父兄还在世';冉求同样问'闻斯行诸'?您却说'听到了就应该马上去做'。对此我很困惑,为什么同问异答呢?"孔子解释说:"冉求性格谦退有礼,所以我鼓励他;仲由好勇,所以我要约束他一下。"

11.23　子畏④于匡,颜渊后。子曰:"吾以女⑤为死矣!"曰:"子在,回何敢死⑥!"

---

① 退:谦退。皇侃《义疏》:"言冉求谦退,故引之令进,所以不云先白父兄也。"

② 兼人:争强好胜。郑玄曰:"言冉有性谦退,子路务在胜尚人,各因其人之失而正之也。"

③ 退:约束、限制。《论语》一书存在一规律性现象,面对弟子们所提同样问题,孔子的回答基本上都不一样。孔子往往不是从逻辑上界定"仁是什么?""义是什么?"而是根据各位弟子性格、智力不同,有针对性地提撕与启发。

④ 畏:私斗。《礼记·檀弓》云:"死而不吊者三:畏、厌、溺"。也有人认为畏通"围",黄怀信《论语汇校集释》云:"'畏'旧作'围',以音误。"另据《孔子家语》记载:"孔子之宋,匡人简子以甲士围之。子路怒,奋戟将与战。孔子止之曰:'恶有修仁义而不免世俗之恶者乎?夫诗书之不讲,礼乐之不习,是丘之过也,若以述先王,好古法而为咎者,则非丘之罪也。命之夫。由,歌,予和汝。'子路弹琴而歌,孔子和之,曲三终,匡人解甲而罢。"

⑤ 女:皇侃本、正平本、敦斯3011号写本"女"均作"汝"。

⑥ 回何敢死:朱子《集注》:"何敢死,谓不赴斗而必死也。"另《韩李笔解》则云:"'死'当为'先'字之误也。上文云'颜渊后',下文云'回何敢先',其义自明,无死理也。"

【译文】

孔子被匡人围困几天。解围之后,颜渊最后一个逃出来。孔子说:"我还以为你死了呢!"颜渊幽默地说:"夫子健在,我哪里敢轻易先死呢!"

11.24　季子然①问:"仲由、冉求,可谓大臣②与?"子曰:"吾以子为异③之问,曾④由与求之问? 所谓大臣者⑤,以道事君,不可则止。今由与求也⑥,可谓具臣⑦矣⑧。"曰:"然则从之者与?"子曰:"弑⑨父与君,亦不⑩从也。"

【译文】

季子然问:"仲由和冉求两个人,可以称得上是德才兼备的大臣吗?"孔子说:"我以为你会问一些其他的问题,想不到是问仲由和冉求! 所谓大臣,应该按照道义原则事奉君王。如果道义行不通,就辞职退隐。如今仲由和冉求,只可以说只是备位充数的臣子而已。"季子然又问:"那么他们对君王会言听计从吗?"孔子说:"弑父弑君这种事,他们是不会顺从的。"

---

①　季子然:季氏同族之人,《史记·仲尼弟子列传》作"季孙"。
②　大臣:德才兼备的臣子。孟子明确提出"事君无义,进退无礼,言则非先王之道者,犹沓沓也。"荀子也说:"以礼待君,忠顺而不懈。"
③　异:特殊、不同寻常。
④　曾:乃,定州竹简本作"增"。
⑤　定州竹简本无"者"字。
⑥　定州竹简本"由"误作"曰",无"也"字。
⑦　具臣:有才无德之臣、备位充数之臣。孔安国说:"言备臣数而已。"
⑧　定州竹简本无"矣"字。
⑨　弑:子杀父、臣杀君为"弑"。
⑩　定州竹简本无"亦"字,"不"作"弗"。孔子之语,表面上是批评两位弟子,实际上是对三桓乱政的批评。

161

11.25 子路使子羔①为费宰②。子曰:"贼③夫人之子④!"子路曰:"有民人焉,有社稷⑤焉,何必读书⑥,然后为学⑦?"子曰:"是故恶夫佞者⑧。"

【译文】

子路举荐子羔做费邑宰。孔子说:"你这种举荐实际上会害了子羔啊!"子路辩解说:"那里有老百姓,有土地神和谷神,(为官执政、祭祀神灵都是学习)为什么一定要读书才算求学呢?"孔子说:"(你这是强词夺理)所以我一直讨厌徒逞口辩之人。"

11.26 子路、曾晳⑨、冉有、公西华侍坐。

子曰:"以吾一日长乎尔,毋吾以⑩也。居⑪则曰不吾知也! 如或知尔,则何以⑫哉?"

子路率尔⑬而⑭对,曰:"千乘之国,摄⑮乎大国之间⑯,加

① 子羔:高柴,字子羔。
② 费(bì)宰:费,季氏采邑。子路当时担任季氏宰,所以推荐子羔为费邑宰。
③ 贼:伤害。
④ 夫人之子:那人的儿子,指子羔。孔子认为子羔尚幼,尚未完成学业。急于从政,容易感染官场习气。
⑤ 社稷:社,土地神;稷,谷神。
⑥ 敦斯3011号写本"书"作"诗"。
⑦ 学:求学。孔安国云:"言治民事神,于是而习,亦学也。"
⑧ 佞者:有口才之人。孔子于此指强词夺理、巧言善辩之人。
⑨ 曾晳:姓曾名点,曾参之父,也是孔子弟子。
⑩ 以吾一日长乎尔,毋吾以:我比你们年长一些,不要因为我是师长,你们就不开口说话。以,因为。皇侃本、正平本"毋"作"无"。
⑪ 居:平时、平常。
⑫ 何以:以何,做些什么。孔安国说:"如有用汝者,则何以为治乎也?"
⑬ 率尔:急速、匆忙。何晏《集解》云:"率尔,先三人对也。"皇侃本作"卒尔",敦斯3011号、斯0782号、伯2620号、伯3192号、伯3402号、伯3606号写本作"帅尔"。
⑭ 定州竹简本无"而"字。
⑮ 摄:逼迫,受制约。
⑯ 正平本无"之"字。

162

之以师旅，因之以饥馑，由也为之，比及①三年，可使有勇②，且知方③也。"夫子哂④之。

"求，尔何如？"对曰："方六七十⑤，如⑥五六十，求也为之，比及三年，可使足民⑦。如其礼乐，以俟⑧君子。"

"赤，尔何如？"对曰："非曰能之，愿学焉！宗庙之事⑨，如会同⑩，端章甫⑪，愿为小相⑫焉。"

"点，尔何如？"鼓瑟希⑬，铿尔⑭，舍瑟而作⑮，对曰："异乎三子者之撰⑯。"

子曰："何伤乎⑰？亦各言其志也。"曰："莫⑱春者，春服既

---

① 比(bì)及：等到。

② 勇：儒家论勇，有"血性之勇"与"道义之勇"之分。子路于此所言勇，应当是指道义之勇。

③ 方：道理，这里指礼仪规范。

④ 哂(shěn)：笑。皇侃《义疏》："齿本曰哂。大笑口开则哂见，故谓哂为笑者也。"

⑤ 方六七十：方圆各六七十里。

⑥ 如：或者。

⑦ 皇侃本、正平本、敦斯3011号、伯3254号、伯3402号、伯3606号写本句末有"也"字。

⑧ 俟：等待。

⑨ 宗庙之事：指祭祀。

⑩ 会同：诸侯相见为"会"，诸侯朝见天子为"同"。

⑪ 端章甫：穿着礼服，戴着礼帽，古代朝聘会同时傧相的衣冠。端，用整幅布做的礼服，又名玄端；章甫，商代流行的礼帽。

⑫ 相：主持赞礼和司仪之人，小相是谦称。

⑬ 希：同"稀"，朱子《集注》云："希，间歇也。"孔安国说："思所以对，故其音稀也。"

⑭ 铿尔：音乐结束时的最后一声，戴氏本作"摼尔"。皇侃《义疏》："铿，投瑟声也。"

⑮ 作：起身。

⑯ 撰：陈述、撰述。

⑰ 何伤乎：有何妨碍呢？伤，妨碍。定州竹简本无"乎"字。

⑱ 莫：通"暮"。皇侃《义疏》："暮春，谓建辰夏之三月也。年有四时，时有三月，初月为孟，次者为仲，后者为季。季春是三月也。不云'季春'而云'暮春'者，近月末也。月末其时已暖也。"皇侃本、正平本、敦斯3011号、伯2620号、伯3402号、伯3606号写本即作"暮"。

成。冠者①五六人，童子六七人，浴乎沂②，风③乎舞雩④，咏而归⑤。"夫子喟然叹曰："吾与⑥点也！"

三子者出，曾皙后。曾皙曰："夫三子者之言何如？"子曰："亦各言其志也已矣！"曰："夫子⑦何哂由也？"曰⑧："为国以礼，其言不让，是故哂之。""唯求则非邦也与⑨？""安见方六七

---

① 冠者：成年人，古代男子到二十岁行加冠礼，表示成年。皇侃本、正平本句首有"得"字。

② 浴乎沂：曾皙所言，描述的是古代上巳节"祓禊"(fu xi)风俗。上巳，是指以干支纪日的历法中的夏历三月的第一个巳日，故又有三巳、元巳之别称。《周礼·春官·女巫》："女巫掌岁时祓除衅浴。"郑玄注："岁时祓除，如今三月上巳，如水上之类；衅浴谓以香薰草药沐浴。"《后汉书·礼仪上》："是月上巳，官民皆絜于东流水上，曰洗濯祓除去宿垢疢为大絜。"《后汉书·周举传》："六年三月上巳日，(梁)商大会宾客，宴于洛水。"先秦两汉时期上巳节已成为重大的民俗节日，主要活动是亲朋好友结伴去水边沐浴，称为"祓禊"，此后又增加了祭祀、宴饮、曲水流觞等内容。汉代学者应劭对上巳节的起源有所考证，他认为这一节庆活动远在殷周就已存在，政府还专门委托女巫主持节日活动。因为此时正当季节交替，阴气尚未退尽而阳气开始萌动，人容易患病，所以应到水边手执兰草，相互以水泼洒对方、祈求平安。所谓"禊"，即"洁"，故"祓禊"就是通过洁身而消灾祛病。为何选择巳日"祓禊"呢？应劭解释说，"巳者，祉也"，既可以举行一些仪式祛病消灾，又可祈求福祉降临。据《诗经·郑风·溱洧》记载，春秋时期郑国祓禊风俗比较隆盛。每逢三月上巳日，郑国各地男女倾城而出，来到溱水、洧水之滨，手执兰草洗濯身体，除疫避灾，祓除不祥。魏晋以后上巳节改为三月三，杜甫《丽人行》所言"三月三日天气新，长安水边多丽人"，就是对唐代长安节日盛景的描绘。

③ 风：通讽，讽诵。《后汉书·仲长统传》云："讽于舞雩之下，咏归高堂之上。"朱子《集注》："风，乘凉也。"朱子之说，亦可通。

④ 舞雩(yú)：古代求雨时举行的祭祀活动。此处指舞雩台，在今山东曲阜东南。朱子《集注》云："舞雩，祭天祷雨之处，有坛墠树木也。"

⑤ 归：朱子《集注》云："咏，歌也。曾点之学，盖有以见夫人欲尽处，天理流行，随处充满，无少欠阙。故其动静之际，从容如此。而其言志，则又不过即其所居之位，乐其日用之常，初无舍己为人之意。而其胸次悠然，直与天地万物上下同流，各得其所之妙，隐然自见于言外。视三子之规规于事为之末者，其气象不侔矣，故夫子叹息而深许之。而门人记其本末独加详焉，盖亦有以识此矣。"

⑥ 与：赞许。

⑦ 定州竹简本"夫子"作"吾子"。

⑧ 皇本、正平本、定州竹简本、敦斯 3011 号、伯 2620 号、伯 3192 号、伯 3402 号、伯 3606 号写本"曰"上有"子"字。

⑨ 唯求则非邦也：定州竹简本"唯"作"虽"，无"也"字，下文"唯赤则非邦也"同。

十,如五六十①,而非邦②也者。""唯赤非邦也与?""宗庙会同,非诸侯而何③? 赤也为之小,孰能为之大④!"

【译文】

子路、曾皙、冉有、公西华陪孔子而坐。

孔子说:"我比你们年长一些,不要因为我虚长几岁,你们就拘谨不说话了。你们平时总抱怨说:'没人了解我'。如果现在有人想了解你,你的理想是什么呢?"

子路不假思索地说:"如果有一个一千辆兵车的国家,夹在大国之间。外有大国虎视眈眈,内有连年饥荒。让我去治理,三年以后,老百姓不仅有勇武之风,而且彬彬有礼。"孔子微微一笑。

孔子说:"求,你的理想是什么?"冉求回答说:"一个方圆六七十里,或者五六十见方的国家,让我去治理,三年以后,可以让过上百姓丰衣足食的日子。至于推行礼乐教化,只能等贤人君子来做。"

孔子说:"赤,你的理想又是什么呢?"公西华说:"我不敢说自己能做什么,只能说愿意学习罢了。宗庙祭祀或者诸侯会盟,我愿穿着礼服,戴着礼帽,做一个小司仪。"

孔子说:"点,谈谈你的理想吧?"曾皙放慢鼓瑟的节奏,铿然一声,舍瑟而起:"我的想法和他们三人不同。"

孔子说:"这有什么妨碍呢? 也只是各言其志而已。"曾皙说:"暮春时节,穿上春装,约上五六个成年朋友和六七个童子,结伴来到沂水,以水洁身。登上舞雩台,沐浴春天的气息,一路唱着歌往回走。"孔子长叹一声说:"我赞同曾点啊!"

子路三人出去了,曾皙留在后面。曾皙问:"他们三人的志向如何?"孔子说:"也不过是各言其志而已。"曾皙说:"您为什么要嘲笑子路

---

① 定州竹简本无"如五六十"四字。
② 定州竹简本"邦"作"国"。
③ 皇侃本、正平本作"宗庙之事如会同,非诸侯如之何"。
④ 皇侃本"小"、"大"下皆有"相"字,正平本"大"下有"相"。

呢?"孔子说:"应该依礼治国,他说的那些话一点也不懂谦让,所以我笑了笑。"曾皙说:"冉求所言,不正是治国的道理吗?"孔子说:"六七十里见方,或者五六十里见方的地方,为何不可以是一个国家呢?"曾皙又问:"那么公西华所言,也是治国理政的道理呀!"孔子说:"宗庙祭祀、国与国会盟,这不是国家大事又是什么呢? 如果像赤这样的人只能做小相,又有谁能做大相呢?"

卷十二　颜渊第十二 凡二十四章

12.1　颜渊问仁①。子曰:"克己复礼②,为仁。一日克己复礼,天下归仁③焉。为仁由己④,而由人乎哉?"

颜渊曰:"请问其目⑤?"子曰:"非礼勿视,非礼勿听,非礼勿言,非礼勿动⑥。"

颜渊曰:"回虽不敏⑦,请事⑧斯语矣!"

【译文】

颜渊问仁。孔子说:"约束自己言行,战胜自己的私欲,一言一行都合乎礼的规范,就是对仁德的践行。如果有一天普天下的人都能做到克己复礼,全世界的人都归心于仁。践行仁德全靠自己,难道还能倚靠别人吗?"

颜渊又问:"请问践行仁德的纲目有哪些?"孔子说:"不合礼的现象

---

① 问仁:《论语》记载颜回三次"问仁",孔子的回答都不一样。孔子不是从逻辑性意义上对"仁是什么"作出界定,而是从工夫论层面解答"如何行仁"。

② 克己复礼:克,战胜;一说克制、约束;己,私欲;复,践行。朱子《集注》引程颐语:"非礼处便是私意。既是私意,如何得仁? 须是克尽己私,皆归于礼,方始是仁。"朱熹认同程子之论,又云:"克,胜也。己,谓身之私欲也。复,反也。礼者,天理之节文也。"《左传•昭公十二年》记孔子语:"古也有志:'克己复礼,仁也。'信善哉。"由此可知,"克己复礼"一词并非孔子的发明,但孔子赋予了全新的含义。

③ 天下归仁:普天下的人都归心于仁。归,赞许、归心。马融说:"一日犹见归,况终身乎?"朱子《集注》云:"归犹与也。"

④ 为仁由己:践行仁德在于自己。孔安国说:"行善在己不在人也。"

⑤ 目:条目、细则。

⑥ 非礼勿视,非礼勿听,非礼勿言,非礼勿动:《春秋繁露•天道施》云:"夫礼,体情而防乱者。民之情不能制其欲,使之度。目视正色,耳听正声,口食正味,身行正道,非夺之情,所以安其情也。变谓之情,虽持异物,性亦然者,故曰内也。变变之,谓之外,故虽以情,然不为性,故曰外物之动性,若神之不守也。"

⑦ 不敏:不聪敏。

⑧ 事:践行、奉行。王肃说:"敬事此语,必行之。"

不要看，不合礼的话不要听，不合礼的话不要说，不合礼的事不要做。"

　　颜渊说："我虽然生性迟钝，但愿意终生奉行您的教诲。"

　　12.2　仲弓问仁。子曰："出门如见大宾，使民如承大祭①。己所不欲，勿施于人②。在邦无怨，在家无怨③。"仲弓曰："雍虽不敏，请事斯语矣！"

【译文】

　　仲弓问仁。孔子说："出外待人接物，像迎见国宾一样恭敬有礼。为官理政，像主持重大祭典一样谨慎小心。己所不欲，勿施于人。在诸侯邦国为官心无怨尤，在卿大夫家族为官也心无怨尤。"仲弓说："我虽然不是才思机敏之人，请允许我践行这些教诲。"

　　12.3　司马牛④问仁。子曰："仁者，其言也讱⑤。"曰："其

---

　　①　出门如见大宾；使民如承大祭：大宾，公侯之宾，泛指国宾。大祭，禘郊等国家重大祭典。《左传·僖公三十三年》："臣闻之：出门如宾，承事如祭，仁之则也。"邢昺《注疏》云："此言为仁之道，莫尚乎敬也。大宾，公侯之宾也。大祭，禘郊之属也。人之出门，失在倨傲，故戒之出门如见公侯之宾。使民失于骄易，故戒之如承奉禘郊之祭。"此句论"敬"，孔安国说："为仁之道，莫尚乎敬也。"
　　②　己所不欲，勿施于人：这句话实际上是谈恕道，前句"出门如见大宾；使民如承大祭"则是表述"敬"。定州竹简本句末有"也"字。皇侃《义疏》："恕己及物，则为仁也。先二事明敬，后一事明恕。恕、敬二事乃为仁也。"孔子于此以"敬"与"恕"释仁，曾子以"忠"、"恕"释仁，孔子思想前后之赓续，于此可窥其大略。《中庸》："忠恕违道不远，施诸己而不愿，亦勿施于人。"
　　③　在邦、在家：刘宝楠《正义》云："在邦谓仕于诸侯之邦，在家谓仕于卿大夫之家也。"仲弓出身于"贱人"之家，以"德行"著称，孔子对"仲弓问仁"的答复完全可用一个"敬"字来概括。夫子之言，影响了仲弓一生。仲弓一生以"敬"待人接物，"居敬而行简，以临其民，不亦可乎？"
　　④　司马牛：姓司马，名耕，字子牛，孔子弟子。
　　⑤　讱(rèn)：忍、难，同"讷"。《说文》："讱，顿也。"朱子《集注》云："讱，忍也，难也。仁者心存而不放，故其言若有所忍而不易发，盖其德之一端也。夫子以牛多言而躁，故告之以此。使其于此而谨之，则所以为仁之方，不外是矣。"敦伯 2620号写本作"认"，下同。定州竹简本句末有"也"字。

言也讱,斯谓之仁已乎①?"子曰:"为之难,言之得无讱乎②?"

【译文】

司马牛问仁。孔子说:"有仁德的人出言谨慎迟缓。"司马牛疑惑地问:"说话谨慎迟缓,就可以成为仁者吗?"孔子说:"践行仁德不易,出言能不慎重有度吗?"

12.4　司马牛问君子③。子曰:"君子不忧不惧。"曰:"不忧不惧,斯谓之君子已乎④?"子曰:"内省不疚⑤,夫何忧何惧?"

【译文】

司马牛问什么是君子。孔子说:"君子无忧愁,无畏惧。"司马牛又问:"无忧愁、无胆怯,做到这些就可以成为君子吗?"孔子说:"内心经常自我反省,从无愧疚留存于心。既然如此,还有什么可忧愁与畏惧的呢?"

12.5　司马牛忧曰:"人皆有兄弟,我独亡⑥!"子夏曰:"商闻之矣:'死生有命,富贵在天⑦。君子敬而无失,与人恭而有

---

① 皇侃本、正平本作"斯可谓之仁已矣乎"。

② 司马牛性格"多言而躁",所以孔子答以"仁者其言也讱。"面对夫子之答,司马牛有些困惑不解,难道在日常生活中"其言也讱",就达到仁德境界了吗?殊不知孔子是根据问者"高下大小之不同"(朱子《集注》),有针对性地"去其病"(朱子《集注》)。

③ 君子:桓宽《盐铁论·地广》篇说:"古之君子,守道以立名,修身以俟时,不为穷变节,不为贱易志,惟仁之处,惟义之行。临财苟得,见利反义,不义而富,无名而贵,仁者不为也。"

④ 皇侃本、正平本作"斯可谓君子已乎",敦伯 2620 号写本无"已"字。

⑤ 内省不疚:自我反省,没有愧疚于心。包咸说:"内省无罪恶,无可忧惧也。"

⑥ 亡:同"无",没有。

⑦ 死生有命,富贵在天:朱子《集注》:"命禀于有生之初,非今所能移;天莫之为而为,非我所能必,但当顺受而已。"

礼。四海之内，皆兄弟也①。'②君子何患乎无兄弟也③?"

【译文】

司马牛忧愁地说:"人们都有自己的兄弟,唯独我没有!"子夏安慰他说:"我听说:'死生有命,富贵在天。君子时时以敬待人接物,认真谨慎没有过失;对人彬彬有礼。那么四海之内,普天下的人都是兄弟。'君子何必担心没有兄弟呢?"

12.6 子张问明④。子曰:"浸润之谮⑤,肤受之愬⑥,不行焉,可谓明也已矣。浸润之谮,肤受之愬,不行焉,可谓远⑦也已矣⑧。"

【译文】

子张问什么是英明。孔子说:"像水一样慢慢浸润皮肤(不易察觉)的背后中伤,以及像切肤之痛一样当面直接的诽谤,都不能动摇你的心

---

① 四海之内,皆兄弟也:包咸说:"君子疏恶而友贤,九州之人皆可以礼亲也。"皇侃本、正平本、敦伯 2620 号、伯 3402 号写本"皆"下有"为"字。
② 这句或是子夏引用孔子之语。《孟子·万章上》篇说:孔子"于卫主颜雠由。弥子之妻与子路之妻,兄弟也。弥子谓子路曰:'孔子主我,卫卿可得也。'子路以告。孔子曰:'有命。'孔子进以礼,退以义,得之不得曰'有命'。而主痈疽与侍人瘠环,是无义无命也。孔子不悦于鲁、卫。遭宋桓司马将要而杀之,微服而过宋。是时孔子当阨,主司城贞子,为陈侯周臣。吾闻观近臣,以其所为主;观远臣,以其所主。"
③ 皇侃本句末无"也"字。
④ 明:英明。
⑤ 谮(zèn):谗言。浸润之谮,像水浸润物品一样慢慢渗透、不易察觉的背后中伤、诬陷。宋闽刊本作"譛(jiàn)"。郑玄说:"谮人之言,如水之浸润以渐成人之祸也。"
⑥ 愬(sù):诽谤、诬陷。像感受到切肤之痛的诽谤、诬陷。马融说:"肤受之愬,皮肤外语,非其内实也。"
⑦ 远:境界高远。马融说:"无此二者,非但为明,其德行高远,人莫能及之也。"
⑧ 敦伯第 2620 号写本作"可谓远矣"。

170

志,可以称之为明。像水一样慢慢浸润皮肤(不易察觉)的背后中伤,以及像切肤之痛一样当面直接的诽谤,在你面前都行不通,就可以说境界高远了。"

12.7　子贡问政。子曰:"足食①,足兵②,民信之矣③。"

子贡曰:"必不得已而去,于斯三者何先④?"曰:"去兵。"

子贡⑤曰:"必不得已而去,于斯二者何先?"曰:"去食。自古皆有死,民无⑥信不立⑦。"

【译文】

子贡问如何治国理政。孔子说:"粮食充足,军备充足,政府有公信力。"

---

①　足食:粮食充足。《尚书·周书·洪范》篇说:"八政:一曰食。"

②　兵:兵力。孔子担任大司寇期间,曾经陪同鲁定公前往夹谷,参加与齐国国君的会盟。孔子向鲁定公进谏:"臣闻有文事者必有武备,有武事者必有文备。古者诸侯出疆,必具官以从。请具左右司马。"

③　民信之:政府有公信力。皇侃本"民"上有"令"字,正平本"民"上有"使"字。孔子对政治伦理的思考非常深刻,《春秋》评论"梁亡",仅仅用了"梁亡"两个字表述。但《春秋》笔法隐含的微言大义,却引发人们无尽的思考。《左传》评论说:"梁亡,不书其主,自取之也。"《公羊传》认为,"此未有伐者,其言梁亡何? 自亡也。其自亡奈何? 鱼烂而亡也。"《穀梁传》认为,"自亡也,湎于酒,淫于色,心昏耳目塞,上无正长之治,大臣背叛,民为寇盗,梁亡,自亡也。"梁国国君大兴土木、征发徭役,民众不堪其命,挈妇携子纷纷逃离梁国,梁国几成空城,国君成为孤家寡人。《左传》、《公羊传》和《穀梁传》虽然评价不一,但都指出属于"自亡"、"自取"。"自亡"就是在没有他国入侵情况下,由于内部原因,导致国家灭亡。《公羊传》特意用了"鱼烂而亡"四字来评述。鱼烂是由内因引发,由内而外蔓延。"梁亡"是由于统治者背仁弃义,公信力丧失,民心溃散,国君成为"枉上"、"枉君"。民众选择逃离,在古代社会是一种行之有效的表达自己权利意识的方式。康有为评论说:"止爱其身,无臣民之用,故为独夫。虽在位,而如无位;虽未亡,而以为亡矣。"

④　何先:先裁掉哪一项。

⑤　皇侃本、正平本、敦伯 2620 号、伯 2687 号、斯 3011 号写本无"子贡"二字。

⑥　皇侃本、正平本"无"作"不"。

⑦　民无信不立:在古代政治家看来,信义是最重要的政治伦理,"赏莫大于信义"。《逸周书》作者在《文政》和《常训》提出统治者应遵循的"九德":忠、信、敬、刚、柔、和、固、贞、顺。

子贡又问："如果迫不得已必须裁掉其中一项，那么先裁掉这三项中的哪一项？"孔子说："裁掉军备。"

子贡又说："如果迫不得已，还必须去掉一项，那么裁掉两项中的哪一项呢？"孔子说："裁掉粮食这一项。自古以来，有生必有死。如果政府已失去人民的信任，那么就丧失了立国之本。"

12.8 棘子成①曰："君子质而已矣，何以文为②？"子贡曰："惜乎，夫子之说君子也。驷不及舌③！文犹质也，质犹文也④，虎豹之鞟⑤犹犬羊之鞟⑥。"

【译文】

棘子成说："君子只保留先天淳朴的本性就可以了，何必增添后天的文采呢？"子贡说："可惜啊，你竟然这样谈论君子。一言既出，驷马难追。后天的文化和德行修为对于先天的纯朴本性而言，彼此都很重要。虎豹皮上的花纹和犬羊皮上的花纹相差甚远。如果把虎豹身上的毛都拔掉，那就与犬羊的皮没有什么两样了。"

12.9 哀公问于有若⑦曰："年饥，用不足，如之何？"有若

---

① 棘(jí)子成：卫国大夫，皇侃本、正平本作"棘子城"。下文之"夫子"即棘子成，古代大夫被尊称为夫子。

② 质：个人先天的禀赋，即荀子所言"本始材朴"。文：后天文化教育与德行修为。正平本句末有"矣"字。

③ 驷不及舌：即"一言既出，驷马难追"。驷，古时一辆车配备四匹马。郑玄说："过言一出，驷马追之，不及舌也。"

④ 文犹质也，质犹文也：文对于质犹如质对于文一样重要，彼此实不可分。董仲舒明确指出孔子所言"质"为仁，"文"为礼。朱子《集注》："言文质等耳，不可相无。若必尽去其文而独存其质，则君子小人无以辨矣。"

⑤ 鞟(kuò)：去掉毛的皮，皇侃本、正平本、敦伯2620号、伯2664号、伯2687号、伯3192号写作"鞹"。

⑥ 皇侃本、正平本句末有"也"字。

⑦ 哀公问于有若：此章对话或发生于孔子逝世之后。

对曰:"盍①彻②乎!"曰:"二,吾犹不足,如③之何其彻也?"对曰:"百姓④足,君孰不足? 百姓不足,君孰与足?"

【译文】

鲁哀公问有若:"年成不好,国家财用不足,该怎么办呢?"有若回答说:"为什么不实行彻法,只抽取十分之一的田税呢?"哀公又说:"目前收十分之二的税,我还不够用呢,怎么能推行十取一的税制呢?"有若答道:"百姓财用充足,国君怎么会不充足? 百姓衣食不足,国君的财用又怎么能充足?"

12.10　子张问崇德⑤、辨惑⑥。子曰:"主忠信,徙义⑦,崇德也。爱之欲其生,恶之欲其死⑧。既欲其生⑨又欲其死,是

①　盍(hé):何不。
②　彻:按照西周的田税制度,税率为收成的十分之一。《孟子·滕文公上》篇说:"夏后氏五十而贡,殷人七十而助,周人百亩而彻,其实皆什一也。彻者,彻也;助者,藉也。"朱子《集注》曰:"彻,通也,均也。周制:一夫受田百亩,而与同沟共井之人通力合作,计亩均收。大率民得其九,公取其一,故谓之彻。鲁自宣公税亩,又逐亩什取其一,则为什而取二矣。故有若请但专行彻法,欲公节用以厚民也。"
③　定州竹简本作"若"。
④　百姓:此处"百姓"一词含义,可以与《说苑·政理》结合分析。《说苑·政理》说:"鲁哀公问政于孔子。孔子对曰:'政在使民富且寿。'哀公曰:'何谓也?'孔子曰:'薄赋敛则民富,无事则远罪,远罪则民寿。'公曰:'若是则寡人贫矣。'孔子曰:'《诗》云:"恺悌君子,民之父母",未见其子富而父母贫者也。'"《孔子家语·贤君》有类似记载。
⑤　崇德:提高道德修养。崇,崇尚、提升。
⑥　辨惑:辨明情感困惑。
⑦　徙义:因循义而行。徙,迁徙,引申从、因循。包咸曰:"徙义,见义则徙意从之也。"俞樾《群经平议》云:"至包氏以'徙义'为徙意从之,其说迂曲,殆非也。'徙'当为'从'。《述而篇》'闻义不能徙',阮氏《校勘记》曰:'高丽本作从'。是其证矣。"
⑧　皇侃本、正平本"生"、"死"下皆有"也"字。
⑨　皇侃本"生"下有"也"字。

惑也^①！'诚不以富,亦祇以异。'^②"

【译文】

　　子张请教如何提升道德修养境界以及如何不为情感所困惑。孔子说:"以忠诚守信为主心骨。凡事因循义而行,就可以提升道德修养了。对同一个人,爱他的时候希望他长生不老,厌恶他的时候又希望他立即死;一会儿祈求他长命百岁,一会儿又盼望他立即死亡。这就是情感的困惑。《诗》说:'他抛弃我不是因为财富,而是因为他别有所爱而已。'"

　　12.11　齐景公^③问政于孔子。孔子对曰:"君君,臣臣,父父,子子^④。"公曰:"善哉! 信如君不君,臣不臣,父不父,子不子,虽有粟,吾得而食诸^⑤?"

【译文】

　　齐景公向孔子询问治国之道。孔子回答说:"君主要服膺为君之道,臣子要服膺为臣之道,父亲要服膺为父之道,儿子要服膺为子之道。"景公说:"说得真好啊! 假如君主不像君主,臣子不像臣子,父亲不

---

　　①　包咸说:"爱恶当有常。一欲生之,一欲死之,是心惑也。"正平本无"也"字。
　　②　诚不以富,亦祇以异:出自《诗经·小雅·我行其野》。程子认为是错简:"此错简,当在第十六篇齐景公有马千驷之上。因此下文亦有齐景公字而误也。"。皇侃本、唐石经本"祇"作"祇"。
　　③　齐景公:齐国国君,名杵臼,公元前547年—490年在位。鲁昭公二十五年(公元前517年),鲁昭公因内乱而出奔齐国,同年孔子也陪同国君至齐。此段对话应发生于这一时期。
　　④　君君,臣臣,父父,子子:皇侃《义疏》:"孔子随其政恶而言之也。言为风政之法,当使君行君德,故云'君君'也。君德谓慧也。臣当行臣礼,故云'臣臣'也。臣礼谓忠也。父为父法,故云'父父'也。父法谓慈也。子为子道,故云'子子'也。子道谓孝也。"
　　⑤　朱子《集注》:"景公善孔子之言而不能用,其后果以继嗣不定,启陈氏弑君篡国之祸"。皇本、正平本、敦伯2687号、伯3192号、3441号、2548号写本、释文"吾"下有"岂"字,敦伯2620号、伯2664号、伯3402号、伯3606号写本"吾"下有"焉"字。

像父亲,儿子不像儿子,即使粮食满仓,我能吃得着吗?"

12.12 子曰:"片言①可以折狱②者,其由也与③!"子路无宿诺④。

【译文】

孔子说:"凭着一方的证词就可以决然断案的,大概只有仲由可以做到!"子路凡有承诺,从不拖延。

12.13 子曰:"听讼⑤,吾犹人也。必也使无讼乎⑥!"

【译文】

孔子说:"审理诉讼案件,我和别人差不多。(我一生期望的理想社会是)通过道德教化使天下再无诉讼案件。"

---

① 片言:又叫"单辞",诉讼双方中一方的证词。朱子《集注》:"片言,半言。折,断也。子路忠信明决,故言出而人信服之,不待其辞之毕也。"狄生徂徕《论语徵》认为"'片言可以折狱',盖古语也,孔子诵以美子路。片言者,听讼者之片言也,朱注得之。古注:'谓不具两造,'岂有听讼而不待两造者乎?可谓缪矣。"子路为人诚实刚毅,不待诉讼双方申述完毕,是非善恶已了然于心。

② 折狱:断案。《释文》曰:"《鲁》读'折'为'制',今从《古》。"

③ 其由也与:子路为人忠信坦诚,在民众中威信极高,所以仅凭三言两语便可断案,孔安国云:"片,犹偏也。听讼必须两辞以定是非,偏信一言以折狱者,唯子路可。"邢昺《注疏》曰:"故知听讼必须两辞方定是非。偏信一言,则是非难决。唯子路才性明辨,能听偏言决断狱讼,故云'唯子路可'。"

④ 宿诺:拖延的承诺。两种理解,第一种,宿犹预,宿诺指预先的承诺,何晏释"宿"为"豫",预先的诺言,何晏《集解》云:"宿,犹豫也。子路笃信恐临时多故,故不豫诺也。"何晏此说恐有误。朱熹释"宿"为"留",宿诺指拖延不履行的承诺,朱子《集注》云:"宿,留也,犹宿怨之宿。急于践言,不留其诺也。记者因夫子之言而记此,以见子路之所以取信于人者,由其养之有素也。"

⑤ 听讼:审理诉讼案件。

⑥ 必也使无讼乎:通过道德教化减少诉讼案件。王弼云:"使无讼,化在前。"皇侃云:"言我所以异于人者,当讼未起,而化之使不讼耳。"

12.14　子张问政。子曰:"居之无倦①,行之以忠。"

【译文】

子张问如何从政。孔子说:"身居官位不要懒惰懈怠,执行政令应忠心耿耿。"

12.15　子曰:"博学于文,约之以礼,亦可以弗畔矣夫。"②

【译文】

孔子说:"君子应广泛学习文献,用礼约束自己言行,这样就不会背离仁义之道。"

12.16　子曰:"君子成人之美③,不成人之恶。小人反是。"

【译文】

孔子说:"君子成全他人实现美好愿望,不助长他人做恶事。小人却与此相反。"

12.17　季康子问政于孔子。孔子对曰:"政者,正④也。

---

①　无倦:定州竹简本"无倦"作"勿卷"。王肃说:"言为政之道,居之于身,无得懈倦;行之于民,必以忠信之也夫。"荻生徂徕批评王肃之论"似小失矣"。并且说"居者,如'居仁'之居。身居于政也,谓视政如其家事也。是以心言之,忠者尽己之心。委曲详悉,是以事言之。"

②　此章重出,又见卷六章二七。皇本、正平本"博学"上有"君子"二字。

③　成人之美:《大戴礼记·曾子立事》:"君子己善,亦乐人之善也;己能,亦乐人之能也;己虽不能,亦不以援人。君子好人之为善,而弗趣也;恶人之为不善,而弗疾也。"

④　正:正直、公正。政与正,古通假。

子帅①以②正，孰敢不正？"

【译文】

季康子向孔子询问为政之道。孔子回答说："政的意思是端正。您率先垂范走正路，谁还敢不走正路呢？"

12.18　季康子患盗，问于孔子。孔子对曰："苟子之不欲③，虽赏之不窃④。"

【译文】

季康子因为盗贼太多而忧心忡忡，向孔子询问解决办法。孔子回答说："如果您自己不贪图财货，即使奖励偷盗，也不会有人去偷盗的。"

12.19　季康子问政于孔子曰："如杀无道以就⑤有道，何如？"孔子对曰："子为政，焉用杀？子欲善，而民善矣。君子之德风；小人之德草⑥。草上⑦之风，必偃⑧。"

---

①　帅：表率、率先。皇侃《义疏》："帅，犹先也。"
②　皇本、正平本、敦伯 2620 号、伯 2687 号、伯 3402 号、伯 3441 号、伯 3606 号写本"以"皆作"而"。
③　苟子之不欲：皇本、正平本无"之"字。
④　虽赏之不窃：《荀子·正论》："天下有道，盗其先变乎。"邢昺《注疏》云："孔子言民化于上，不从其令，从其所好。苟，诚也。诚如子之不贪欲，则民亦不窃盗。非特不为，假令赏之，民亦知耻而不窃也。今多盗贼者，正由子之贪欲故耳。"
⑤　就：成就，成全。孔安国说："就，成也。欲多杀以止奸也。"
⑥　皇本、正平本、敦伯 2402 号、伯 2620 号、伯 3441 号写本"风"、"草"下俱有"也"字。
⑦　上：皇本、正平本、敦伯 2687 号写本"尚"。草上之风，即风加在草上。
⑧　偃（yàn）：倒伏。伊藤仁斋《论语古义》："康子盖欲杀恶人以成善人，而不知成善人，则恶人自化。"

【译文】

季康子向孔子询问为政之道，说："如果杀掉恶人，来成就善人，怎么样？"孔子回答说："您执政治国，为什么要用杀戮的手段呢？您如果走正道，平民百姓自然就会择善而从。统治者的品德好比是风，民众的品德好比是草。风往哪边吹，草就往哪边倒伏。"

12.20　子张问："士何如斯可谓之达①矣②？"子曰："何哉，尔所谓达者③！"子张对曰："在邦必闻④，在家必闻。"子曰："是闻也，非达也。夫达也⑤者，质直而好义⑥，察言而观色，虑以下人⑦。在邦必达，在家必达。夫闻也者，色取仁而行违⑧，居之不疑⑨。在邦必闻，在家必闻。"

【译文】

子张问："士人要怎么做才可以称作贤达？"孔子说："你所说的'达'是什么意思？"子张回答说："在诸侯邦国任职有名声，在卿大夫家中任职也有名声。"孔子说："你所说的是出名，不是贤达。所谓贤达，本质正直而崇尚仁义。察人之言，观人之色。时常想着先人后己，谦恭待人。

① 达：贤达、通达、显达。
② 定州竹简本无"可"字，正平本"矣"作也"字。
③ 正平本句末有"矣"字，敦伯 2620 号、伯 3402 号、日本书道博物馆藏敦煌写郑本作"尔所谓之达矣"。
④ 闻：名声、名望。伊藤仁斋《论语古义》："夫闻达之辨明，而后学者之志定矣。闻者虚于中而声于外，不务于实而务于名；达者足于此而通于彼，自修于中而不求人知，乃诚伪之所在，而君子小人之所以分也。凡后世所谓达者，皆闻也而非达也，学者宜审择焉。"
⑤ 皇本、正平本、敦伯 3193 号写本无"也"字，下文"夫闻也者"同。
⑥ 质直而好义：品质耿直而崇尚仁义。
⑦ 下人：甘居人下，谦恭待人。虑以下人，总想着如何谦恭处事。
⑧ 色取仁而行违：表面上爱好仁德，实际言行却恰恰相反。
⑨ 居之不疑：安于虚伪奸诈，而毫无悔改之心。马融说："此言佞人也。佞人假仁者之色，行之则达。安其其伪，而不自疑者也。"

这样的君子在诸侯邦国任职必定显达，在卿大夫家中任职也一定会显达。你所谓的'闻'，表面上爱好仁义，但实际行为却背离正道。甘于虚伪，并且自我粉饰。这种人在诸侯邦国任职一定是徒有其名，在卿大夫家中任职也一定是徒有其名。"

12.21　樊迟从游于舞雩①之下，曰："敢问崇德、修慝②、辨惑③？"子曰："善哉问！先事后得④，非崇德与？攻⑤其⑥恶，无⑦攻人之恶，非修慝与？一朝之忿⑧，忘其身以及⑨其亲，非惑与？"

【译文】

樊迟陪伴孔子在舞雩台下散步，对夫子说："请问如何提高道德修养、清除邪念、辨清疑惑？"孔子说："问得好。先勤勉做事，后考虑所得，这不就是提升道德修养吗？攻治自己的恶念，不一味责备别人的过失，这不就是清除邪念吗？因为一时的愤恨，忘记自身安危，甚至连累亲人，这不就是迷惑吗？"

---

① 舞雩：求雨的高台。
② 慝(tè)：恶，邪念。修，治。修慝，指纠正、清除邪念。崇德、修慝、辨惑，或许都是雩祭的祷告之词。
③ 辨惑：辨明迷惑。
④ 先事后得：孔安国曰："先劳于事，然后得报也。"
⑤ 攻：指责。《大戴礼记·曾子立事》："君子攻其恶，求其过，强其所不能，去私欲，从事于义，可谓学矣。"
⑥ 其：指自己。
⑦ 皇本、正平本"无"作"毋"。
⑧ 忿(fèn)：愤恨、愤怒。
⑨ 及：累及。

12.22　樊迟问仁。子曰："爱人①。"问知②。子曰："知人。"

樊迟未达。子曰："举直错诸枉③,能使枉者直。"

樊迟退,见子夏曰："乡④也,吾见于夫子而问知,子曰:'举直错诸枉,能使枉者直。'何谓也?"子夏曰："富哉言乎⑤!舜有天下,选于众⑥,举皋陶⑦,不仁者远⑧矣。汤⑨有天下,选于众,举伊尹⑩,不仁者远矣。"

【译文】

樊迟问仁是什么?孔子回答说:"爱人。"樊迟又问什么是智?孔子回答说:"知人。"

---

①　爱人:这是孔子从工夫论视域诠释"仁",《大戴礼记·主言》所记孔子语录正好印证《论语》所载:"孔子曰:'是故仁者莫大于爱人。'"战国楚简《语丛二》进而有"爱生于性"之类表述。孔子以爱释仁,也就是以情感诠释仁本体,将爱这一情感作为仁本体展开的起始,恰如朱子所论"爱人,仁之施。"以爱释仁,以情感作为仁体出发点,孔子这一思想被历代大儒所昭承,并且成为儒家道统核心思想之一。战国楚简《语丛三》云:"爱,仁也",孟子说:"仁者爱人"。荀子说:"仁,爱也"。董仲舒:"故仁者所以爱人类也。"《说苑·谈丛》说:"仁之所在,天下爱之。"韩愈"博爱之谓仁"。荻生徂徕《论语徵》则认为"后儒泥孟子,而以恻隐视仁,以是非视知,动求诸心,故言爱而不及安之,言知而不及用之。爱不能成其爱,知不能成其知,以贻有体无用之诮者,乃坐溺乎流而昧乎源,是以不识古言,失于孔子之心也,学者察诸。"

②　知:皇本、敦伯 2620 号、伯 3402 号写本"知"作"智",下文"吾见于夫子而问知"同。《论语》一书"智"与"知"尚未细分,"智"皆写作"知"。"知"字凡见 116 次,与"智"同义之"智"共出现 25 次。《论语》"知"字有三种用法:其一用作名词,如"吾有知乎哉? 无知也。";其二用作动词,如"人不知而不愠";其三同"智",如"宁武子,邦有道,则知;邦无道,则愚。其知可及也,其愚不可及也。"

③　举直错诸枉:举,荐举、提拔。错,同"措",安置。包咸说:"举正直之人用之,废置邪枉之人,则皆化为直也。"

④　乡(xiàng):同"向",刚才,皇本、正平本、敦伯 2620 号、伯 3402 号写本即作"向"。

⑤　富哉言乎:孔安国说:"富,盛也。"皇本、正平本"言"上有"是"字。

⑥　正平本无"于"字。

⑦　皋(gāo)陶(yáo):舜帝时期贤臣。

⑧　远:远离。

⑨　汤:商朝的第一代君王。

⑩　伊尹(yǐn):商汤时期的贤臣,曾经辅佐商汤灭夏。名伊,尹为官职名。

樊迟还是有些不明白,孔子接着说:"选拔正直的人,舍弃邪佞之人,就能使邪佞之人变得正直。"

樊迟退出,见到子夏,便说:"刚才我见到夫子,问他什么是智? 夫子说:'选拔正直的人,舍弃邪佞之人,就能使邪佞之人变得正直。'这是什么意思呢?"子夏说:"夫子之答,言简意赅。远古之时,舜拥有了天下,在茫茫人海选拔人才,把皋陶提拔上来,不仁之徒就远遁了。商汤一旦拥有天下,在众人中选拔人才,把伊尹提拔上来,不仁之徒就远离了。"

12.23　子贡问友。子曰:"忠告而善道之,不可则止①,无自辱焉②。"

【译文】

子贡问交友之道。孔子说:"(朋友如果有过错),要忠心劝告并且恰当地引导,如果他不愿听从,就适可而止,不要自取其辱。"

12.24　曾子曰:"君子以文会友③,以友辅仁④。"

【译文】

曾子说:"君子以文章学问结交朋友,通过朋友间的相互切磋与激励来辅助仁德提升。"

---

①　忠告而善道之,不可则止:道,通"导",开导。皇本、正平本作"忠告而以善导之,否则止",敦伯 2620 号、伯 3402 号、伯 3441 号、日本书道博物馆藏敦煌写郑本作"忠告以善导否则止"。

②　无自辱焉:朱子《集注》:"友所以辅仁,故尽其心以告之,善其说以道之。然以义合者也,故不可则止。若以数而见疏,则自辱焉。"皇本、唐石经"无"作"毋"。

③　以文会友:皇侃《义疏》:"言朋友相会,以文德为本也。"

④　以友辅仁:孔安国说:"友有相切磋之道,所以辅成己之仁也。"《颜渊》篇以颜渊问仁开始,由曾子之语结束,可谓意味深长。

卷十三　子路第十三　<small>凡三十章</small>

13.1　子路问政①。子曰："先之劳之②。"请益③。曰："无④倦。"

【译文】

子路请问为政之道。孔子说："以身作则，凡事先做平民百姓的表率，并为民众辛勤操劳。"子路请求再多讲一些。孔子说："不要懈怠。"

13.2　仲弓为季氏宰⑤，问政。子曰："先有司⑥，赦小过⑦，举贤才。"

曰："焉知贤才⑧而举之?"曰："举尔⑨所知。尔所不知，人其舍诸⑩!"

---

①　定州竹简本"政"作"正"，下文"问政"皆同。
②　先之劳之：之，百姓、民众。孔安国说："先导之以德，使民信之，然后劳之。《易》曰：'说以使民，民忘其劳也。'"俞樾《群经平议》对孔安国之论有所评论："'先之劳之'谓先民而任其劳也。天子亲耕，后亲蚕之类皆其事矣。孔谓：先导之以德，然后劳之，似于文义未合。下文子路请益，而告以无倦，盖先任其劳则易倦，故戒之也。"
③　益：增加。
④　无：通"毋"，《释文》即作"毋"。
⑤　季氏宰：季氏的家宰。
⑥　先有司：王肃曰："言为政当先任有司，而后责其事。"
⑦　赦小过：《大戴礼记·子张问入官》："民有小罪，必以其善以赦其过，如死使之生，其善也。是以上下亲而不离。"
⑧　定州竹简本"才"作"财"。
⑨　定州竹简本"尔"作"璺"。
⑩　舍：舍弃、放弃。诸：之乎。

【译文】

仲弓做了季氏的家宰,向孔子请教为政之道。孔子说:"给属下的官吏率先示范,赦免属下一些小的过错,选拔贤能之人。"

仲弓又问:"如何知道谁是贤能的人而去举荐他呢?"孔子说:"举荐你所知道的贤才。至于你所不知道的贤能之人,难道人们会忍心遗弃他们吗?"

13.3　子路曰:"卫君①待子而为政,子将奚②先?"子曰:"必也正名③乎!"

子路曰:"有是哉? 子之迂④也! 奚其正⑤?"子曰:"野哉,由也! 君子于其所不知,盖阙⑥如也。名不正则言不顺,言不顺则事不成,事不成则礼乐不兴,礼乐不兴则刑罚不中⑦,刑罚不中则民无所措手足⑧。故君子名之必可言也,言之必可行也。君子于其言,无所苟⑨而已矣!"

---

①　卫君:指卫出公辄,是卫灵公的孙子,太子蒯聩之子。蒯聩得罪南子,被卫灵公驱逐出卫国,逃亡晋国。卫灵公去世后,辄继位为国君。晋国赵简子打着将蒯聩送回卫国的旗号,借机攻打卫国。卫国举兵反抗,同时将蒯聩拒于国门之外。卫出公请求孔子前来卫国主政,故子路有此问。

②　奚:什么。

③　正名:辩正名分,以名正实。朱子《集注》云:"是时出公不父其父而称其祖,名实紊矣,故孔子以正名为先。谢氏曰'正名虽为卫君而言,然为政之道,皆当以此为先。'"

④　迂:迂腐、迂阔,不切实际,戴氏本作"于"。

⑤　定州竹简本作"何其正"。

⑥　阙:同"缺",存疑不论。

⑦　中(zhòng):得当、恰当。

⑧　刑罚不中则民无所措手足:诸唐写本、唐石经、戴氏本"措"作"错"。这句话表达了孔子正名的原因,邢昺《注疏》云:"此孔子更陈正名之理也。夫事以顺成,名由言举。名若不正则言不顺序,言不顺序则政事不成。政事不成则君不安于上,风不移于下,是礼乐不兴行也。礼乐不行则有淫刑滥罚,故不中也。刑罚枉滥,民则蹐地局天,动罹刑网,故无所错其手足也。"

⑨　苟:苟且、马虎。

【译文】

子路问孔子："卫国国君如果请您主政,您打算从什么方面入手呢?"孔子说："那一定是正名。"

子路说："有这么做的吗? 您真是迂腐啊! 为什么一定要先辨正名分呢?"孔子说："太粗野鲁莽了,仲由! 君子对于他所不知道的事情,就持存疑不论的态度。如果名不正,说话就不能顺理成章;言语不能顺理成章,事情就办不成;事情办不成,礼乐就不能兴起;礼乐不兴起,法就无法运用得当。法不得当,民众就会手足无措。因此,君子确立一个名分,一定可以言之成理,言之成理就一定能行得通。君子对自己言论,一点也不能含糊。"

13.4 樊迟请学稼①,子曰:"吾不如老农。"请学为圃②,曰③:"吾不如老圃④。"

樊迟出,子曰:"小人⑤哉,樊须也! 上好礼则民莫敢不敬⑥,上好义则民莫敢不服,上好信则民莫敢不用情⑦。夫如是,则四方之民襁⑧负其子而至矣,焉用稼!"

---

① 稼:种植五谷。马融说:"树五谷曰稼"。
② 圃:种植蔬菜。马融说:"树菜蔬曰圃"。
③ 皇本、正平本"曰"上有"子"字。
④ 皇本句首无"吾"字。
⑤ 小人:庶人。可结合《论语·里仁》"君子怀德,小人怀土;君子怀刑,小人怀惠"所述综合理解。《荀子·劝学》云:"君子之学也,入乎耳,著乎心,布乎四体,形乎动静。端而言,蝡而动,一可以为法则。小人之学也……古之学者为己,今之学者为人。君子之学也,以美其身;小人之学也,以为禽犊。"荀子将"学"分为"君子之学"与"小人之学"。君子之学"著乎心",小人之学则"入乎耳""出乎口"。"以为禽犊"意即以炫耀为能。
⑥ 定州竹简本无"敢"字。
⑦ 情:真心、真诚。用情,以真诚相待。孔安国说:"情,情实也。言民化其上,各以情实应也。"
⑧ 襁(qiǎng):背婴儿用的宽带子。

【译文】

　　樊迟请求学种庄稼,孔子说:"我不如老农。"樊迟又请求学种蔬菜,孔子说:"我不如老菜农。"

　　樊迟退出之后,孔子说:"樊须真是小人见识啊!在上位的人喜好礼仪,百姓没有敢不恭敬的;在上位的人信奉道义,百姓没有敢不服从的;在上位者恪守信用,百姓没有敢不以真心相待的。如果能做到这些,普天下的平民百姓都会背着自己的子女来投奔,哪里还用得着你亲自种庄稼呢!"

　　13.5　子曰:"诵①《诗》三百,授之以政②,不达;使于四方,不能专对③。虽多,亦奚以为④?"

【译文】

　　孔子说:"熟读《诗》三百篇,让他处理政务,却不通晓治国理政的道理;派他出使四方,却不能独立应对。这种人虽然读《诗》熟稔于心,又有什么用呢?"

　　13.6　子曰:"其身正⑤,不令⑥而行;其身不正,虽令不⑦从。"

---

　　①　诵:皇侃《义疏》:"不用文,背文而念曰诵。"
　　②　定州竹简本作"受之政",敦斯 3011 号写本作"授以政"。
　　③　专对:独立应对。朱子《集注》云:"专,独也。《诗》本人情,该物理,可以验风俗之盛衰,见政治之得失。其言温厚和平,长于风谕。故诵之者,必达于政而能言也。"
　　④　正平本句末有"哉"字。为:表疑问的语气词,与"何"、"奚"连用。
　　⑤　身正:自身言行端正。其,指在上位者、统治者。《孟子·离娄上》:"君仁莫不仁,君义莫不义,君正莫不正。一正君而国定矣。"
　　⑥　令:教令。
　　⑦　定州竹简本"不"作"弗"。

【译文】

孔子说:"领导者自身言行端正,即使不发布教令,平民百姓也会跟着行动;领导者自身言行不端正,即使发布教令,平民百姓也不会服从。"

13.7　子曰:"鲁、卫之政,兄弟也①。"

【译文】

孔子说:"鲁国和卫国的政局,真像一对难兄难弟啊!"

13.8　子谓卫公子荆②:"善居室③。始有④,曰:'苟⑤合⑥矣。'少有,曰:'苟完矣。'富有,曰:'苟美矣。'"

【译文】

孔子评论卫国的公子荆说:"他善于居家过日子。刚有点财富,他就说:'差不多够用了。'财帛稍微增多一些,他说:'差不多齐备了。'财物富足的时候,他说:'很完美了。'"

13.9　子适⑦卫,冉有⑧仆⑨。子曰:"庶⑩矣哉!"冉有曰:

---

①　鲁、卫之政,兄弟也:包咸说:"鲁,周公之封。卫,康叔之封也。周公、康叔既为兄弟,康叔睦于周公,其国之政亦如兄弟也。"皇本句末无"也"字,当脱。
②　卫公子荆:卫献公之子,字南楚,卫国大夫,有君子之风。
③　善居屋:善于管理家业。
④　有:有财帛。《老子》三十三章:"知足者富"。
⑤　苟:将就,差不多。
⑥　合:通"给",足够。敦斯3011号写本误作"答"。
⑦　适:往、到。
⑧　皇本"冉有"作"冉子"。
⑨　仆:驾车。
⑩　庶:众多,这里指人口多。

"既庶矣,又何加焉?"曰:"富之。"曰:"既富矣①,又何加焉?"曰:"教之②。"

【译文】

孔子到了卫国,冉有为他驾车。孔子感叹说:"卫国人口真多啊!"冉有说:"人口已经众多了,执政者还应该做些什么呢?"孔子说:"让平民大众富裕。"冉有又问:"如果平民大众已经富裕,执政者还应该做些什么呢?"孔子说:"教化天下。"

13.10　子曰:"苟③有用我者,期④月而已可也,三年有成⑤。"

【译文】

孔子说:"如果有人任用我治理国政,一年初见成效,三年可以实现国泰民安。"

---

① 定州竹简本"矣"误作"者"。

② 教之:伊藤仁斋《论语古义》:"此见圣人仁天下之心也。"《荀子·大略》:"不富无以养民情,不教无以理民性。"《说苑·政理》:"鲁哀公问政于孔子,孔子对曰:'政在使民富且寿。'哀公曰:'何谓也?'孔子曰:'薄赋敛则民富,无事则远罪,远罪则民寿。'公曰:'若是则寡人贫矣。'孔子曰:'《诗》云:"凯悌君子,民之父母。"未见其富而父母贫者也。'"孔子主张在平民百姓生活富足基础上,继而推行道德教化教育,使平民百姓懂得依礼行事,有廉耻之心。在此基础上,有望达到"无讼"社会理想境界,即"富而后教"。"富之"、"教之"、"无讼",成为儒家治国安民三大阶段。

③ 苟:如果。

④ 期(jī)月:一整年。

⑤ 三年有成:据《史记·孔子世家》记载,孔子为中都宰,"一年,四方皆则之",可见孔子执政有方。鲁定公于是召见孔子,对孔子说:"学子此法以鲁国,何如?"孔子非常自信地说:"虽天下可乎,何但鲁国而已哉!"又据《史记·孔子世家》载,孔子五十六岁出任大司寇"行摄相事",政绩卓著。《淮南子·泰族训》记载:"孔子为鲁司寇,道不拾遗,市贾不豫贾,田渔皆让长,而斑白不戴负,非法之所能致也。"

13.11　子曰:"'善人为邦百年,亦可以胜残①去杀②矣。'诚哉是言也!"

【译文】

孔子说:"'如果有善人治理国家,持续一百年,就可以使残暴者化而为善,刑罚存而不用。'这句话说得真好啊!"

13.12　子曰:"如有王者③,必世④而后仁⑤。"

【译文】

孔子说:"假如有推行仁道的圣王出现,也一定要用三十年时间,才能使仁义之道大行于天下。"

13.13　子曰:"苟正其身矣,于从政乎何有⑥? 不能正其身,如正人何?"

---

① 胜(shēng)残:克服残暴,使残暴的人不再作恶。胜,战胜、消除。王肃云:"胜残,胜残暴之人,使不为恶也。"

② 去杀:去除杀戮,不用刑杀,敦斯 3011 号写本"杀"作"煞"。王肃云:"去杀,不用刑杀也。"

③ 王者:以王道治理天下的圣人。《孟子·公孙丑下》:"五百年必有王者兴,其间必有名世者。由周而来,七百有余岁矣。以其数,则过矣;以其时考之,则可矣。"

④ 世:三十年为一世。

⑤ 必世而后仁:必须经过三十年治理,才能使天下回归仁义理想社会。伊藤仁斋《论语古义》:"盖王道以仁为本,一夫不得其所,非仁也;一物不得其所,非仁也。上自朝廷,及于海隅之远,欢欣愉悦,合为一体。"定州竹简本作"必世后",敦斯 3011 号写本作"必世如后人"。

⑥ 于从政乎何有:《孔子家语·致思》载孔子语:"武王正其身以正其国,正其国以正天下,伐无道,刑有罪,一动而天下正,其事成矣。"

【译文】

孔子说:"如果执政者能够端正自身言行,治国理政还有什么困难呢? 如果自身言行邪而不正,又如何能使他人正而不邪呢?"

13.14　冉子退朝①,子曰:"何晏②也?"对曰:"有政③。"子曰:"其事④也! 如有政,虽不吾以⑤,吾其与闻之!"⑥

【译文】

冉有退朝回来,孔子问:"怎么这么晚才回来?"冉有回答说:"有政事要处理。"孔子说:"恐怕是季氏家的私事吧。如果真有政事,虽然朝廷不任用我了,我也略知一二。"

13.15　定公问:"一言而可以兴邦⑦,有诸⑧?"孔子⑨对

---

① 退朝:朱子《集注》云:"冉有时为季氏宰。朝,季氏之私朝也。"邢昺不赞同朱子观点,"周氏以为夫子云'虽不吾以,吾其与闻',皆论君朝之事,故云'罢朝于鲁君'。郑玄以冉有臣于季氏,故以朝为季氏之朝。《少仪》云:'朝廷曰退。'谓于朝廷之中,若欲散还则称曰退。以近君为进,还私远君称退朝。此退朝谓罢朝也。案,昭二十五年《左传》曰:'为政事,庸力,行务以从四时。'杜预曰:'在君为政,在臣为事也。'杜意据此文,时冉子仕于季氏,称季氏有政,孔子谓之为事,是在君为政,在臣为事也。何晏以为,仲尼称孝友是亦为政,明其政、事通言,但随事大小异其名耳。故不同郑、杜之说,而取周、马之言,以朝为鲁君之朝,以事为君之凡行常事也。"

② 晏:晚、迟。

③ 政:国政。马融说:"政者,有所改更匡正也。"

④ 事:季氏家事。

⑤ 不吾以:不以吾,不任用我。以,用。

⑥ 吾其与闻之:朱子《集注》云:"礼:大夫虽不治事,犹得与闻国政。是时季氏专鲁,其于国政,盖有不与同列议于公朝,而独与家臣谋于私室者。故夫子为不知者而言,此必季氏之家事耳。若是国政,我尝为大夫,虽不见用,犹当与闻。今既不闻,则是非国政也。语意与魏徵献陵之对略相似。其所以正名分,抑季氏,而教冉有之意深矣。"

⑦ 定州竹简本作"壹言而兴国"。

⑧ 有诸:有之乎? 诸,之乎。

⑨ 定州竹简本"孔子"作"子"。

曰："言不可以若是，其几①也！人之言曰②：'为君难，为臣不易。'如知为君之难也③，不几乎一言而兴邦乎？"

曰："一言而丧邦④，有诸？"孔子对曰："言不可以若是，其几也！人之言曰：'予无乐乎为君，唯其言而莫予违也⑤。'如其善而莫之违也⑥，不亦善乎？如不善而莫之违也，不几乎一言而丧邦乎？"

【译文】

鲁定公问："一句话可以使国家兴盛，有这回事吗？"孔子答："话不能说得这么绝对，不过接近于一言兴邦的话还是有的。有人说：'做君主难，做臣子不易。'如果由这句话通晓做君主的难处而努力去做一位好君主，这不就接近于所谓一言兴邦了吗？"

定公又问："一句话可以使国家灭亡，有这回事吗？"孔子说："话不可以这样说，不过接近于一言丧邦的话还是有的。有人说：'我做国君没有什么乐趣，只不过我说的话没人敢违抗。'如果君主说得对而没人敢违抗，不是很好吗？如果君主所言不善，也没有人敢违抗，不就是接近于一言丧邦吗？"

13.16　叶公⑦问政。子曰："近者说⑧，远者来⑨。"

---

① 几：近，接近。朱子解作"期"，即期望、冀望。
② 皇侃本作"人之言而曰"。
③ 皇侃本、敦斯 3011 号写本无"之"字。
④ 皇侃本"丧邦"上有"可以"二字，正平本有"可"字。
⑤ 莫予违：莫违予。定州竹简本"违"作"韦"，下同；皇侃本、正平本"莫"上"乐"字，下文同；敦斯 3011 号写本"唯"下有"乐"字。
⑥ 定州竹简本、敦斯 3011 号写本无"其"字。
⑦ 叶公：姓沈，名诸梁，楚国大夫。
⑧ 说(yuè)：同"悦"，高兴，心乐，皇侃本、正平本即作"悦"。
⑨ 远者来：皇侃《义疏》云："言为政之道，若能使近民欢悦，则远人来至也。"《墨子·耕柱》："叶公子高问政于仲尼曰：'善为政者若之何？'仲尼对曰：'善为政者，远者近之，而旧者新之。'"

【译文】

　　叶公问为政之道。孔子说:"近处的人心悦诚服,远方的人闻风归顺。"

　　13.17　子夏为莒父①宰,问政。子曰:"无②欲速,无③见小利。欲速则不达,见小利则大事不成④。"

【译文】

　　子夏担任莒父地方长官,向孔子请教为政之道。孔子说:"凡事不要求速成,不要贪图小利。求快反而达不到远大目标,贪图小利往往办不成大事。"

　　13.18　叶公语孔子曰:"吾党有直躬者⑤,其父攘⑥羊而子证⑦

---

　　①　莒(jǔ)父:鲁国的城邑。

　　②　正平本、敦斯3011号写本"无"作"毋"。

　　③　皇侃本、正平本、敦斯3011号写本"无"作"毋"。

　　④　见小利则大事不成:《大戴礼记·四代》:"好见小利,妨于政。"

　　⑤　直躬者:躬行直道之人。定州竹简本"躬"作"弓"。

　　⑥　攘(rǎng):偷窃,朱子《集注》云:"有因而盗曰攘。"定州竹简本作"襄",借字。

　　⑦　证:举证,告发。"十恶"是古代法律中"常赦所不愿"的十宗大罪。唐代法律中的"十恶"为:谋反、谋大逆、谋叛、恶逆、不道、大不敬、不孝、不睦、不义和内乱。《唐律疏议》云:"五刑之中,十恶尤切,亏损名教,毁裂冠冕,特标篇首,以为明诫。其数甚恶者,事类有十,故称'十恶'。"何谓"不孝"?《唐律疏议》界定说:"善事父母曰孝。既有违犯,是名'不孝'。"侍奉父母尊长、遵从长辈意志为孝;违反父母尊长意志、侵犯父母尊长之尊严则为不孝。"告言、诅詈祖父母父母"。《唐律疏议》解释说:"本条直云:'告祖父母父母',此注兼云'告言'者,文虽不同,其义一也。诅犹咒也,詈犹骂也。依本条'诅欲令死及疾苦者,皆以谋杀论',自当'恶逆'。唯诅求爱媚,始入此条。"子孙不得在官府控告父母尊长,也不可谩骂、诅咒祖父母、父母,违者即为不孝,"皆以谋杀论"。因此,父子相隐,与古代容隐法关系密切。

191

之。"孔子曰："吾党之直者异于是：父为子隐①，子为父隐，直在其中矣。"②

【译文】

叶公对孔子说："我家乡有个耿直的人，他父亲偷了别人的羊，他便去官府告发父亲。"孔子说："我们家乡正直人士不是这样。父亲为儿子隐讳，儿子为父亲隐讳，人性中的正直也就蕴含在其中。"

13.19　樊迟问仁③。子曰："居处恭④，执事敬⑤，与人忠⑥。虽之⑦夷狄，不可弃⑧也。"

【译文】

樊迟问仁。孔子说："平时在家要谦恭慎独，做事要有虔诚敬从之

---

①　隐：隐而不发。孟子主张"父子之间不责善"，《孟子·离娄上》记载公孙丑问孟子："君子之不教子，何也?"孟子答："势不行也。教者必以正，以正不行，继之以怒。继之以怒，则反夷矣。'夫子教我以正，夫子未出于正也。'则是父子相夷也。父子相夷，则恶矣。古者易子而教之，父子之间不责善。责善则离，离则不祥莫大焉。"朱熹评论说："教者，本为其爱子也，继之以怒，则反伤其子矣。父既伤其子，子之心又责其父曰：'夫子教我以正道，而夫子之身未必自行正道。'则是子又伤其父也。""父子之间不责善"逻辑为一旦父子相互责善，就会伤害人伦亲情；伤害人伦亲情，则是天地间最大的"不祥"。

②　直在其中矣：邢昺《注疏》云："孔子言此，以拒叶公也。言吾党之直者异于此证父之直也。子苟有过，父为隐之，则慈；父苟有过，子为隐之，则孝也。孝慈则忠，忠则直也。故曰'直在其中矣'。今律大功以上得相容隐，告言父祖者入十恶，则典礼亦尔。而叶公以证父为直者，江熙云：'叶公见圣人之训，动有隐讳，故举直躬，欲以此言毁訾儒教，抗衡中国。夫子答之，辞正而义切，荆蛮之豪丧其夸矣。'"

③　樊迟问仁：樊迟三次"问仁"，孔子的答复皆不同。在大多数语境中，孔子立足于伦理学与工夫论层面讨论"为仁之方"，而非形上学意义上的"仁是什么?"

④　恭：谦恭有礼。皇侃《义疏》："居，谓常居，但以恭逊为用也。燕居温温是也。"

⑤　敬：内心尊敬。朱子《集注》云："恭主容，敬主事。恭见于外，敬主乎中。"

⑥　忠：忠诚不欺。

⑦　之：动词，到。

⑧　弃：背弃。包咸说："虽之夷狄无礼义之处，犹不可弃去而不行也。"

心,待人赤胆忠诚。即使到了夷狄蛮荒之地,也不背弃这些做人的准则。"

13.20　子贡问曰:"何如斯可谓之士矣?"子曰:"行己有耻①,使于四方不辱君命②,可谓士矣。"

曰:"敢问其次?"曰:"宗族称孝焉,乡党称弟③焉。"

曰:"敢问其次?"曰:"言必信,行必果④,硁硁⑤然小人哉⑥,抑亦可以为次矣。"⑦

曰:"今之从政者何如?"子曰:"噫! 斗筲之人⑧,何足算也⑨!"

【译文】

子贡问道:"怎样做才可以称为士?"孔子说:"立身行事有知耻之

---

①　行己有耻:立身行事有羞耻之心。《论语·公冶长》:"巧言、令色、足恭,左丘明耻之,丘亦耻之。匿怨而友其人,左丘明耻之,丘亦耻之。"冯友兰《中国哲学史》对此解释道:"耻之者,耻其不直也。"

②　不辱君命:不辜负君王交付的使命。辱,辱没。董仲舒《春秋繁露》云:"天施之在人者,使人有廉耻者,不生大辱。大辱莫甚于去南面之位而束获为虏也。曾子曰:辱若可避,避之而已;及其不可避,君子视死如归。"

③　乡党称弟:皇侃《义疏》:"孝是事父母,为近。悌是事兄长,为远。宗族为近,近故称孝。乡党为远,故称悌也。"皇侃本、正平本、敦斯 3011 号写本"弟"作"悌"。

④　果:结果。

⑤　硁硁(kēng):敲击石头的声音,引申为心胸狭隘、固执之人。

⑥　正平本、敦斯 3011 号写本"哉"作"也"字。

⑦　抑亦可以为次矣:皇侃《义疏》云:"君子达士,贞而不谅。言不期苟信,舍藏随时,何期必遂? 若小行之士,言必须信,行必须果也。果,必信为譬也。硁硁,坚正难移之貌也。小人为恶,整执难化。今小人之士,必行信果,守志不回,如小人也。抑,语助也。凡事欲强使相关,亦多云'抑'也。言此小行,亦强可为士之次也。"邢昺《注疏》云:"若人不能信以行义,而言必执信。行不能相时度宜,所欲行者,必果敢为之。"

⑧　斗:古代的计量名,一斗为十升。筲(shāo):竹器,容积为一斗二升。斗筲之人比喻心胸狭小、冥顽固执之人。

⑨　算:定州竹简本作"数"。

心,出使四方能做到不辱没君主的使命,就可以成为士。"

子贡又问:"请问次一等的如何呢?"孔子说:"宗族都称赞他孝顺父母,乡亲都称赞他尊敬兄长,也可以称为士。"

子贡又问:"请问再次一等的如何呢?"孔子说:"不可承诺的言语也刻意去承诺,做事不问道义一定要追求一个结果,这是不分黑白的偏执小人啊! 但也勉强算是再次一等的士。"

子贡又问:"那么现在的执政者如何呢?"孔子说:"咳! 这帮才识短浅、心胸狭小之徒,不足一提!"

13.21 子曰:"不得中行①而与②之,必也狂狷③乎? 狂者进取,狷者有所不为也④。"

【译文】

孔子说:"如果暂时找不到修行达到中行境界的人为友,那么也一定要结交志高勇进和洁身自好的人。狂者勇于进取,狷者不肯同流合污。"

13.22 子曰:"南人有言曰:'人而无恒⑤,不可以作巫医⑥。'

---

① 中行:指言行合乎礼义之道的君子。与狂狷相比较,中行既重礼,也重礼义,情与义并重。《孟子•尽心下》:"孔子:'不得中道而与之,必也狂狷乎? 狂者进取,狷者有所不为也。'孔子岂不欲中道哉? 不可必得,故思其次也。'敢问何如斯可谓狂矣?'曰:'如琴张、曾晳、牧皮者,孔子之所谓狂矣。''何以谓之狂也?'曰:'其志嘐嘐然,曰:"古之人,古之人!"夷考其行,而不掩焉者也。狂者又不可得,欲得不屑不洁之士而与之,是狷也,是又其次也。孔子曰:"过我门而不入我室,我不憾焉者,其惟乡原乎! 乡原,德之贼也。"'"
② 与:交往。
③ 狂狷:狂,精进勇猛之人;狷,指洁身自好之人。包咸说:"狂者进取于善道,狷者守节无为。"狂与狷与中行相比较,狂狷重义重情而忽略了外在礼义。
④ 定州竹简本无"所"字。
⑤ 无恒:没有恒心,无恒常之德。
⑥ 巫医:古时巫、医不分,既通晓卜筮、占星之术,也深谙医治、祈祷之方。皇侃《义疏》:"巫,接事鬼神者。医,能治人病者。"

善夫！'不恒其德，或承之羞。'①"子曰："不占而已矣②。"

【译文】

孔子说："南方人有句话说：'一个人如果没有恒心，不可以做巫医。'这句话说得好啊！《易》上说：'不能始终如一恪守德行的人，有可能招致羞辱。'"孔子又说："（没有恒心之人）不必去占卜。"

13.23　子曰："君子和而不同，小人同而不和。"③

【译文】

孔子说："君子能与人和谐相处，但不求同一；小人强求人同于我，凡事排除异己。"

13.24　子贡问曰："乡人皆好之，何如?"子曰："未

---

①　不恒其德，或承之羞:《周易》恒卦九三爻辞。孔安国云："此《易·恒卦》之辞，言德无常，则羞辱承之也。"

②　不占而已矣:郑玄曰："《易》所以占吉凶也。无恒之人，《易》所不占也。"

③　君子和而不同，小人同而不和:何晏《集解》云："君子心和，然其所见各异，故曰不同。小人所嗜好者同，然各争其利，故曰不和也。"又，皇侃《义疏》云："和，谓心不争也。不同，谓立志各异也。君子之人千万，千万其心和如一，而所习立之志业不同也。小人为恶如一，故云'同'也;好斗争，故云'不和'也。"第二种，和指心和、没有不一致的心思，同指阿党，朱子《集注》云："和者，无乖戾之心。同者，有阿比之意。尹氏曰：'君子尚义，故有不同。小人尚利，安得而和?'"朱子之说为是。"和"与"龢"字音相同，意义相通。"龢"在甲骨文已出现，左边是形旁"龠"，意指笙和箫一类的吹奏乐器，右边为"禾"字，表读音。所以"龢"字的本义是指乐声调和、和谐。"龢"字在春秋前频繁使用，战国之后文献渐以"和"代之。"和"字出现比"龢"晚，战国时期结构或左口右禾，或左禾右口，秦汉以后统一作左禾右口之"和"。《尚书·康诰》："惟民其敕懋和。"温和柔顺之意。《尚书·尧典》："诗言志，歌永言，声依永，律和声。八音克谐，无相夺伦，神人以和。"《周礼·天官·大司徒》："一曰六德:知、仁、圣、义、忠、和。"郑玄注："知，明于事;仁，爱人以及物;圣，通而先识;义，能断时宜;忠，言以中心;和，不刚不柔。""同"始见于甲骨文，本义指合力、会合。《说文解字》："同，合会也。"《玉篇》："共也。"《尚书·舜典》："协时月正日，同律度量衡。"《易·睽卦》："天地睽而其事同也。"

可①也。"

"乡人皆恶之,何如?"子曰:"未可也。不如乡人之善者好之,其不善者恶之②。"

【译文】

子贡问道:"如果一乡的人都喜欢他,这个人怎么样?"孔子说:"不行。"

子贡又问:"如果一乡的人都厌恶他,这个人怎么样?"孔子说:"也不行。不如乡里的好人都喜欢他,乡里的坏人都厌恶他,"

13.25　子曰:"君子易事③而难说④也。说之不以道,不说也;及其使人也⑤,器之⑥。小人难事而易说也⑦。说之虽不以道,说也;及其使人也,求备⑧焉。"

【译文】

孔子说:"与君子容易一起共事,却很难取悦他。不按正道去讨好他,他不会高兴;到他用人的时候,根据每人的才能量才而用。与小人一起共事很难,但是讨他欢心却很容易。即使不按正道去讨好他,他也会欢喜。但是,到他用人的时候,对所用的人百般挑剔、求全责备。"

---

① 未可:不能认可。《论语·里仁》载孔子语:"唯仁者,能好人,能恶人。"
② 不如乡人之善者好之,其不善者恶之:孔安国说:"善人善己,恶人恶己。是善善明,恶恶著也。"皇侃本、正平本句末有"也"字。
③ 易事:易于共事。
④ 难说:难以取悦。说,正平本作"悦"。皇侃《义疏》:"君子忠恕,故易事也。照见物理,不可欺诈,故难悦也。"
⑤ 定州竹简本无"也"字。
⑥ 器之:量才使用。孔安国说:"度才而任官也。"正平本"之"作"也"。
⑦ 皇侃本句末无"也",定州竹简本作"小人难事也"。
⑧ 求备:求全责备。备,完备。《论语·里仁》:"周公谓鲁公曰:'君子不施其亲,不使大臣怨乎不以。故旧无大故,则不弃也。无求备于一人。'"

13.26　子曰:"君子泰而不骄,小人骄而不泰。"①

【译文】

孔子说:"君子谦和安泰而不骄横无礼,小人傲慢张扬而不谦和安泰。"

13.27　子曰:"刚、毅、木、讷,近仁②。"

【译文】

孔子说:"刚强、坚毅、纯朴、言语慎迟,有这四种品德就接近仁了。"

13.28　子路问曰③:"何如斯可谓之士矣④?"子曰:"切切⑤、偲偲⑥、怡怡⑦如也,可谓士矣。朋友切切、偲偲,兄弟怡怡⑧。"

【译文】

子路问:"怎么样才可以称作士?"孔子说:"互相批评勉励,又能和睦共处,就可以称作士。朋友之间以诚相待,互相勉励。兄弟之间亲切互爱,和谐相处。"

---

①　君子泰而不骄,小人骄而不泰:泰,谦和安详。骄,傲慢。定州竹简本"泰"皆作"大"。皇侃《注疏》云:"君子坦荡荡,心貌怡平,是泰而不为憍慢也。小人性好轻凌,而心恒戚戚自纵泰,是骄而不泰也。"
②　刚、毅、木、讷,近仁:王肃说:"刚,无欲也。毅,果敢也。木,质朴也。讷,迟钝也。有此四者,近于仁也。"《论语·学而》:"巧言令色,鲜矣仁!"
③　定州竹简本无"曰"字。
④　皇本无"之"字,定州竹简本无"可"字。
⑤　切切:恳切真诚。
⑥　偲偲(sī):互相勉励。定州竹简本作"(言丰心)(言丰心)(言辛)(言辛)"。
⑦　怡怡:和顺安适。马融说:"怡怡,和顺之貌也。"
⑧　皇侃本、正平本、敦伯2597号写本、日本龙骨大学藏吐鲁番写郑本作"兄弟怡怡如也",定州竹简本"怡怡"作"饴饴"。

13.29　子曰："善人教民七年,亦可以即戎①矣。"

【译文】

孔子说:"贤能之人在位教导百姓七年之久,也就可以让他们参军作战了。"

13.30　子曰:"以不教民战②,是谓弃之。"

【译文】

孔子说:"让未曾受过军事训练的平民百姓去打仗,这简直是抛弃他们。"

---

① 戎(róng):兵戎,作战。定州竹简本作"节戎"。
② 以不教民战:皇侃《义疏》:"民命可重,故孔子慎战。所以教至七年,犹曰'亦可'。若不经教战而使之战,是谓弃掷民也。"

卷十四　宪问第十四 凡四十四章

14.1　宪①问耻。子曰："邦有道，谷②；邦无道，谷，耻也。"③

"克④、伐⑤、怨⑥、欲⑦不行焉，可以为仁矣⑧?"⑨子曰："可以为难矣，仁则吾不知也。"

【译文】

原宪询问什么是可耻。孔子说："国家政治清明的时候，入仕做官领取俸禄。国家政治昏乱的时候，还入仕做官领取俸禄，这就是可耻。"

原宪又问："好胜、自夸、怨恨、贪婪，这四种缺点都没有的人，是否可以称得上仁?"孔子说："可以说难能可贵，至于能不能说已臻于仁的境界，那我就不知道了。"

---

①　宪：孔子弟子原宪，字子思。

②　谷：俸禄。荻生徂徕《论语徵》："但古言谷与禄殊：士曰谷，廪谷也；大夫以上曰禄，食土毛也。故《王制》曰：'论定然后官之，任官然后爵之，位定然后禄之。'爵非大夫不称，是以知之。"

③　朱子《集注》云："邦有道不能有为，邦无道不能独善，而但知食禄，皆可耻也。宪之狷介，其于邦无道谷之可耻，固知之矣；至于邦有道谷之可耻，则未必知也。故夫子因其问而并言之，以广其志，使知所以自勉，而进于有为也。"孔安国说："邦有道，当食其禄也。君无道而在其朝，食其禄，是耻辱也。"

④　克：争强好胜。

⑤　伐：自夸。

⑥　怨：怨恨。

⑦　欲：贪欲。

⑧　可以为仁矣：定州竹简本"矣"下有"乎"字，杨伯峻《论语译注》言："这句话从形式上看应是肯定句，但从上下文看，实际应是疑问句，不过疑问只从说话者的语势来表示，不藉助于别的表达形式而已。"

⑨　《史记·仲尼弟子列传》此句前有"子思曰"三字，《三国志·钟离牧传》裴松之注因此句前有"原宪之问于孔子"，所以本句应当是原宪之问，故与上句同列一章。

14.2　子曰:"士而①怀居②,不足以③为士矣!"

【译文】

孔子说:"士如果眷恋安逸的生活,就不配做士了。"

14.3　子曰:"邦有道,危④言危行;邦无道,危行言孙⑤。"

【译文】

孔子说:"国家政治清明的时候,言语正直,行为正直;国家政治昏暗无道的时候,行为端正,但言语谦顺谨慎。"

14.4　子曰:"有德者必有言⑥,有言者不必有德。仁者必有勇,勇者⑦不必有仁。"⑧

---

①　而:若,如果。
②　怀居:眷念安逸的生活。
③　足以:够,配得上。定州竹简本"不"作"弗"。
④　危:正,正直。朱子《集注》:"危,高峻也。"
⑤　言孙(xùn):说话谨慎卑顺。孙,通"逊"。皇侃本、正平本、敦斯 3011 号写本即作"逊"。伊藤仁斋《论语古义》:"此言君子持身之法:其处有道,则当直言励行,以明正道、范士风;若处无道,则行固不可逊也。至于其言,则不可不稍收锋刃,以避其祸焉。君子固不当枉道,亦不当好尽言以取祸,唯有道者能焉。"
⑥　言:观念,这里指与美德相应的言论。
⑦　勇者:定州竹简本作"有勇者"。儒家论勇,有血气之勇与德性之勇的区分。《孟子·公孙丑上》:"北宫黝之养勇也,不肤挠,不目逃,思以一毫挫于人,若挞之于市朝。不受于褐宽博,亦不受于万乘之君。视刺万乘之君,若刺褐夫。无严诸侯,恶声至,必反之。孟施舍之所养勇也,曰:'视不胜犹胜也。量敌而后进,虑胜而后会,是畏三军者也。舍岂能为必胜哉? 能无惧而已矣。'孟施舍似曾子,北宫黝似子夏。夫二子之勇,未知其孰贤,然而孟施舍守约也。昔者曾子谓子襄曰:'子好勇乎? 吾尝闻大勇于夫子矣:自反而不缩,虽褐宽博,吾不惴焉;自反而缩,虽千万人,吾往矣。'孟施舍之守气,又不如曾子之守约也。"北宫黝之勇,属于血气之勇;曾子之勇,属于德性之勇。
⑧　朱子《集注》云:"有德者,和顺积中,英华发外。能言者,或便佞口给而已。仁者,心无私累,见义必为。勇者,或血气之强而已。尹氏曰:'有德者必有言,徒能言者未必有德也。仁者志必勇,徒能勇者未必有仁也。'"

【译文】

孔子说:"有美德的人一定有嘉言,有嘉言的人未必一定有美德。有仁德之人一定有勇敢的品质,但有勇气的人未必有仁德。"

14.5　南宫适①问于孔子曰:"羿②善射,奡③荡舟④,俱不得其死然;禹、稷⑤躬稼而有天下⑥。"夫子不答⑦。南宫适出,子曰:"君子哉若人! 尚德哉若人!"

【译文】

南宫适问孔子:"后羿擅长射箭,奡力大能陆地行舟,然而都不得善终。大禹和稷亲自种植庄稼,却最终得到了天下。(这是为什么呢?)"孔子没有回答。等南宫适退出后,孔子说:"此人真是君子啊! 此人真是崇尚德行啊!"

14.6　子曰:"君子而不仁者⑧有矣夫,未有小人而仁者也!"

---

①　南宫适(kuò):又作南宫括,即南容,孔子弟子。

②　羿(yì):根据《左传》记载,羿是夏代有穷国的国君,擅长射箭,曾一度夺取夏太康的王位,后因暴政被家臣寒浞杀死。

③　奡(ào):传说是寒浞之子,大力士。寒浞杀死羿夺取了夏王朝的王位,封他为诸侯,夏少康复国时被杀。

④　荡舟:陆地行舟。皇侃《义疏》云:"荡,推也。舟,船也。能陆地推舟也。"一说为打水仗,顾炎武《日知录》云:"古人以左右冲杀为荡。陈其锐卒,谓之跳荡;别帅谓之荡主。荡舟盖兼此义。"

⑤　后稷(jì):周朝的先祖,教民种植庄稼,至武王而有天下。

⑥　躬稼而有天下:《孟子·滕文公上》:"当尧之时,天下犹未平。洪水横流,泛滥于天下,草木畅茂,禽兽繁殖,五谷不登,禽兽偪人,兽蹄鸟迹之道,交于中国。尧独忧之,举舜而敷治焉。舜使益掌火,益烈山泽而焚之,禽兽逃匿。禹疏九河,瀹济、漯,而注诸海;决汝、汉,排淮、泗,而注之江。然后中国可得而食也。"

⑦　唐石经"答"作"荅",借字。

⑧　君子而不仁者:君子有时陷入不仁不义的境地。邢昺《注疏》云:"此章言仁道难备也。虽曰君子,犹未能备,而有时不仁也。若管仲九合诸侯,不以兵车,可谓仁矣,而镂簋朱纮,山节藻棁,是不仁也。小人性不及仁道,故未有仁者。"

孔子说:"君子偶尔陷于不仁的境况,但小人从未心怀仁德。"

14.7　子曰:"爱之,能勿劳①乎? 忠焉,能勿诲②乎?"

【译文】

孔子说:"爱一个人,能不劝勉他勤劳吗? 尽心为一个人着想,不能谆谆教诲他吗?"

14.8　子曰:"为命③,裨谌④草⑤创之,世叔⑥讨⑦论之,行人⑧子羽⑨修饰⑩之⑪,东里⑫子产润色之。"⑬

【译文】

孔子说:"郑国每次制定外交文书,先由裨谌草拟初稿,世叔研究后提出修改意见,再由外交官子羽修订,最后由子产为之润色。"

① 劳:使辛劳。孔安国说:"言人有所爱,必欲劳来之。有所忠,必欲教诲之也。"
② 诲:劝谏,引导。
③ 命:君命,外交辞令、外交文书。
④ 裨(bì)谌(chén):郑国大夫,善谋划。正平本、敦伯 2579 号、伯 3607 号、斯 3011 号作"卑谌"。裨谌与世叔、子羽、子产都是郑国大夫。
⑤ 草:粗略。
⑥ 世叔:即《左传》中的子大叔,名游吉,有文采。
⑦ 讨:寻究、研究。
⑧ 行人:官名,掌管朝聘觐见等事务的外交官。
⑨ 子羽:姓公孙,名挥,字子羽,善外交辞令。
⑩ 修饰:增损、修改文字。
⑪ 正平本无"之"字。
⑫ 东里:子产居住之地。皇侃《义疏》云:"居郑之东里,因为氏。姓又公孙。"马融说:"更此四贤而成,故鲜有败事。"
⑬ 《左传·襄公三十一年》云:"子产之从政也,择能而使之。冯简子能断大事,子大叔美秀而文,公孙挥知四国之为,而辨于大夫之族姓、班位、贵贱、能否,而又善为辞令。裨谌能谋,谋于野则获,谋于邑则否。郑国将有诸侯之事,子产乃问四国之为于子羽,且使多为辞令;与裨谌乘以适野,使谋可否;而告冯简子使断之。事成,乃授子大叔使行之,以应对宾客,是以鲜有败事。"

14.9 或问子产。子曰："惠人也①。"

问子西②。曰："彼哉③！彼哉！"

问管仲。曰："人④也，夺伯氏⑤骈邑⑥三百，饭疏⑦食，没齿⑧无怨言。"⑨

【译文】

有人问如何评价子产。孔子说："他是一位对平民百姓有恩惠的人。"

又问如何评价子西。孔子说："此人呀！此人呀！"

又问如何评价管仲。孔子说："一个有魄力的人，他削夺了伯氏的骈邑三百户，使得伯氏吃粗茶淡饭，但伯氏至死都没有怨言。"

14.10 子曰："贫而无怨，难；富而无骄⑩，易。"

---

① 惠人：对社会大众有恩惠之人。皇侃《义疏》云："言子产之德，于民不吝家资，拯救于民，甚有恩惠，故云'惠人也'。"朱子《集注》云："子产之政，不专于宽，然其心则一以爱人为主。故孔子以为惠人，盖举其重而言也。"

② 子西：春秋时期有三个子西，一为子产的同宗兄弟公孙夏，另外两位皆是楚国大夫，一为斗宜申，另一为公子申。这里的子西当是楚公子申，曾为楚国令尹。朱子《集注》曰："子西，楚公子申，能逊楚国，立昭王，而改纪其政，亦贤大夫也。然不能革其僭王之号。昭王欲用孔子，又沮止之。其后卒召白公以致祸乱，则其为人可知矣。"

③ 彼哉：表达轻视的习惯语。马融说："彼哉彼哉，言无足称也。"

④ 人：指管仲。皇侃《义疏》云："《诗》曰：'所谓伊人，于焉逍遥。'是美此人。今云'管仲，人也'，是美管仲也。"

⑤ 伯氏：齐国大夫，皇侃《义疏》云："伯氏，名偃，大夫。"

⑥ 骈邑：地名，伯氏采邑。定州竹简本作"屏邑"。

⑦ 皇侃本、正平本、敦斯3011号、伯2579号写本、释文"疏"作"蔬"。

⑧ 齿：年龄。没齿指终身。

⑨ 伯氏的封邑被管仲剥夺，因管仲治国有功，所他并无怨言，朱子《集注》云："盖桓公夺伯氏之邑以与管仲，伯氏自知己罪，而心服管仲之功，故穷约以终身而无怨言。荀卿所谓'与之书社三百，而富人莫之敢拒'者，即此事也。"

⑩ 富而无骄：《论语·学而》："子贡曰：'贫而无谄，富而无骄，何如？'子曰：'可也。未若贫而乐，富而好礼者也'。"敦斯3011号写本"骄"作"憍"。

【译文】

孔子说:"身处贫困却毫无怨言,很难;富有却不骄横,比较容易。"

14.11　子曰①:"孟公绰②为赵③、魏④老⑤则优⑥,不可以为滕⑦、薛⑧大夫⑨。"⑩

【译文】

孔子说:"孟公绰担任赵氏和魏氏的家臣,德才绰绰有余,但他没有担任滕、薛这种小国大夫的才能。"

14.12　子路问成人⑪。子⑫曰:"若臧武仲⑬之知⑭,公绰之不欲,卞庄子⑮之勇,冉求之艺⑯,文之以礼乐⑰,亦可以为

---

①　定州竹简本"曰"作"谓"。
②　孟公绰:鲁国的大夫,又称公绰,孔子所尊重之人。
③　赵:晋国的卿大夫赵氏。
④　魏:晋国的卿大夫魏氏。
⑤　老:古时对公、卿、大夫家臣的尊称。
⑥　优:优裕。
⑦　滕:西周初分封的小诸侯国,公元前 414 年被越国所灭。
⑧　薛:西周初分封的小诸侯国,战国初期被齐国所灭。
⑨　皇侃本、正平本句末有"也"字。
⑩　不可以为滕、薛大夫:孟公绰廉洁寡欲,但才能不足。孔安国说:"家臣称老。公绰性寡欲,赵、魏贪贤,家老无职,故优。滕、薛小国,大夫职烦,故不可为。"朱子《集注》云:"大家势重,而无诸侯之事;家老望尊,而无官守之责。……大夫,任国政者。滕薛国小政繁,大夫位高责重。然则公绰盖廉静寡欲,而短于才者也。"
⑪　成人:完人、全人,德才兼备的人格完备之人。
⑫　皇侃本、正平本无"子"字。
⑬　臧武仲:鲁国大夫臧孙纥(hé),臧文仲之孙,武为谥号。据《左传·襄公二十三年》记载,臧孙纥有智慧,因得罪鲁国三桓,被迫逃奔齐国避难。他在齐国的时候,深受齐庄公赏识。庄公想赠田给他,臧孙纥预料齐庄公将会被杀,因而设法推辞齐庄公的封地,后来齐庄公被杀,他并未受到牵连,人称其智。
⑭　正平本、敦伯 2579 号、伯 2716 号、斯 3011 号写本"知"作"智"。
⑮　卞(biàn)庄子:鲁国大夫,封地在卞邑,以勇力著称。
⑯　艺:多才多艺。
⑰　文之以礼乐:以礼乐熏陶人。孔安国说:"文,成也。"

成人矣①!"曰:"今之成人者,何必然? 见利思义②,见危授命③,久要④不忘平生⑤之言;亦可以为成人矣!"

【译文】

子路问怎样才称得上道德完备的"成人"。孔子说:"像臧武仲那样足智多谋,像孟公绰那样清廉,像卞庄子那样勇敢,像冉求那样多才多艺,再用礼乐陶冶性情,这样的人也就可以称作德才兼备的成人了。"孔子又说:"(时代变了),现在的成人何必一定要这样效仿呢! 能做到见利思义,见危授命,多年以前许下的诺言历久不忘。如此也就可以称得上是成人。"

14.13 子问公叔文子⑥于公明贾⑦,曰:"信乎? 夫子不言、不笑、不取乎?"公明贾对曰:"以⑧告者过⑨也。夫子时然后言,人不厌其言;乐然后笑,人不厌其笑;义然后取,人不厌其取⑩。"子曰:"其然,岂⑪其然乎?"

---

① 亦可以为成人矣:朱子《集注》云:"成人,犹言全人……。言兼此四子之长,则知足以穷理,廉足以养心,勇足以力行,艺足以泛应,而又节之以礼,和之以乐,使德成于内,而文见乎外。则材全德备,浑然不见一善成名之迹;中正和乐,粹然无复偏倚驳杂之蔽,而其为人也亦成矣。"

② 见利思义:马融说:"义然后取,不苟得也。"

③ 见危授命:皇侃《义疏》云:"若见其君之危,则当授命竭身,不可苟免也。《曲礼》云:'临财无苟得,临难无苟免'是也。"

④ 要(yāo):同"约",约定,约言。久要,指旧约,很久以前许下的诺言。孔安国说:"久要,旧约也。"

⑤ 平生:年少时。皇侃《义疏》云:"言成人平生期约虽久,至今不得忘少时之言。"

⑥ 公叔文子:卫国大夫公孙拔,卫献公之孙,卫国著名的君子,"文"是他的谥号。

⑦ 公明贾:姓公明,名贾,卫国人,公孙文子的使臣。

⑧ 以:这,此。

⑨ 过:言过其实。

⑩ 人不厌其取:皇侃本、正平本"人不厌其言""人不厌其笑""人不厌其取"三句末本皆有"也"字。邢昺《注疏》云:"贾言文子亦有言、笑及取,但中时然后言,无游言也,故人不厌弃其言;可乐而后笑,不苟笑也,故人不厌恶其笑也;见得思义合宜,然后取之,不贪取也,故人不厌倦其取也。"

⑪ 岂:定州竹简本"岂"作"几"。马融说:"美其得道,嫌其不能悉然也。"

205

【译文】

孔子向公明贾问起公叔文子,说:"是真的吗? 公叔文子不说、不笑、不取财物,是这样吗?"公明贾回答说:"传话人言过其实了。先生在该说话的时候才说话,所以人们不厌恶他的话;在真正高兴时才笑,所以人们不厌恶他的笑;合于道义的财物才取,所以别人不讨厌他取。"孔子说:"是这样吗? 难道真是这样吗?"

14.14 子曰:"臧武仲①以防②求为后③于鲁,虽曰不要④君,吾不信也。"

【译文】

孔子说:"臧武仲凭据封地防邑,请求鲁君封立他的家族子弟为鲁国大夫,以便继承他的事业。虽然声称不是要挟国君,但我还是不相信。"

14.15 子曰:"晋文公⑤谲⑥而不正,齐桓公⑦正而不谲。"⑧

---

① 臧武仲:鲁国大夫,武是谥号。定州竹简本作"臧武中"。
② 防:臧武仲的封地,在今山东费县东北。定州竹简本作"房"。
③ 为后:立后。据《左传》记载,臧武仲得罪了孟孙氏,出奔邾。后又从邾回到封地防,派其异母兄弟送礼给鲁君。请求鲁君立其宗族子弟,以守其先人之祀。得到鲁君允许之后,臧武仲就流亡至齐国。
④ 要(yāo):要挟。
⑤ 晋文公:晋国国君,姓姬,名重耳,春秋五霸之一。
⑥ 谲(jué):奸诈,定州竹简本作"鬻"。郑玄说:"谲者,诈也。谓召于天子而使诸侯朝之。仲尼曰:以臣召君,不可以训。"
⑦ 齐桓公:齐国国君,姓姜,名小白,春秋时期的第一位霸主。
⑧ 齐桓公正而不谲:朱子《集注》云:"二公皆诸侯盟主,攘夷狄以尊周室者也。虽其以力假仁,心皆不正,然桓公伐楚,仗义执言,不由诡道,犹为彼善于此。文公则伐卫以致楚,而阴谋以取胜,其谲甚矣。二君他事亦多类此,故夫子言此以发其隐。"

【译文】

孔子说:"晋文公狡诈而不正直,齐桓公正派而不诡诈。"

14.16　子路曰:"桓公杀公子纠①,召忽②死之③,管仲不死④。"曰:"未仁乎⑤?"子曰:"桓公九合⑥诸侯,不以兵车⑦,管仲之力也。如其仁⑧! 如其仁!"

【译文】

子路说:"齐桓公杀了他的兄弟公子纠,召忽自杀殉主,管仲却没有自杀。"子路接着说:"管仲不能算仁人吧?"孔子说:"齐桓公多次召集诸侯会盟,而不倚靠武力,都是管仲的功劳啊! 这就是管仲的仁德! 这就是管仲的仁德!"

14.17　子贡曰:"管仲非仁者与? 桓公杀公子纠,不能死,又相⑨之。"子曰:"管仲相桓公,霸诸侯,一匡⑩天下,民到

① 公子纠:齐桓公的庶兄。齐襄公去世后,公子纠与公子小白争夺君位,后被公子小白杀死。
② 召忽:公子纠的家臣,公子纠被杀后,他自杀殉主。
③ 定州竹简本无"之"字,当脱。
④ 管仲不死:管仲本是公子纠的家臣,与召忽共同辅佐公子纠。公子纠被杀后,他在好友鲍叔牙的推荐下,归服了齐桓公,被任命为相,辅佐齐桓公成为霸主。定州竹简本"仲"作"中"。
⑤ 敦斯3011号写本"仁"作"人"。
⑥ 九合:多次聚合,九泛指多次。据《左传》记载,齐桓公曾经十一次召集诸侯相会。朱子《集注》云:"九,《春秋传》作'纠',督也,古字通用。"
⑦ 不以兵车:不用军队、不用武力。
⑧ 如其仁:这就是他的仁德啊。如,乃。孔安国云:"谁如管仲之仁矣。"皇侃《义疏》:"管仲不用民力,而天下平静,谁如管仲之智乎。再言之者,深美其仁也。"
⑨ 相(xiàng):辅佐。定州竹简本"又"作"有"。
⑩ 匡:动词,正。定州竹简本"一"作"壹"。马融说:"匡,正也。天子微弱,桓公率诸侯以尊周室,一正天下也。"

于今受其赐①。微②管仲,吾其被③发左衽④矣! 岂若匹夫匹妇之为谅⑤也,自经⑥于沟渎⑦而莫之知也!"

【译文】

子贡说:"管仲算不上一位仁者吧? 齐桓公杀了公子纠,管仲没有为公子纠殉节,反而辅佐齐桓公。"孔子说:"管仲辅佐齐桓公,称霸诸侯,以文明匡正天下,老百姓到现在还享受他的恩赐。如果没有管仲,我们大概都已沦落为披散头发、衣襟朝左开的野蛮人了! 难道要他像普通的匹夫匹妇那样,守着小信小节,自杀在山沟里,而完全无人知晓吗?"

14.18　公叔文子之臣大夫僎⑧与文子同升诸⑨公⑩。子闻之曰:"可以为'文'⑪矣!"

【译文】

公孙文子的家臣大夫僎(在文子推荐下)和他一起做了卫国大夫。孔子听到这件事后说:"他可以配得上'文'这个谥号。"

---

① 民到于今受其赐:天下大众一直到今天享受他的恩赐。定州竹简本无"民"字,当脱。

② 微:无,没有。马融说:"无管仲,则君不君,臣不臣,皆为夷狄也。"

③ 被(pī):同"披",披散头发。

④ 左衽:衣襟朝左开。被发左衽是当时夷狄的习俗,这里比喻未开化的落后习俗。孔子注重华夷之辨,华夷之辨的实质是文明与野蛮的区分,而不是狭隘的民族偏见。《汉书·萧望之传》说:"圣王之制,施德行礼,先京师而后诸夏,先诸夏而后夷狄。"

⑤ 谅:小节小信。

⑥ 自经:自杀。

⑦ 沟渎:沟渠。

⑧ 僎(zhuàn):人名,卫国大夫,公叔文子的家臣。

⑨ 诸:之于。

⑩ 公:公朝。升诸公,指升为公朝的大夫。

⑪ 为文:指谥为文。朱子《集注》云:"文者,顺理而成章之谓。谥法亦有所谓锡民爵位曰文者。洪氏曰:'家臣之贱而引之使与己并,有三善焉:知人,一也;忘己,二也;事君,三也。'"

14.19　子言卫灵公①之无道也②,康子③曰:"夫如是,奚而④不丧?"孔子曰:"仲叔圉⑤治宾客,祝鮀治宗庙,王孙贾治军旅。夫如是,奚其丧⑥?"

【译文】

孔子谈及卫灵公的昏乱无道,季康子说:"既然这样,他为什么还没有失位败亡呢?"孔子说:"仲孙圉负责外交,祝鮀掌管祭祀,王孙贾统率军队。有这样的贤臣治国,又怎么会败亡呢?"

14.20　子曰:"其言之不怍⑦,则为之也难⑧!"

【译文】

孔子说:"说话大言不惭之人,往往难以成事。"

14.21　陈成子⑨弑⑩简公⑪。孔子沐浴⑫而朝,告于哀公

---

①　卫灵公:公元前534年—前493年在位。

②　皇侃本、正平本、定州竹简本、敦斯3011号写本、释文"言"作"曰",皇侃本"无道"下有"久"字,敦斯3011号写本句末无"也"字。

③　康子:鲁国季康子。季桓子病故前叮嘱季康子:"我即死,若必相鲁;相鲁,必召仲尼。"康子因此遂派有贤德的重臣为使,携重酬赴卫国迎孔子回国。孔子自卫返鲁,历时十四年周游列国生涯终于结束,孔子已是六十八岁的垂垂老者。

④　奚而:为什么。

⑤　仲叔圉(yǔ):即孔文子。他和下文的祝鮀、王孙贾都是卫国的大夫。

⑥　奚其丧:孔安国说:"言君虽无道,所任者各当其才,何为当亡乎也?"

⑦　怍(zuò):惭愧,定州竹简本作"乍"。言之不怍,指大言不惭。《老子》六十三章:"夫轻诺者,必寡信;多易,必多难。"

⑧　皇侃本作"则其为之难也"。

⑨　陈成子:齐国大夫,姓陈,名恒,"成"是他的谥号。其祖先陈完逃奔齐国改姓田,故又称田成子。

⑩　皇侃本"弑"作"杀",下文同。

⑪　简公:齐国国君,姓姜,名壬,公元前484年—前481年在位。《左传·哀公十四年》:"甲午,齐陈恒弑其君壬于舒州。孔丘三日齐,而请伐齐三。公曰:'鲁之为齐弱久矣,子之伐之,将若之何?'对曰:'陈恒弑其君,民之不与者半。以鲁之众加齐之半,可克也。'公曰:'子告季孙'。孔子辞,退而告人曰:'吾以从大夫之后也,故不敢不言。'"

⑫　沐浴:斋戒沐浴,表示慎重其事。

曰:"陈恒弑其君,请讨之。"公曰:"告夫三子①。"

孔子曰:"以吾从大夫之后,不敢不告也!君曰:'告夫三子。'者!"之三子告,不可。孔子曰:"以吾从大夫子后,不敢不告也②!"

【译文】

陈成子杀了齐简公。孔子斋戒沐浴后上朝见鲁哀公,报告说:"陈恒杀他的国君,请出兵讨伐他!"鲁哀公说:"你最好还是去告诉那三个大夫吧。"

孔子说:"我曾经忝列大夫之后,所以不敢不奏告君上,国君却说:'去向那三个大夫报告。'"于是,孔子又分别向三位大夫报告,结果他们都不同意出兵讨伐。孔子对人说:"我曾经忝列大夫之后,所以不敢不报告。"

14.22　子路问事君。子曰:"勿欺也③,而犯④之。"

【译文】

子路问事君之道。孔子说:"不要欺骗君主,但敢于犯颜直谏。"

14.23　子曰:"君子上达;小人下达。"⑤

---

①　三子:指专断鲁国国政的季孙氏、叔孙氏、孟孙氏三位权臣。
②　皇侃本句末无"也"字。
③　勿欺也:不可欺骗。
④　犯:犯颜谏争。孔安国说:"事君之道,义不可欺,当能犯颜色谏争也。"郭店楚简《鲁穆公问子思》云:"鲁穆公问于子思曰:'何如而可谓忠臣?'子思曰:'恒称其君之恶者,可谓忠臣矣。'公不(悦),揖而退之。"
⑤　君子上达;小人下达:达犹"通"。上达指仁义,下达指财利,皇侃《义疏》云:"上达者,达于仁义也。下达,谓达于财利,所以与君子反也。"朱子《集注》:"君子循天理,故日进乎高明;小人殉人欲,故日究乎污下。"

【译文】

孔子说:"君子通于上,晓达仁义;小人通于下,追逐财利。"

14.24　子曰:"古之学者为己,今之学者为人。"①

【译文】

孔子说:"古代的学者,著书立说是为了成就自己;现在的学者著书立说,是为了炫耀于他人。"

14.25　蘧伯玉②使人于孔子。孔子与之③坐而问焉,曰:"夫子④何为?"对曰:"夫子欲寡其过⑤而未能也。"使者出。子曰:"使乎! 使乎⑥!"

【译文】

蘧伯玉派使者来鲁国探望孔子。孔子请使者坐下,然后问道:"先生最近在做什么呢?"使者回答说:"先生希望能够不断减少自己的过错,但总感觉做得还不够。"孔子说:"好一位使者啊! 好一位使者啊!"

14.26　子曰:"不在其位,不谋其政。"⑦

---

① 古之学者为己,今之学者为人:朱子《集注》引程子曰:"为己,欲得之于己也。为人,欲见知于人也。"又引程子曰:"古之学者为己,其终至于成物。今之学者为人,其终至于丧己。"正平本"人"下有"也"字。
② 蘧(qú)伯玉:姓蘧,名瑗,字伯玉,卫国大夫。孔子在卫国的时候曾经居住在他家。孔子周游列国返回家乡之后,蘧伯玉派人探望孔子。
③ 正平本"之"作"人"。
④ 夫子:这里指蘧伯玉。
⑤ 欲寡其过:想减少自身的过错。
⑥ 使乎:赞美之词。朱子《集注》云:"使者之言愈自卑约,而其主之贤益彰,亦可谓深知君子之心,而善于辞令者矣。故夫子再言使乎以重美之。"
⑦ 此句重出,又见《论语·泰伯》"子曰:'不在其位,不谋其政。'"

曾子曰:"君子思不出其位①。"

【译文】

孔子说:"不在那个职位上,就不谋虑那个职位上的政务。"

曾子说:"君子所思所虑,不应越出自己的身份与职位。"

14.27　子曰:"君子耻其言而过其行②。"

【译文】

孔子说:"君子以其所言超出其所做为耻。"

14.28　子曰:"君子道③者三,我无能④焉:仁者不忧⑤,知者不惑⑥,勇者不惧⑦。"子贡曰:"夫子自道也⑧!"

---

① 君子思不出其位:君子所思所虑不逾越其位分。《易·艮·象》:"兼山,艮。君子以思不出其位。"

② 君子耻其言而过其行:邢昺《注疏》云:"此章勉人使言行相副也。君子言行相顾,若言过其行,谓有言而行不副,君子所耻也。"荻生徂徕《论语徵》:"盖谓君子之所以过其行者,耻其所已言故也。"皇侃本、正平本、敦斯3011号写本"而"作"之"、句末有"也"字。

③ 道:皇侃《义疏》:"言君子所行之道者三。"定州竹简本"道"下无"者"字,当脱。

④ 无能:能力达不到。定州竹简本"能"作"耐"。

⑤ 仁者不忧:《易·系辞上》:"乐天知命,故不忧。"

⑥ 知者不惑:《论语·为政》:"四十而不惑。"皇侃本、敦斯3011号、伯2716号写本"知"作"智"。

⑦ 勇者不惧:《荀子·性恶》:"有上勇者,有中勇者,有下勇者。天下有中,敢直其身;先王有道,敢行其意;上不循于乱世之君,下不俗于乱世之民;仁之所在无贫穷,仁之所亡无富贵;天下知之,则欲与天下同苦乐之;天下不知之,则傀然独立天地之间而不畏:是上勇也。礼恭而意俭,大齐信焉,而轻货财;贤者敢推而尚之,不肖者敢援而废之:是中勇也。轻身而重货,恬祸而广解苟免,不恤是非然不然之情,以期胜人为意:是下勇也。"

⑧ 道:描述,自我鞭策。皇侃《义疏》云:"孔子云无,而实有也。故子贡云:孔子自道说也。"

孔子说:"君子之道有三,我都未能做到:仁者不忧愁,智者不困惑,勇者无所畏惧。"子贡说:"这是夫子自勉啊!"

14.29　子贡方①人。子曰:"赐也,贤乎哉②? 夫我则不暇③!"

【译文】

子贡经常评论别人的短处。孔子说:"赐啊,你就那么尽善尽美了吗? 我可没那个闲工夫议论别人。"

14.30　子曰:"不患人之不己知④,患其不能也⑤。"

【译文】

孔子说:"不必担心别人不了解自己,要担心的应该是自己有没有能力。"

14.31　子曰:"不逆⑥诈,不亿⑦不信,抑⑧亦先觉者,是贤乎!"

---

① 方:品评人之优劣。方,同"谤",《释文》曰:"郑本作'谤人',谓言人之过恶。"
② 贤乎哉:皇侃本作"贤乎我夫哉"。
③ 不暇:没有空闲。孔安国说:"不暇比方人也。"
④ 不患人之不己知:患:担忧。皇侃本无"之"字。
⑤ 其:自己。皇侃本、正平本作"患己无能也"。皇侃《义疏》:"言不患人之不知我之有才能也,正患无才能以与人知耳。"
⑥ 逆:预料、预测。
⑦ 亿:同"臆",臆想、猜测。《大戴礼记·曾子立事》:"君子不先人以恶,不疑人以不信。"
⑧ 抑:但是,可是。

【译文】

孔子说："不预先揣测别人欺诈，不臆测别人不守信用，但对他人的欺诈与失信能提前觉察，这样的人就是贤人吧。"

14.32　微生亩①谓孔子曰："丘何为是②栖栖③者与？无乃为佞④乎？"孔子曰⑤："非敢为佞也，疾固⑥也。"

【译文】

微生亩对孔子说："丘，你为何这样栖栖皇皇呢？莫非是要卖弄你的口才吗？"孔子说："我不敢巧言取媚，只是痛恨世俗固陋不化而想竭尽全力改变它。"

14.33　子曰："骥⑦不称⑧其力，称其德也。"⑨

【译文】

孔子说："所谓千里马，不是称赞它的体力，而是称赞它的品德。"

14.34　或曰："以德报怨⑩，何如？"子曰："何以报德⑪？

---

①　微生亩：人名，此人言辞甚倨，盖有齿德而隐者。
②　是：如此、这般。
③　栖（xī）栖：忙碌不安。
④　佞：巧言取媚。定州竹简本"佞"作"年"。
⑤　皇侃本、正平本作"孔子对曰"。
⑥　固：鄙陋。包咸说："疾世固陋，欲行道以化之也。"
⑦　骥（jì）：骏马。
⑧　称：称道、称赞。
⑨　骥不称其力，称其德也：定州竹简本"力"下有"也"字，"德"作"得"。郑玄说："德者，谓调良之德也。"邢昺《注疏》云："此章疾时尚力取胜而不贵德。骥是古之善马名，人不称其任重致远之力，但称其调良之德也。马既如是，人亦宜然。"
⑩　以德报怨：《老子》六十三章："大小多少，报怨以德。"以德报怨是老子思想，孔子于此讨论的是如何评价老子的思想。据《史记·孔子世家》记载，孔子"适周问礼，盖见老子"，孔子离开时，老子送给孔子几句话："吾闻富贵者送人以财，仁人者送人以言。吾不能富贵，窃仁人之号，送子以言，曰：'聪明深察而近于死者，好议人者也。博辩广大危其身者，发人之恶者也。为人子者毋以有己，为人臣者毋以有己。'"
⑪　定州竹简本"德"作"得"。

214

以直报怨①,以德报德。"

【译文】

　　有人问:"用恩德回报怨恨,如何?"孔子说:"那用什么报答恩德呢?应该以正直回报怨恨,用恩德回报恩德。"

　　14.35　子曰:"莫我知②也夫!"子贡曰:"何为其莫知子也?"子曰:"不怨天,不尤人③,下学而上达④。知我者其天乎⑤!"

【译文】

　　孔子说:"没有人真正懂我啊!"子贡问:"为什么说没有人真正懂您呢?"孔子说:"不报怨天,不责怪人,下学人事,上达仁道至高境界。真正懂我的大概只有上天吧!"

　　14.36　公伯寮⑥愬⑦子路于季孙,子服景伯⑧以告,曰:

---

　　①　以直报怨:以正直回报仇怨。荻生徂徕《论语徵》:"以直报怨者,当怨则怨,不当怨则不怨。当其怨之时,岂漠然无所用心乎? 以德报德者,谓以恩惠报恩惠已,岂别有精微之解哉?"

　　②　莫我知:莫知我。

　　③　不怨天,不尤人:《孟子·公孙丑下》:"君子不怨天,不尤人。"尤:责备。

　　④　下学而上达:可结合本章孔子所言"君子上达;小人下达"合观。皇侃《义疏》云:"下学,学人事。上达,达天命。我既学人事,人事有否有泰,故我不尤人。上达天命,天命有穷有通,故我不怨天也。"

　　⑤　知我者其天乎:据《史记·孔子世家》记载,鲁哀公十四年(前481)春,有人"采薪于大野,获麟焉,折其前左足,载以归"。有人将此事告诉孔子,言怪兽"有麏而角",孔子前往察看,言此即麟也,并呼"胡为来哉!"语罢"反袂拭面,涕泣沾衿"。弟子子贡问孔子"夫子何泣尔"? 孔子回答"麟之至,为明主也。出非其时而见害,吾是以伤焉"。麟是祥瑞"仁兽",太平盛世才应出现麒麟,今非盛世出而被猎,此乃不祥之兆。孔子由此想到自己坎坷不平的一生,不免睹物伤情,悲叹"吾道穷矣!"又言:"不怨天,不尤人,下学而上达,知我者其天乎!"

　　⑥　公伯寮(liáo):姓公伯,字子周,孔子弟子,季氏的家臣。

　　⑦　愬(sù):同"诉",告状,诋毁,诽谤。

　　⑧　子服景伯:即鲁国大夫子服何,姓子服,字伯,"景"为谥号。

"夫子固①有惑志②于公伯寮③，吾力犹能肆④诸市朝⑤。"

子曰："道之将行也与，命⑥也；道之将废也与，命也。公伯寮其如命何！"

【译文】

公伯寮在季孙氏面前诽谤子路，子服景伯将这件事告诉孔子，说："季孙氏已经被公伯寮的话迷惑了心智，不过凭我的能力还能够让公伯寮陈尸街头。"

孔子说："我的社会理想如果能实现，那是时与命；我的社会理想如果不能实现，这也是时与命。公伯寮又能把天命怎么样呢？"

14.37　子曰："贤者辟世⑦，其次辟地，其次辟色⑧，其次辟言⑨。"子曰："作者七人⑩矣！"

---

①　固：固然。
②　惑志：迷惑心智，季孙氏被公伯寮之言所迷惑。
③　皇侃本句末有"也"字。
④　肆：陈尸。
⑤　市朝：市场和朝堂，古代处死罪人后在集市或朝堂陈尸示众。
⑥　命：《论语·季氏》："君子有三畏：畏天命，畏大人，畏圣人之言。"所以，孔子认为人应该知命，"不知命，无以为君子。"（《论语·尧曰》）孟子不仅言顺命，也谈正命、立命："莫之为而为者，天也；莫之致而至者，命也。"（《孟子·万章上》）
⑦　辟世：逃避乱世。辟，同"避"。皇侃本、正平本、敦斯 3011 号、伯 2716 号写本即作"避"。孔安国说："世主莫得而臣之也。"
⑧　辟色：回避无礼之人。戴氏本"色"作"人"。《孟子·告子下》："所就三，所去三。迎之致敬以有礼，言将行其言也，则就之；礼貌未衰，言弗行也，则去之。其次，虽未行其言也，迎之致敬以有礼，则就之；礼貌衰，则去之。其下，朝不食，夕不食，饥饿不能出门户；君闻之，曰：'吾大者不能行其道，又不能从其言也。使饥饿于我土地，吾耻之。'周之，亦可受也，免死而已矣。"
⑨　朱子《集注》云："天下无道而隐，若伯夷太公是也。去乱国，适治邦。礼貌衰而去。有违言而后去也。程子曰：'四者虽以大小次第言之，然非有优劣也，所遇不同耳。'"
⑩　作者七人：这么做的已经有七位了。包咸认为此七人指：长沮、桀溺、丈人、石门、荷蒉、仪封人、楚狂接舆；王弼则认为此七人为：伯夷、叔齐、虞仲、夷逸、朱张、柳下惠、少连；郑玄认为有十人："伯夷、叔齐、虞仲、辟世者；荷蓧、长沮、桀溺、辟地者；柳下惠、少连、辟色者；荷蒉、楚狂接舆、辟言者。七当为十字之误也。"

【译文】

孔子说："贤人避开乱世而隐居；其次离开动乱的国家，择地而居；又其次，远离无礼之人；再其次，远离别人的恶言恶语。"孔子又说："这么做的人，已经有七位了。"

14.38　子路宿于石门①。晨门②曰："奚自③?"子路曰："自孔氏。"曰："是知其不可而为之者与④?"

【译文】

子路在石门露宿。清晨，守门的人问他："你从哪里来?"子路说："从孔夫子那里来。"守门的人说："就是那个明知大道不可行还孜孜不倦去推行的人吗?"

14.39　子击磬⑤于卫。有荷蒉⑥而过孔氏⑦之门者，曰："有心哉，击磬乎⑧!"既而曰："鄙哉，硁硁⑨乎! 莫己知也，斯己而已矣! 深则厉⑩，浅则揭⑪。"子曰："果⑫哉!

---

①　石门：地名，皇侃认为指鲁城门外。

②　晨门：负责晨开夜闭城门的小史。朱子《集注》云："晨门，掌晨启门，盖贤人隐于抱关者也。"皇侃本、正平本"晨门"上有"石门"二字。

③　奚自：自奚，从哪里来。

④　是知其不可而为之者与：包咸说："言孔子知世不可为，而强为之也。"

⑤　磬(qìng)：古代一种打击乐器，用玉石、或金属制作。

⑥　荷蒉：肩挑草筐；蒉(kuì)：草筐，皇侃本、正平本作"篑"，定州竹简本作"贵"。

⑦　孔氏：正平本作"孔子"；定州竹简本作"孔是"，非。

⑧　有心哉，击磬乎：皇侃《义疏》云："荷蒉者闻孔子磬声而云：非是平常之其声乎? 有别所志，故云'有心哉'。"朱子《集注》云："此荷蒉者，亦隐士也。圣人之心未尝忘天下，此人闻其磬声而知之，则亦非常人矣。"

⑨　硁硁(keng)：击磬的声音，定州竹简本作"坙坙"，借字。

⑩　厉：不脱衣涉水。

⑪　深则厉，浅则揭：语出《诗经·卫风·匏有苦叶》。包咸说："以衣涉水为厉。揭，揭衣。言随世以行己，若遇水必以济，知其不可则当不为也。"朱子《集注》云："以衣涉水曰厉，摄衣涉水曰揭。此两句，《卫风·匏有苦叶》之诗也。讥孔子人不知己而不止，不能适浅深之宜。"

⑫　果：坚决、果断。

末之难①矣！”

【译文】

孔子在卫国，有一天正在击磬，有个挑着草筐的人从孔子门前走过，说："这位击磬的人心有所思啊！"一会儿又说："境界不太高呀，磬声硁硁的。世间无人知晓我心，何妨随世行己！河水太深，索性穿着衣裳渡河；河水浅，就撩起衣服趟过去。"孔子说："这话说得简洁明了啊！我也没有什么好驳难的。"

14.40　子张曰："《书》云：'高宗②谅阴③，三年不言。'何谓也？"子曰："何必高宗，古之人皆然。君薨④，百官总己以听于冢宰⑤三年。"

---

①　末之难：钱宾四《论语新解》云："末，无义。言此荷蒉者果决于忘世，亦无以难之。"
②　高宗：指商王武丁。
③　谅阴：又做谅闇，定州竹简本作"谅音"，天子居丧之庐。有关三年之丧的最早记载见诸《尚书·无逸》："其在高宗，时旧劳于外，爰暨小人。作其即位，乃或亮阴，三年不言，其惟不言，言乃雍。"相关表述又散见于《左传》、《论语》、《孟子》、《史记》、《礼记》等典籍。《左传》昭公十一年载："九月，葬齐归，公不慼。晋士之送葬者，归以语史赵。史赵曰：'必为鲁郊。'侍者曰：'何故？'曰：'归，姓也。不思亲，祖不归也。'叔向曰：'鲁公室其卑乎？君有大丧，国不废蒐。有三年之丧，而无一日之慼。国不恤丧，不忌君也。君无慼容，不顾亲也。国不忌君，君不顾亲，能无卑乎？殆其失国。'"《史记·孔子世家》载："孔子葬鲁城北泗上，弟子皆服三年。三年心丧毕，相诀而去，则哭，各复尽哀，或复留。唯子赣庐于冢上，凡六年，然后去。"焦循认为"三年之丧"是殷代旧制，傅斯年在《周东封与殷遗民》一文也认为"惟一可以解释此困难者，即三年之丧，在东国，在民间，有相当之通行性，盖殷之遗礼，而非周之制度。"胡适在《说儒》一文也持同样观点："三年之丧是'儒'的丧礼，但不是他们的创制，只是殷民族的丧礼。"
④　薨(hōng)：周代诸侯去世称薨。《礼记·曲礼下》："天子死曰崩，诸侯曰薨，大夫曰卒，士曰不禄，庶人曰死。"
⑤　冢宰：周代官名，六卿之首。《尚书·周书·周官》："冢宰掌邦治，统百官，均四海。"听于冢宰，指百官都听命于冢宰。

【译文】

子张问:"《尚书》上说:'殷高宗武丁守丧,住在凶庐,三年不问政事。'这是什么意思呢?"孔子说:"岂止是殷高宗,古人都恪守这一礼节。君主去世了,嗣君三年不问政事。文武百官各守其职,听命于冢宰三年。"

14.41　子曰:"上好礼,则民易使①也。"

【译文】

孔子说:"在上位的人若崇尚礼义,社会大众自然也会崇尚礼义,社会大众就容易听从管理。"

14.42　子路问君子。子曰:"修己以敬②。"

曰:"如斯而已乎?"曰:"修己以安人③。"

曰:"如斯而已乎?"曰:"修己以安百姓。修己以安百姓,尧舜其犹病④诸。"

【译文】

子路问如何成为君子。孔子说:"心存敬诚,修养自身。"

---

①　则民易使:皇侃《义疏》:"礼以敬为本,君既好礼,则民莫敢不敬,故易使也。民莫敢不敬,故易使之也。"皇侃本"使"下有"之"字。

②　修己以敬:以敬诚修身养心。正平本"敬"下有"人"字。

③　修己以安人:"安"在《论语》出现多次。"安"是心安,程树德《论语集释》引《四书辨疑》:"所安者,言其本心所主定止之处也。"心"定止"于仁,心才能有所安。《为政》篇"视其所以,观其所由,察其所安"文句在《逸周书·官人解》也出现,但无"察其所安"四字,"察其所安"应该是孔子所加。皇侃《义疏》诠释说:"情性所安,最为深隐,故云察也。"皇侃点明"安"与"情性"有关。《礼记·表记》记载孔子语录:"中心安仁者,天下一人而已矣。"《礼记》属于战国儒家作品,但儒家思想发生与演变的轨迹隐伏其间。楚简《五行》云"不仁不安,不安不乐,不乐无德。"乐源自心安,心安源自内在仁德自然展现。

④　病:孔安国说:"病,犹难也。"

子路说:"这样就可以了吗?"孔子说:"修养自身,让别人安乐自适。"

子路又说:"就这样而已吗?"孔子说:"修养身心,让天下百姓安乐幸福。修养身心,让天下百姓安乐幸福,即使尧舜也担心做不到呢!"

14.43　原壤①夷②俟③。子曰:"幼而不孙弟④,长而无述⑤焉,老而不死,是为贼⑥。"以杖叩其胫⑦。

【译文】

原壤张开双腿蹲在地上,等待孔子到来。孔子说:"年幼的时候不懂得敬顺长者,长大后没有做过一件值得别人称道的事,老了还不知礼,赖活着不死,真是个祸害啊!"说完,用拐杖敲了敲原壤的小腿。

---

①　原壤:人名,鲁国人,孔子少时故交。朱子《集注》云:"原壤,孔子之故人。母死而歌,盖老氏之流,自放于礼法之外者。"原壤母亲去世,孔子主动提出帮助原壤"沐椁",即入葬外棺。待孔子前往,原壤却登上棺木,言"久矣,予之不托于音也",然后唱道"狸首之斑然,执女手之卷然",有意蔑视礼法。孔子佯装不知,"为弗闻也者而过之"。随从弟子劝孔子与其绝交,孔子却执意相助,言"丘闻之,亲者毋失其为亲也,故者毋失其为故也",孔子认为原壤本人放浪形骸,自己不能不遵守礼节。

②　夷:踞,蹲着。

③　俟(sì):等待。

④　孙弟:同逊悌,皇侃本、正平本即作"逊悌",敦斯 3011 号写本作"愻悌"。《大戴礼记·曾子立事》:"少称不弟焉,耻也;壮称无德焉,辱也;老称无礼焉,罪也。"邢昺《注疏》云:"言原壤幼少不顺弟于长上,及长无德行可称述,今老而不死,不修礼教,是为贼害。"

⑤　无述:没有可称道的事迹。

⑥　老而不死,是为贼:皇侃《义疏》:"言壤年已老而未死,行不敬之事,所以贼害于德也。"

⑦　胫:小腿。

14.44　阙党①童子②将命③。或问之曰："益④者与?"子曰："吾见其居于位⑤也,见其与先生并行⑥也。非求益者也,欲速成者也。"

【译文】

阙里的一位少年来给孔子传话。有人问孔子说："这是一位求上进的孩子吗?"孔子说："我看到他坐在大人的座位上,又看到他与长辈并肩而行。他不是一位求上进的孩子,只是一位急于求成的人而已。"

① 阙党:即阙里,在今山东省曲阜市,孔子居住的地方。
② 童子:未到弱冠之人。
③ 将命:奉主人之命传话。
④ 益:进益,长进。
⑤ 居于位:坐在位置上。《礼记·玉藻》云:"(童子)无事则立主人之北,南面。见先生,从人而入。"又何晏《集解》云:"童子隅坐无位,成人乃有位也。"居:定州竹简本作"君",正平本作"距"。
⑥ 先生:长辈。其与先生并行,违反了礼仪,按照《礼记·曲礼》记载,年龄相差五岁,齿幼者应该稍后而行。

卷十五　卫灵公第十五　凡四十二章

15.1　卫灵公问陈①于孔子。孔子对曰："俎豆②之事，则尝闻之矣；军旅③之事，未之学也。"明日遂行。

【译文】

卫灵公向孔子请教如何布兵打仗之事。孔子答："祭祀礼仪的事，我粗略了解一些；行军打仗的事，我没有学过。"第二天孔子就离开了卫国。

15.2　在陈绝粮，从者病，莫能兴④。子路愠见⑤曰："君子亦有穷乎⑥?"子曰："君子固穷⑦，小人斯滥⑧矣。"

---

①　陈(zhèn)：通"阵"，布阵、战阵。皇侃本、敦伯 2123 号写本作"阵"。《左传·哀公十一年》："孔文子之将攻大叔也，访于仲尼。仲尼曰：'胡簋之事，则尝学之矣；甲兵之事，未之闻也。'退，命驾而行。"孔子其实对军事素有研究，冉有、樊迟等弟子卓越的军事才华即是明证。针对卫国君不君、臣不臣的混乱政局，孔子委婉拒绝回答。

②　俎(zǔ)豆：古代盛放食物的礼器，主要用于祭祀。俎豆之事泛指礼仪之事。

③　军旅：军事上的战略战术。郑玄注曰："万二千五百人为军，五百人为旅也。军旅，末事。本未立，则不可教以末事。"

④　兴：起，起身。

⑤　愠见：生气求见。皇侃《义疏》："诸子皆病，无能起者。唯子路刚强，独能起也。心恨君子行道乃至如此困乏，故便愠色而见孔子也。"见：一说同"现"，流露。

⑥　正平本无"有"字。

⑦　固穷：固然有穷困潦倒之时，但君子在穷困之时仍能固守其道而不改志。此处之"穷"，并非单纯指经济上窘迫，而是指人生理想不能实现。荻生徂徕《论语徵》："且谓贫贱为穷，后世之言也，乃道穷之谓已。"

⑧　滥：没有节制，胡作非为。

【译文】

孔子一行在陈国断了粮食,跟随的弟子们都饿病了,站都站不起来。子路气冲冲来见孔子,说:"君子也有穷困潦倒的时候吗?"孔子说:"君子固然偶尔也有穷困不得志的时候,小人一旦陷入穷困,就肆无忌惮地胡作非为。"

15.3　子曰:"赐也①,女②以予为多学而识③之者与?"对曰:"然,非与?"曰:"非也! 予一以贯之④。"

【译文】

孔子说:"赐啊,你真以为我是博学而强记的天才吗?"子贡回答说:"对啊,难道不对吗?"孔子说:"不对。我的道是用一个核心的观念贯穿始终。"

15.4　子曰:"由,知德⑤者鲜矣!"

【译文】

孔子说:"由,真正体悟德性的人太少了!"

---

① 定州竹简本无"也"字。

② 皇侃本、正平本、敦伯 2123 号写本"女"作"汝"。

③ 识:通"志",记住。定州竹简本即作"志"。

④ 一以贯之:何晏《集解》云:"善有元,事有会,天下殊涂而同归,百虑一致,知其元则众善举矣。故不待多学,一以知之也。""一以贯之"在《论语》出现两次,《论语·里仁》记载孔子当着众弟子的面与曾子交谈:"参乎! 吾道一以贯之。"曾子对孔子"吾道一以贯之"的回答是"夫子之道,忠恕而已矣。"孔子"一以贯之"之"一"是仁。《中庸》引孔子"忠恕违道不远,施诸己而不愿,亦勿施于人"正好印证曾子的理解符合孔子原意。曾子以"忠恕"诠释"仁",其哲学意义何在? "'夫子之道,忠恕而已矣。'这就行上说。"朱熹这一"提撕"之语犹如醍醐灌顶,曾子"忠恕"思想是从知行关系的工夫论层面诠释仁学。

⑤ 知德:以心体领德之谓德。朱子《集注》:"德,谓义理之得于己者。非己有之,不能知其意味之实也。"

15.5 子曰：“无为而治①者，其舜也与②！夫何为哉？恭己③正南面④而已矣。”

【译文】

孔子说：“能够通过无为而治，实现天下太平的圣人，大概只有舜吧！他做了些什么呢？只不过恭谨地约束自己，一言一行符合君王之道而已。”

15.6 子张问行⑤。子曰：“言忠信⑥，行笃⑦敬，虽蛮貊⑧之邦⑨行矣；言不忠信，行不笃敬，虽州里⑩行乎哉？立，则见其参⑪于前也；在舆，则见其倚于衡⑫也。夫然后行⑬！”子张

---

① 无为而治：孔子所言“无为而治”与道家不同，孔子强调君王以德自律、重用贤人，进而达到无为而治理想社会。朱子《集注》云：“无为而治者，圣人德盛而民化，不待其有所作为也。独称舜者，绍尧之后，而又得人以任众职，故尤不见其有为之迹也。”老子、庄子也谈“无为”，但含义不一。在《庄子·应帝王》篇中，面对“请问为天下”的提问，得道之士斥责提问者是“鄙人”。庄子认为天下本不可“为”！“为天下”既违忤自然本性，也有违于人之天性。

② 定州竹简本无“与”字。

③ 恭己：恭谨以律己。

④ 南面：即面南。古代以坐北朝南为尊，因此南面又代指帝位、君位。

⑤ 行：立身之道。皇侃《义疏》云：“问人立身居世修善，若为事而其道事，可得行于世乎？”

⑥ 主忠信：《论语》虽然两次出现“诚”，但皆非名词。忠是对自己的道德要求，信是对待他人的道德态度。忠与信结合，即是“诚”之发用。

⑦ 笃：笃厚。朱子《集注》：“笃，厚也”。

⑧ 蛮貊(mò)：古代对周边少数民族的称呼，蛮在南，貊在北，代指野蛮地区。定州竹简本作“䜌貊”。

⑨ 定州竹简本“邦”作“国”，下同，避汉高祖刘邦讳。

⑩ 州里：郑玄《注》：“万二千五百家为州，五家为邻，五邻为里。”

⑪ 参：通“骖”，引申为耸立。皇侃本、正平本、定州竹简本“参”下有“然”字。

⑫ 衡：车辕前端的横木。

⑬ 皇侃本、正平本句末有“也”字。朱子《集注》云：“言其于忠信笃敬念念不忘，随其所在，常若有见，虽欲顷刻离之而不可得。然后一言一行，自然不离于忠信笃敬，而蛮貊可行也。”

书诸绅①。

【译文】

　　子张问立身行事之道。孔子说："说话忠诚守信，做事笃实恭敬，即使生活在蛮夷荒凉之地也行得通；说话奸诈诡谲，做事不笃不敬，即使在本乡本土，能行得通吗？站立着的时候，'忠、信、笃、敬'四字就像马车前面奔跑的马一样，始终耸立你在眼前；在车上，就好像看见'忠、信、笃、敬'四字写在车辕前端的横木上。能够做到这样念念不忘，就可以在社会上立身。"子张随即把这些话写在了自己的腰带上。

　　15.7　子曰："直哉史鱼②！邦有道，如矢③；邦无道，如矢。君子哉蘧伯玉！邦有道，则仕④；邦无道，则可卷而怀之⑤。"

【译文】

　　孔子说："刚直啊，史鱼！政治清明的时候，像射出的箭一样直；国家昏暗无道的时候，他也保持像箭一样刚直。蘧伯玉真是君子啊！政治清明的时候，他就出仕为官；国家政治昏暗无道的时候，他就隐居不出，洁身自好。"

　　15.8　子曰："可与言，而不与之言⑥，失人⑦；不可与言，

---

　　①　绅：士大夫束腰身的大带子。书诸绅：写在束腰的带子上。孔安国说："绅，大带也。"
　　②　史鱼：字子鱼，卫国大夫，名鱼酋（qiū），"史"是官名。《韩诗外传》卷七："（史鱼）生以身谏，死以尸谏，可谓直矣。"
　　③　矢：箭。如矢，形容史鱼之直。
　　④　定州竹简本"仕"作"士"。
　　⑤　卷而怀之：退出官宦之地，隐居不出。卷，同"捲"。怀，收藏。唐石经本"之"作"也"字。包咸说："卷而怀，谓不与时政，柔顺不忤于人也。"
　　⑥　皇侃本、正平本、定州竹简本、唐石经本无"之"字。
　　⑦　失人：错失人才。

而与之言,失言①。知②者不失人,亦不失言。"③

【译文】

孔子说:"可以跟他交谈的,却不跟他交谈,这是错过人才;不可以跟他交谈的,却跟他交谈,这是说错了话。智慧的人不会错过人才,也不会说错话。"

15.9　子曰:"志士仁人④,无求生以害仁⑤,有杀身以成仁。"

【译文】

孔子说:"志士仁人,不会因为贪生怕死而戕害仁,却能做到牺牲自己的生命成全仁。"

15.10　子贡问为仁⑥。子曰:"工欲善其事,必先利其器⑦。居是邦也,事其大夫之贤者⑧,友其士之仁者⑨。"

---

①　失言:出言失当。《荀子·大略》:"非其人而教之,赍盗粮,借贼兵也。"
②　皇侃本、敦伯 2123 号写本"知"作"智"。
③　邢昺《注疏》云:"此章戒其知人也。若中人以上,可以语上,是可与言而不与言,是失于彼人也。若中人以下,不可以语上,而己与之言,则失于己言也。惟知者明于事,二者俱不失。"
④　敦伯 2123 号写本作"士志于仁"。
⑤　唐石经"仁"作"人"。《孟子·告子上》:"鱼,我所欲也。熊掌,亦我所欲也。二者不可得兼,舍鱼而取熊掌者也。生,亦我所欲也。义,亦我所欲也。二者不可得兼,舍生而取义者也。生亦我所欲,所欲有甚于生者,故不为苟得也。死亦我所恶,所恶有甚于死者,故患有所不辟也。"
⑥　为仁:践行仁德。这是从工夫论层面问"什么是仁?"而不是从逻辑学层面问"仁是什么?"
⑦　定州竹简本脱"先"字。孔安国说:"言工欲以利器为用,人以贤友为助也。"
⑧　事其大夫之贤者:师法那些大夫中的贤能者。事:师法、效法。
⑨　皇侃本、正平本句末有"也"字。

【译文】

子贡问如何培养仁德。孔子说:"工欲善其事,必先利其器。居住在一个国家,要师法那些大夫中的贤能之人,并且与士人中的仁人交朋友。"

15.11　颜渊问为邦。子曰:"行夏之时①,乘殷之辂②,服周之冕③,乐则《韶》④《舞》⑤。放郑声⑥,远佞人⑦。郑声淫⑧,

---

① 夏之时:夏代的历法,即今天的农历。殷商的历法以建丑月(农历十二月)为岁首,周代的历法以建子月(农历十一月)为岁首,夏历则用建寅月(农历正月)为岁首正月。因夏历更符合时令、便于耕作,所以春秋时期仍有一些诸侯国采用夏历。《左传·昭公十七年》:"夏数得天"。朱子《集注》云:"夏时,谓以斗柄初昏建寅之月为岁首也。天开于子,地辟于丑,人生于寅,故斗柄建此三辰之月,皆可以为岁首。而三代迭用之,夏以寅为人正,商以丑为地正,周以子为天正也。然时以作事,则岁月自当以人为纪。故孔子尝曰,'吾得夏时焉',而说者以为谓《夏小正》之属。盖取其时之正与其令之善,而于此又以告颜子也。"

② 殷之辂(lù):殷商时期的车。殷商时期的车以木头为材质,比周代的车更加朴实,定州竹简本"辂"作"路"。朱子《集注》云:"古者以木为车而已,至商而有辂之名,盖始异其制也。周人饰以金玉,则过侈而易败,不若商辂之朴素浑坚而等威已辨,为质而得其中也。"

③ 周之冕:周代的礼帽。周代的礼帽比前代华美但不奢靡,周冕蕴含尚文重礼之意,定州竹简本"冕"作"統"。朱子《集注》云:"周冕有五,祭服之冠也。冠上有覆,前后有旒。黄帝以来,盖已有之,而制度仪等,至周始备。然其为物小,而加于众体之上,故虽华而不为靡,虽费而不及奢。夫子取之,盖亦以为文而得其中也。"

④ 《韶》:舜时的乐舞。皇侃本"韶"作"诏"。鲁昭公二十五年(公元前517年),鲁国发生内乱,鲁昭公被迫逃往齐国,孔子也跟随国君到了齐国。据《论语·述而》记载,"子在齐闻《韶》,三月不知肉味,曰:'不图为乐之至于斯也!'"《史记·孔子世家》亦载此事,孔子"与齐太师语乐,闻《韶》音,学之,三月不知肉味,齐人称之"。《韶》亦作《箫韶》《大韶》《九歌》等,周代"六舞"之一,属"文舞",周代用以祭祀"四望"(即四方)。《韶》乐传说是舜时代的音乐,孔子认为舜以至诚孝心感化天下,乃是"仁政"、"德治"的最高典范。孔子认为《韶》乐"尽美矣,又尽善也。"对形式美的欣赏,是艺术情趣;对内容善的赞扬,是道德情怀。因此,《礼记·乐记》说:"乐者,所以象德也。"

⑤ 舞:同"武",定州竹简本即作"武",歌颂周武王的乐舞为《武》乐。孔子评价《武》乐是"尽美矣,未尽善也"。

⑥ 放郑声:摒弃郑国的低俗音乐。放:排斥、抛弃;郑声:郑国的民间低俗音乐,不符合儒家"移风易俗"的音乐趣味。儒家认为音乐可以用来修养身心,《礼记·乐记》说:"是故先王有大事,必有礼以哀之;有大福,必有礼以乐之:哀乐之分,皆以礼终。乐也者,圣人之所乐也,而可以善民心,其感人深,其移风易俗,故先王著其教焉。"

⑦ 远佞人:疏远巧言令色的小人。远,使动用法,使之远;佞人,定州竹简本作"年人"。

⑧ 淫:淫荡。

227

佞人殆①。"

【译文】

颜渊请教治国之道。孔子说:"实行夏代的历法,乘坐商代的车,戴周代的礼帽,演奏《韶》乐和《武》乐。摒弃郑国的低俗乐曲,疏远巧言令色的人。郑国的音乐淫荡不正派,巧言谄媚的人会将国家导向衰败。"

15.12 子曰:"人无远虑②,必有近忧。"

【译文】

孔子说:"一个人如果缺乏长远的谋划,那他一定会有旦夕之祸。"

15.13 子曰:"已矣乎③! 吾未见好德如好色者也!④"

【译文】

孔子说:"算了吧! 我从来没有见过像喜好美色那样喜好美德的人。"

15.14 子曰:"臧文仲⑤,其窃位⑥者与! 知柳下惠⑦之

---

① 殆:危险。
② 皇侃本、正平本、定州竹简本"人"下有"而"字。王肃说:"君子当思虑而预防也。"
③ 皇侃本无"乎"字。
④ 此句重出,已见于卷九第十八章。荻生徂徕《论语徵》:"是叹世无用孔子者也。"
⑤ 臧文仲:鲁国的大夫。《左传·文公二年》:"仲尼曰:'臧文仲,其不仁者三,不知者三。下展禽,废六关,妾织蒲,三不仁也。作虚器,纵逆祀,祀爰居,三不知也。"
⑥ 窃位:窃据官位。孔安国云:"知其贤而不举,为窃位也。"朱子《集注》:"窃位,言不称其位而有愧于心,如盗得而阴据之也。"定州竹简本作"窃立"。
⑦ 柳下惠:鲁国大夫,本名展获,字禽,柳下为其食邑之名,惠为谥号。

贤,而不与立①也②。"

【译文】

孔子说:"臧文仲大概算得上是一个窃居官位的人吧! 他明知道柳下惠贤能,却不举荐他,使他与自己同立于朝廷。"

15.15　子曰:"躬自厚③而薄责于人④,则远怨矣!"

【译文】

孔子说:"多反省自己的言行,少苛责他人,就可以免生怨人之心了。"

15.16　子曰:"不曰'如之何,如之何'者,吾末如之何也已矣⑤?"

【译文】

孔子说:"一个从不说'怎么办、怎么办'的人,我对他也不知道该怎么办。"

---

① 不与立:不与之并立于朝廷。定州竹简本"不"作"弗"。立:同"位",俞樾《群经平议》云:"不与立于朝廷,而但曰'不与立',文义未足。'立'当读为'位'。"

② 敦伯 2123 号写本无"也"字。

③ 躬自厚:严于律己。躬,自身。

④ 薄责于人:以宽恕的心态对待他人。《孟子·尽心下》:"君子之言也,不下带而道存焉。君子之守,修其身而天下平。人病舍其田而芸人之田,所求于人者重,而所以自任者轻。"

⑤ 定州竹简本"末"作"未",无"已矣"二字。此句可与孔子"言寡尤,行寡悔"相参照。朱子《集注》云:"如之何如之何者,熟思而审处之辞也。不如是而妄行,虽圣人亦无如之何矣。"

15.17　子曰:"群居终日,言不及义①,好行小慧②,难矣哉③!"

【译文】

孔子说:"一些人整天聚在一起,所谈完全不及道义,只喜欢卖弄小聪明,这种人一辈子难成大事。"

15.18　子曰:"君子义以为质④,礼以行之,孙⑤以出之,信以成之。君子哉!"

【译文】

孔子说:"君子以义作为人生的根本,用礼来施行,用谦逊的态度来表达,用诚实守信成就事业。这才是君子啊!"

15.19　子曰:"君子病⑥无能焉⑦,不病人之不己知也⑧。"

【译文】

孔子说:"君子只担忧自己没有才能,不苛责别人不了解自己。"

---

①　言不及义:言谈与仁义之道无涉。
②　小慧:小聪明、私智。皇侃本、正平本、定州竹简本、敦伯2123号、伯3433号、3745号写本"慧"作"惠"。
③　难以哉:郑玄说:"小惠,谓小小才智也。难矣哉,言终无成功也。"
④　义以为质:以义作为人之所以为人的本质。"仁义内在"是孔子、孟子基本观点,有别于告子所言"仁内义外"。定州竹简本句首无"君子"二字。郑玄说:"义以为质,谓操行也。"
⑤　孙:同"逊",皇侃本、正平本、敦伯2123号写本作"逊"。郑玄说:"逊以出之,谓言语。"
⑥　病:忧虑、担忧。一说犹耻。
⑦　定州竹简本无"焉"字。
⑧　人之不己知也:别人不了解自己。敦伯2123号写本无"也"字。《论语·宪问》:"不患人之不己知,患其不能也。"

15.20　子曰:"君子疾没世①而名不称②焉。"

【译文】

孔子说:"君子深感痛心的是,自己一直到死都名不副实。"

15.21　子曰:"君子求③诸己,小人求诸人。"

【译文】

孔子说:"君子凡事严于律己,小人凡事苛求别人。"

15.22　子曰:"君子矜④而不争,群而不党⑤。"

【译文】

孔子说:"君子自尊自重而不与人争强好胜,君子合群但不结党营私。"

15.23　子曰:"君子不以言举人,不以人废言。"⑥

---

① 没世:去世。

② 名不称:名实不符。伊藤仁斋《论语古义》引张拭语:"此勉人及时进修也。有是实则有是名,名者所以命其实也。终其身而无实之可名,君子疾之,非疾其无名也,疾其无实也。"

③ 求:责求、责备。《中庸》:"在上位不陵下,在下位不援上,正己而不求于人则无怨。上不怨天,下不尤人。"

④ 矜:矜庄、矜勉。《论语·八佾》:"君子无所争。"

⑤ 群而不党:善与人合群但不结党营私。孔安国说:"党,助也。君子虽众,不相私助,义之与必也。"

⑥ 君子不以言举人,不以人废言:伊藤仁斋《论语古义》:"不以言举人,智也;不以人废言,仁也。"邢昺《注疏》云:"此章言君子用人,取其善节也。有言者不必有德,故不可以言举人。当察言观行,然后举之。夫妇之愚可以与知,故不可以无德而废善言也。"

【译文】

孔子说:"君子不会因为某人话说得中耳就举荐他,也不因为某人地位低贱就鄙弃他说的善言。"

15.24　子贡问曰:"有一言①而可以终身行之者乎②?"子曰:"其'恕③'乎! 己所不欲,勿施于人④。"

【译文】

子贡问孔子:"有没有一个字可以让我终身奉行呢?"孔子说:"那就是'恕'这个字。己所不欲,勿施于人。"

15.25　子曰:"吾之于人也,谁毁谁誉? 如有所誉者⑤,其有所试⑥矣。斯民也,三代⑦之所以直道而行也。"

---

①　一言:一字。古人称一字为一言。刘氏《正义》云:"一言,谓一字。"

②　皇侃本、正平本作"有一言而可以终身行者乎也",定州竹简本"一"作"壹",无"以"、"之"字。

③　恕:朱子将"恕"诠释为"推己之谓恕"。韩婴《韩诗外传》云:"圣人以己度人者也。以心度心,以情度情,以类度类,古今一也。类不悖,虽久同理,故性缘理而不迷也。"韩婴相信以己"心"可以实现"度"他人之心,以己"情"可以实现"度"他人之情。王弼也认为"恕者,反情以同物者也。"皇侃《义疏》云:"恕,谓内忖己心,外以处物,言人在世,当终身行于恕也,故云'其恕乎'。"朱子《集注》云:"推己及物,其施不穷,故可以终身行之。"《中庸》:"施诸己而不愿,亦勿施于人。"

④　己所不欲,勿施于人:《中庸》引孔子语:"施诸己而不愿,亦勿施于人。"《大戴礼记·卫将军文子》载孔子语录:"高柴执亲之丧,则难能也;开蛰不杀,则天道也;方长不折,则恕也。恕则仁也,汤恭以恕,是以日跻也。"

⑤　皇侃本作"如有可誉者"。

⑥　试:检验、验证。包咸说:"所誉辄试以事,不空誉而已矣。"《汉书·艺文志》云:"儒家者流,盖出于司徒之官,助人君顺阴阳,明教化者也。游文于六经之中,留意于仁义之际,祖述尧舜,宪章文武,宗师仲尼,以重其言,于道最为高。孔子曰:'如有所誉,其有所试。'唐虞之隆,殷周之盛,仲尼之业,已试之效者也。"

⑦　三代:夏、商、周。

【译文】

孔子说:"我对于他人,诋毁过谁? 又赞誉过谁呢? 如果对某人有所称赞,那一定是经过人们检验了。夏商周三代这些正直的民众,正是三代能够直道而行的社会基础。"

15.26　子曰:"吾犹及史之阙文①也。有马者借人乘之②,今亡矣夫③!"

【译文】

孔子说:"我以前还看到过史书上的阙文。人有马自己不懂如何调御,则虚心请人驯服。如今这种事情已经看不到了。"

15.27　子曰:"巧言乱德④,小不忍,则乱大谋⑤。"

【译文】

孔子说:"花言巧语会败坏人的品德。如果小处不能忍耐,就会扰乱大谋略。"

---

①　阙文:古代史官记载史事时,遇到有疑问之处,或有字不识,就空缺不记。包咸说:"古之良史,于书字有疑,则阙之以待知者也。"

②　此句历代无善解。邢昺《注疏》云:"此章疾时人多穿凿也。'子曰吾犹及史之阙文也'者,史是掌书之官也。文,字也。古之良史,于书字有疑,则阙之,以待能者,不敢穿凿。孔子言我尚及见此古史阙疑之文。'有马者借人乘之'者,此举喻也。喻己有马不能调良,当借人乘习之也。'今亡矣夫'者,亡,无也。孔子自谓及见其人如此阙疑,至今则无有矣。言此者,以俗多穿凿。"《汉书·艺文志》曰:"古制,书必同文,不知则阙,问诸故老。至于衰世,是非无正,人用其私。故孔子曰:'吾犹及史之阙文也,今亡矣夫。'盖伤其浸不正。"顾炎武《日知录》引《汉书·艺文志》之语曰:"是知穿凿之弊自汉已然,故有行赂改兰台漆书,以合其私者矣。"

③　皇本、正平本作"今则亡矣夫"。

④　巧言乱德:花言巧语会败坏人的品德。《论语·学而》:"巧言令色,鲜矣仁!"

⑤　小不忍,则乱大谋:正平本、定州竹简本无"则"字。邢昺《注疏》云:"此章戒人慎口忍事也。有言者不必有德,故巧言利口则乱德义。山薮藏疾,国君含垢,故小事不忍则乱大谋。"

15.28　子曰："众恶之,必察焉①;众好之,必察焉。"

【译文】

孔子说:"如果众人都厌恶某人,一定要留心考察一下;如果众人都喜欢某人,也一定要留心考察一下。"

15.29　子曰："人能弘道②,非道弘人③。"

【译文】

孔子说:"人能够弘扬道,而不是道来弘扬人。"

15.30　子曰："过而不改④,是谓过矣⑤!"

【译文】

孔子说:"有了过错而不立即改正,那就真正成为过错了。"

15.31　子曰:"吾尝终日不食,终夜不寝,以思,无益⑥,不

---

①　众恶之,必察焉:俞樾《群经平议》云:"《潜夫论·潜叹篇》引孔子曰'众好之必察焉,众恶之必察焉。'盖汉时旧本如此,今传写误倒耳。《风俗通论·正失篇》引孔子曰:'众善焉必察之,众恶焉必察之。'虽文字小异,而亦'善'在'恶'前,可据以订正。"

②　弘道:弘扬作为本体的道。《中庸》载孔子语:"道之不行也,我知之矣,知者过之,愚者不及也;道之不明也,我知之矣,贤者过之,不肖者不及也。"《中庸》云:"大哉圣人之道! 洋洋乎! 发育万物,峻极于天。优优大哉! 礼仪三百,威仪三千。待其人而后行。故曰苟不至德,至道不凝焉。"

③　非道弘人:王肃说:"材大者,道随大。材小者,道随小。故不能弘人也。"皇侃本、正平本句末有"也"字。《中庸》载孔子语:"道不远人。人之为道而远人,不可以为道。"

④　过而不改:有了过错而不改正。《论语·子张》载子夏语:"小人之过也必文。"

⑤　定州竹简本作"过而弗改,是之谓过"。

⑥　定州竹简本"益"下有"也"字。

如学也①。"

【译文】

孔子说:"我曾经整天不吃饭,整夜不睡觉,只是耽于思考,结果一无所获。不如不断去求知。"

15.32 子曰:"君子谋道不谋食。耕也,馁②在其中矣;学也,禄在其中矣。君子忧道不忧贫。"

【译文】

孔子说:"君子致力于谋求大道能否实现,而不应沉湎于谋求物质财富。单纯为谋生而耕作,饥饿时常伴随其间;致力于为践行大道而学习,俸禄蕴含在其中。君子只担忧大道能否实现,而不应为贫穷忧愁。"

15.33 子曰:"知③及之④,仁不能守之⑤,虽得之,必失之。知及之,仁能⑥守之,不庄以莅⑦之,则民不敬⑧。知及

---

① 此章讨论思与学关系。《荀子·劝学》云:"吾尝终日而思矣,不如须臾之所学也。吾尝跂而望矣,不如登高之博见也。登高而招,臂非加长也,而见者远;顺风而呼,声非加疾也,而闻者彰。假舆马者,非利足也,而致千里;假舟楫者,非能水也,而绝江河。君子生非异也,善假于物也。"

② 馁(něi):饥饿。定州竹简本"馁"作"饥",句末无"矣"字。

③ 知:智慧。皇侃本、敦伯2123号写本"知"作"智",下文同。朱子《集注》:"知足以知此理,而私欲间之,则无以有之于身矣。"

④ 之:学术上对"之"有多种理解,皇侃认为指禄位、官位;朱熹认为指民众;第三种,也有人认为"知及之"、"仁守之"中的"之"指事理,治民之道,"莅之"、"动之"的"之"指民,见钱宾四《论语新解》,我们采用这种说法。

⑤ 定州竹简本作"仁弗能守",戴氏本无"仁"字。

⑥ 定州竹简本"能"作"耐"。

⑦ 定州竹简本"庄"作"状","莅"作"位";唐石经"莅"作"涖"。莅:治理、临视。

⑧ 定州竹简本无"则"字。

之，仁能守之，庄以莅之①，动之不以礼，未善②也。"

【译文】

孔子说："凭借一个人的知识与才智足以达到的高处，如果不能以仁德护守它，即使一时获得，也终将丧失。如果一个人的智慧足以了解大道，仁德也足以恪守，但是不能以庄严的心态对待平民百姓，平民百姓就不会心怀敬畏之心。如果一个人的智慧足以掌握大道，仁德也足以护守大道，并且能以敬慎的心对待平民百姓，但未能以礼感化平民百姓，也还算不上尽善尽美。"

15.34　子曰："君子不可小知③，而可大受④也；小人不可大受，而可小知也。"⑤

【译文】

孔子说："君子不可沉湎于整日对细碎常识的了解，而应致力于肩负重大使命；小人难以承担重大使命，但可以赏识其生活常识方面的长处。"

15.35　子曰："民之于仁也，甚于水火⑥。水火，吾见蹈而

---

①　庄以莅之：庄，庄重。莅，临。之，平民百姓。
②　未善：此章论述知识、智慧与道德关系。王肃说："动必以礼，然后善也。"
③　君子不可小知：君子不应满足于对琐碎小事的了解。定州竹简本"小知"下有"也"字，下文"不可大受"下亦有"也"字。小知：生活常识。
④　大受：重大使命。
⑤　此章比较费解。朱子《集注》云："此言观人之法。知，我知之也。受，彼所受也。盖君子于细事未必可观，而材德足以任重；小人虽器量浅狭，而未必无一长可取。"荻生徂徕不同意朱子观点，他在《论语徵》中说："故此章非观人之法矣，盖用人之法也；大受者，大任之也；小知者，小用之也。君子务大以成其德，其材足以大任，而不可小用之；小人无大者于内，然亦不无小长，故其材虽不足大任，而可小用之焉。"
⑥　甚于水火：超过对水火的渴求。定州竹简本句末有"矣"字。马融说："水火与仁，皆民所仰而生者也，仁最为甚也。"

死者矣，未见蹈仁而死者也①。"②

【译文】

孔子说："人对仁德的渴求，远远胜过对水火的渴求。我只见过落水或蹈火而死的，从没见过践履仁德而死的。"

15.36　子曰："当仁③不让于师④。"

【译文】

孔子说："以弘扬仁德为己任，即使对自己的老师也不必谦让。"

15.37　子曰："君子贞⑤而不谅⑥。"

【译文】

孔子说："君子正直诚信而不拘守于小信。"

15.38　子曰："事君，敬其事而后其食⑦。"

---

①　未见蹈仁而死者也：定州竹简本"蹈"皆作"游"，"仁"上有"于"字；敦伯2123号写本无"矣"字。

②　此章谈仁为本体，勉励人向仁而生。朱子《集注》云："民之于水火，所赖以生，不可一日无。其于仁也亦然。但水火外物，而仁在己。无水火，不过害人之身，而不仁则失其心。是仁有甚于水火，而尤不可以一日无也。况水火或有时而杀人，仁则未尝杀人，亦何惮而不为哉？"

③　当仁：以仁为己任。当，担当。

④　师：师长、老师。

⑤　贞：正直诚信，朱子《集注》云："贞，正而固也。"

⑥　谅：缺乏道义的信约。朱子《集注》云："谅，则不择是非而必于信。"定州竹简本作"梁"。

⑦　敬其事而后其食：敦伯2123号写本"食"上无"其"字，据《郡斋读书志》，蜀石经本作"敬其事而后食其禄"。食：俸禄。朱子《集注》云："食，禄也。君子之仕也，有官守者修其职，有言责者尽其忠。皆以敬吾之事而已，不可先有求禄之心也。"

【译文】

孔子说："奉事君上，首先应该做到恪尽职守、勤勉其事，把俸禄之事放在次要位置上。"

15.39　子曰："有教无类①。"

【译文】

孔子："人人都有受教育的权利，没有贫富尊卑的区分。"

15.40　子曰："道不同②，不相为谋。"

【译文】

孔子说："根本主张与人生理想不同，不必相商共谋。"

---

① 有教无类：凡有求教者，不论贫富贵贱皆有受教育的权利。马融说："言人在见教，无有种类。"邢昺《注疏》云："此章言教人之法也。类谓种类。言人所在见教，无有贵贱种类也。"朱子《集注》云："人性皆善，而其类有善恶之殊者，气习之染也。故君子有教，则人皆可以复于善，而不当复论其类之恶矣。"西周官学分为国学和乡学。国学设在周天子所在的王城和各诸侯国的国都，乡学则多称为庠、序、校、塾等。《礼记·王制》记载："天子命之教，然后为学。小学在公宫南之左，大学在郊。天子曰辟雍，诸侯曰泮宫。"春秋之后，周天子失去了对全国的控制，学校教育对象不再局限于贵族，开始向平民开放。"天子失官，学在四夷"，出现了私人办学。孔子说过："自行束修以上，吾未尝不诲焉。"教育不分贵贱贫富，一视同仁。"欲来者不距，欲去者不止。"（《荀子·法行》）《吕氏春秋·劝学》说："故师之教也，不争轻重、尊卑、贫富，而争于道，其人苟可，其实无不可。"这段话很清楚地阐释了孔子"有教无类"的教育理念。孔子根据每个学生的特点对他们进行因材施教的教育。孔子"有教无类"的教育思想是中国教育史上里程碑式的重大变革，中国由"学在官府"的贵族特权式教育，转变为面向全社会的平民教育，平民教育从此成为中国古代两千多年传统教育的伟大精神。

② 道不同：《史记·老子韩非列传》："世之学老子者则黜儒学，儒学亦黜老子。道不同，不相为谋，岂谓是邪？"道，根本主张与人生理想。

238

15.41　子曰："辞①达②而已矣③!"

【译文】

　　孔子说："言语辞令,贵在明白畅达。"

15.42　师冕④见,及阶,子曰："阶也⑤!"及席⑥,子曰："席也!"皆坐,子告之曰:"某在斯⑦! 某在斯!"师冕出,子张问曰:"与师言之道与?"子曰:"然,固相⑧师之道也。"

【译文】

　　乐师冕来见孔子,走到台阶边,孔子提醒他:"这是台阶。"走到坐席旁,孔子提醒他:"这是坐席。"大家都坐好以后,孔子又分别告诉他说:"某某在这边! 某某在那边!"乐师冕告辞后,子张问:"这是与乐师交谈的礼仪吗?"孔子说:"是啊,这是与乐师相处之道。"

---

　　①　辞:言辞。
　　②　达:通达、畅达。《礼记·曲礼上》:"不辞费。"朱子《集注》云:"辞,取达意而止,不以富丽为工。"
　　③　定州竹简本句末无"矣"字。
　　④　师冕:师,乐师。冕,乐师之名。古时的乐师通常为盲者。定州竹简本"冕"作"統"。
　　⑤　定州竹简本"阶"作"陛",无"也"字。
　　⑥　皇本句末有"也"字。
　　⑦　定州竹简本"斯"作"此"。
　　⑧　相:扶助。马融说:"相,道也。"古代有相步,专门搀扶乐师走路,《礼记·礼器》:"故礼有摈诏,乐有相步,温之至也。"孔子重视师道的传承,唐代韩愈《师说》指出:"古之学者必有师。师者,所以传道授业解惑也。人非生而知之者,孰能无惑? 惑而不从师,其为惑也终不解矣……是故无贵无贱、无长无少,道之所存,师之所存也。"

卷十六　季氏第十六　凡十四章

16.1　季氏①将伐颛臾②,冉有、季路见于孔子曰:"季氏将有事③于颛臾。"

孔子④曰:"求,无乃⑤尔是过⑥与? 夫颛臾,昔者先王以为东蒙主⑦,且在邦域⑧之中矣,是社稷之臣也。何以伐为⑨?"

冉有曰:"夫子⑩欲之,吾二臣者皆不欲也。"孔子曰:"求! 周任⑪有言曰:'陈力就列⑫,不能者止。'危而不持,颠⑬而不

---

①　季氏:季康子。

②　颛(zhuān)臾(yú):鲁国的附属国,风姓,传说为伏羲之后,今山东费县西北有颛臾村。

③　有事:指出兵打仗,《左传·成公十三年》云:"国之大事,在祀与戎。"

④　孔子:此章凡记孔子言语,皆称"孔子曰",而不是"子曰",与《论语》大多数篇章称"子曰"不相类。

⑤　无乃:不就是。

⑥　尔是过:即"是尔过","是"表示倒装。

⑦　东蒙主:在东蒙主持祭祀。蒙,山东蒙山,因为在东边因而称作东蒙。朱子《集注》:"东蒙,山名。先王封颛臾于此山之下,使主其祭,在鲁地七百里之中。"

⑧　邦域:敦伯 2123 号、伯 3433 号、斯 0747 号写本皆作"封域",孔安国说:"鲁七百里之邦,颛臾为附庸,在其域中也。"又阮元《论语校勘记》疑当作"封",程树德《集释》也认为当作"封域":"《说文》:'邦,国也。'封,爵诸侯之土也。从之,从土,从寸。守其制度也。或,邦也。从口,从戈,以守一地也。域从或,又从土。'据此,则邦、域同义,从封字为长。"

⑨　何以伐为:皇侃本、正平本作"何以为伐也"。孔安国说:"已属鲁为社稷之臣,何用灭之为也?"

⑩　夫子:此处指季康之。

⑪　周任:古代史官。

⑫　陈力就列:根据自己的才能担任适当的官职。陈,施展;列,位。《礼记·内则》云:"道合则服从,不可则去。"

⑬　颠:倾倒。

扶,则将焉用彼相①矣?且尔言过矣!虎兕②出于柙③,龟玉毁于椟中,是谁之过与?"

冉有曰:"今夫颛臾,固④而近于费⑤。今不取,后世必为子孙忧。"孔子曰:"求!君子疾夫舍⑥曰欲之而必⑦为之辞。丘也,闻有国⑧有家者⑨,不患寡而患不均,不患贫而患不安⑩。盖均无贫,和无寡,安无倾⑪。夫如是,故远人不服,则修文德以来之⑫。既来之,则安之。今由与求也,相夫子,远人不服而不能来也;邦分崩离析而不能守也。而谋动干戈于邦内。吾恐季孙之忧,不在颛臾,而在萧墙⑬之内也!"

---

①　相:搀扶盲人的人,朱子《集注》云:"相,瞽者之相也。言二子不欲则当谏,谏而不听,则当去也。"

②　兕(sì):犀牛。

③　柙(xiá):关押野兽的栅栏。

④　固:城郭坚固。

⑤　费:费邑,季孙氏的封邑,敦伯 3433 号写本作"鄪"。

⑥　舍:同"捨",舍弃、放弃。

⑦　必:唯,只。皇侃本"必"下有"更"字。

⑧　国:诸侯国。

⑨　有家者:指卿大夫。

⑩　不患寡而患不均,不患贫而患不安:从下文"均无贫"一句可知本句或有误,俞樾《群经平议》云:"'寡'、'贫'二字传写互易,此本作'不患贫而患不均,不患寡而患不安'。'贫'以财言,不均亦以财言,财宜乎均,不均则不如无财矣,故不患贫而患不均也。寡以人言,不安亦以人言,人宜乎安,不安则不如无人矣,故不患寡而患不安也。下文云'均无贫',此承上句言。又云'和无寡,安无倾',此承下句言,观'均无贫'之一语,可知此文之误易矣。《春秋繁露·度制篇》引孔子曰:'不患贫而患不均。'可据以订正。"

⑪　安无倾:民心安稳就不会有国家倾覆的危险。朱子《集注》:"寡,谓民少。贫,谓财乏。均,谓各得其分。安,谓上下相安。季氏之欲取颛臾,患寡与贫耳。然是时季氏据国,而鲁公无民,则不均矣。君弱臣强,互生嫌隙,则不安矣。均则不患于贫而和,和则不患于寡而安,安则不相疑忌,而无倾覆之患。"

⑫　来之:招徕他们。皇侃本"之"作"也"。

⑬　萧墙:古代宫殿门内用作屏障的矮墙。萧,严肃;墙,屏风。郑玄曰:"萧之言肃也。萧墙,谓屏也。君臣相见之礼,至屏而加肃敬焉,是以谓之'萧墙'。後季氏家臣阳虎,果囚季桓子也。"

【译文】

季康子准备要讨伐颛臾,冉有和子路去见孔子,说:"季氏准备出兵攻打颛臾。"

孔子说:"冉求!这难道不是你的过错吗?颛臾,先王曾让他主持东蒙山的祭祀,而且它位于鲁国疆域之内,是鲁国家的附属之邦!为什么要攻打颛臾呢?"

冉有说:"季孙大夫一人谋划此事,我们俩作为陪臣其实都不同意。"孔子说:"冉求!周任曾经说:'尽自己的才能履行职务,如果不能胜任就该辞职。'盲人遇到危险,却不去扶持;盲人将要跌倒了,却不去搀扶,那还用辅佐的人做什么呢?况且你的话错了。猛虎和犀牛从笼子里跑出来,龟甲和美玉毁坏在匣子里,这究竟是谁的过错呢?"

冉求说:"颛臾的城郭十分坚固,而且离季氏的采邑费邑很近。如果现在不攻取它,将来一定会成为子孙的祸患。"孔子说:"冉求啊!君子厌恶那种不肯说出内心真实想法而只是为自己寻找理由辩解的人。我听说诸侯和大夫这样的统治者,应该担心的不是人口少,而是分配不均匀;应该担忧的不是贫穷,而是人心不安稳。因为财富分配均衡,就没有贫穷;境内和平团结,人口就不会显得寡少;民心安定,就不会发生国家倾覆的祸患。做到这些,如果远方的部族还不来归服,就修治礼乐教化招徕他们。如果他们已经归服,就帮他们安定下来。现在仲由和冉求,你们二人辅佐季孙大夫,远方的人不归服,你们不能招徕他们;邦国分崩离析,你们不能守卫它,你们反而策划在国内兴兵作战。我担心季孙氏的忧患,不在颛臾,而是在宫廷之内啊!"

16.2 孔子曰:"天下有道,则礼乐征伐自天子出①;天下无道,则礼乐征伐自诸侯出。自诸侯出,盖十世希②不失矣;

---

① 礼乐征伐自天子出:礼乐,制礼作乐。征伐,上伐下曰征。《中庸》云:"非天子,不议礼,不制度,不考文。今天下车同轨,书同文,行同伦。虽有其位,苟无其德,不敢作礼乐焉;虽有其德,苟无其位,亦不敢作礼乐焉。"邢昺《注疏》云:"王者功成制礼,治定作乐,立司马之官,掌九伐之法,诸侯不得制作礼乐,赐弓矢然后专征伐。"

② 希:同"稀",稀少。

自大夫出，五世希不失矣；陪臣①执国命，三世希不失矣。天下有道，则政不在大夫；天下有道，则庶人不议②。"

【译文】

孔子说："天下政治清明，制礼作乐和出兵征战都由天子做主；天下政治昏暗，制礼作乐和出兵征战则由诸侯擅自做主。国家大事由诸侯篡权做主，十代之后，很少有不失位丧国的；国家大事由大夫篡权做主，五代之后，很少有不失位丧国的；国家大事由家臣篡权决断，三代之后，国祚很少还能延续的。如果天下政治清明，国家政权就不会掌握在大夫手中；如果天下政治清明，老百姓也就不会抨击政局。"

16.3　孔子曰："禄③之去④公室⑤，五世⑥矣；政逮⑦于大夫，四世⑧矣，故夫三桓⑨之子孙微⑩矣⑪。"

---

① 陪臣：卿大夫的家臣。马融说："陪，重也，谓家臣也。阳氏为季氏臣，至虎三世，而出奔齐也。"

② 庶人不议：平民百姓对政局比较满意，挑不出其中的弊病。邢昺《注疏》云："'天下有道，则庶人不议'者，议谓谤议。言天下有道，则上酌民言以为政教，所行皆是，则庶人无有非毁谤议也。"朱子《集注》云："上无失政，则下无私议。非箝其口使不敢言也。"荻生徂徕《论语徵》说："所以不议者，特以其无可议也。"

③ 禄：爵禄，这里指爵禄授予的权力。

④ 去：离开。

⑤ 定州竹简本句末有"也"字。

⑥ 五世：指鲁宣公、鲁成公、鲁襄公、鲁昭公、鲁定公。郑玄说："言此之时，鲁定公之初也。鲁自东门襄仲杀文公之子赤而立宣公，于是政在大夫，爵禄不从君出，至定公为五世矣。"公元前608年，鲁文公死，大夫东门遂杀嫡长子而立宣公，掌握了鲁国之政。到孔子之时，经历了宣公、成公、襄公、昭公与定公五代。

⑦ 逮：及，落到。

⑧ 四世：指季孙氏文子、武子、悼子、平子。公元前591年宣公去世，季文子驱逐东门氏，从此季氏为正卿，掌握鲁国政权。自季氏最初掌握鲁国政权到孔子说这些话的时候经历了文子、武子、悼子和平子四代。

⑨ 三桓：指仲孙氏、叔孙氏、季孙氏，都是鲁桓公的后代，故有"三桓"之称。

⑩ 微：衰败。

⑪ 故夫三桓之子孙微矣：邢昺《注疏》云："以礼乐征伐自大夫出，五世希不失，故夫三桓子孙至哀公时皆衰微也。"

【译文】

孔子说:"鲁国国君失去对国家政权的掌控已经五代了,国家大权落到大夫手中已经四代了,所以鲁桓公的子孙也开始衰微了。"

16.4　孔子曰:"益者三友,损者三友。友直①,友谅②,友多闻,益矣。友便辟③,友善柔④,友便佞⑤,损矣。"

【译文】

孔子说:"有益的朋友有三种,有害的朋友也有三种。朋友正直,朋友宽厚守信,朋友见多识广,这三种朋友对自己有益。与善于逢迎谄媚的人交友,与口是心非的人交友,与巧言令色的人交朋友,这三种人对自己有害。"

16.5　孔子曰:"益者三乐,损者三乐。乐节礼乐⑥,乐道人之善⑦,乐多贤友,益矣。乐骄乐⑧,乐佚游⑨,乐宴乐⑩,损矣。"

---

①　直:正直。"直"在《论语》共出现 22 次,有"人之生也直"、"质直"、"以直报怨"和"直道而事人"等表述。冯友兰《中国哲学史》云:"孔子注重人之有真性情,恶虚伪,尚质直;故《论语》中屡言直。"

②　谅:宽厚守信。定州竹简本作"梁"。朱子《集注》:"友直,则闻其过。友谅,则进于诚。友多闻,则进于明。"

③　便辟(pián pì):善于逢迎谄媚,马融说:"便辟,巧避人之所忌,以求容媚者也。"朱子《集注》云:"便,习熟也。便辟,谓习于威仪而不直。"

④　善柔:擅长曲意逢迎。马融说:"面柔者也。"皇侃《义疏》进一步解释:"善柔,谓面从而背毁者也。"

⑤　便佞:花言巧语,阿谀奉承。郑玄说:"便,辨也,谓佞而辨也。"定州竹简本"佞"作"年"。《郭店楚简》云:"唯君子能好其匹,小人岂能好其匹。故君子之友也有向,其恶有方。此以迩者不惑,而远者不疑。《诗云》:'君子好逑。'"

⑥　乐节礼乐:以用礼乐节制自己的行为为乐。

⑦　乐道人之善:以称道他人之善为乐。

⑧　乐骄乐:以骄纵淫侈为乐,孔安国说:"恃尊贵以自恣也。"

⑨　乐佚游:以游荡无度为乐,定州竹简本作"失游"。

⑩　乐宴乐:以饮酒吃喝为乐。周敦颐在《周子通书》说:"颜子'一箪食,一瓢饮,在陋巷,人不堪其忧,而不改其乐'。夫富贵,人所爱也。颜子不爱不求,而乐乎贫者,独何心哉? 天地间有至贵至富可爱可求而异乎彼者,见其大而忘其小焉尔。见其大则心泰,心泰则无不足;无不足,则富贵贫贱,处之一也。处之一,则能化而齐,故颜子亚圣。"

孔子说:"有益身心的快乐有三种,有害身心的快乐也有三种。以用礼乐节制自己的言行为乐,以称道别人的善举为乐,以有许多贤能的朋友为乐,这是有益之乐。以骄纵奢靡为乐,以游荡无度为乐,以饮酒觅欢为乐,这是有害之乐。"

16.6 孔子曰:"侍于君子有三愆①:言未及之而言②谓之躁,言及之而不言谓之隐③,未见颜色而言谓之瞽④。"

【译文】

孔子说:"陪侍君子容易犯三个过错:还没轮到他讲话便抢先发言,这是急躁的表现;该他发言却闭口不说,这是隐匿不诚;不善于察言观色就仓促发言,这是盲目的表现。"

16.7 孔子曰:"君子有三戒:少⑤之时,血气未定,戒之在色;及其壮也⑥,血气方刚⑦,戒之在斗⑧;及其老也,血气既衰,戒之在得⑨。"

---

① 愆(qiān):过失、过错,定州竹简本作"衍"。
② 言未及之而言:不到自己应该说话的时候急于发言。定州竹简本"未及之"作"谓之及"。
③ 隐:隐匿不诚。
④ 瞽:目盲。定州竹简本"瞽"作"鼓"。
⑤ 少:指三十岁以前。皇侃《义疏》:"少,谓卅以前也。"
⑥ 壮:皇侃《义疏》:"壮,谓卅十以上也。"定州竹简本"壮"作"状"。
⑦ 敦伯3433号写本"方"作"防"。
⑧ 戒之在斗:所戒在于好斗之心。诸葛亮《诫子书》云:"夫君子之行,静以修身,俭以养德。非淡泊无以明志,非宁静无以致远。夫学须静也,才须学也,非学无以广才,非志无以成学。淫慢则不能励精,险躁则不能治性。年与时驰,意与日去,遂成枯落,多不接世,悲守穷庐,将复何及!"
⑨ 得:贪求之心。《淮南子·诠言训》:"凡人之性,少则猖狂,壮则暴强,老则好利。"

【译文】

孔子说:"君子有三件事需要戒备警惕:年少之时,血气未定,须戒备贪恋女色;到了壮年,血气方刚,须戒备好勇斗狠;老年的时候,血气已衰,须戒备贪得无厌之心。"

16.8 孔子曰:"君子有三畏①:畏天命②,畏大人③,畏圣人之言。小人不知天命而不畏也,狎④大人,侮⑤圣人之言。"

【译文】

孔子说:"君子有三种敬畏:敬畏天命,敬畏道德高尚的人,敬畏圣人的教诲。小人不懂天命而无敬畏之心,轻慢道德高尚的人,亵渎圣人的教言。"

16.9 孔子曰:"生而知之者,上也⑥;学而知之者⑦,次也;困⑧而学之,又其次也;困而不学,民斯为下矣⑨!"

---

① 畏:敬畏。皇侃《义疏》:"心服曰畏。"
② 畏天命:孔子所言天命,已非远古时期上天至上神的意志,而是指普遍性、绝对性的性理。程颐《二程遗书》云:"在天为命,在义为理,在人为性,主于身为心,其实一也。"
③ 大人:德高望重之人。何晏《集解》云:"大人,即圣人,与天地合其德者也。"
④ 狎(xiá):轻慢无礼。皇侃《义疏》:"见大人含容,故亵慢而不敬也。"
⑤ 侮:侮辱亵渎。定州竹简本"侮"作(人母)
⑥ 生而知之者,上也:天生就通晓天地人生大道理的人,是智商极高的圣人。朱子《集注》:"言人之气质不同,大约有此四等。"
⑦ 学而知之:此章表面上论人之智商与情商,实则论学。《中庸》云:"或生而知之,或学而知之,或困而知之,及其知之一也;或安而行之,或利而行之,或勉强而行之,及其成功一也。"定州竹简本"生而知之"、"学而知者"下皆无"者"字。
⑧ 困:困惑、困境。孔安国说:"困,谓有所不通也。"
⑨ 民斯为下矣:定州竹简本作"民也为下"。邢昺《注疏》云:"此章劝人学也。'生而知之者,上也'者,谓圣人也。'学而知之者,次也'者,言由学而知道,次于圣人,谓贤人也。'困而学之,又其次也'者,人本不好学,因其行事有所困懵不通,发愤而学之者,复次于贤人也。'困而不学,民斯为下矣'者,谓知困而不能学,此为下愚之民也。"

246

【译文】

孔子说:"生来就知道天地人生大道理的人,属于上等;通过学习之后才知晓大道的人,属于次等;历经困惑后才明白学习重要性的人,属于又次一等;遭遇困境后仍然不积极学习,这种人真是最下等了。"

16.10 孔子曰:"君子有九思①:视思明,听思聪,色思温,貌思恭,言思忠,事思敬,疑思问,忿思难②,见得③思义。"

【译文】

孔子说:"君子有九种思虑:看的时候,应考虑如何才能看得明白;听的时候,要寻思如何才能听得清楚;面色表情应考虑是否做到了温和儒雅;仪态举止应寻思是否谦恭有礼;言语交谈的时候,应寻思是否忠实诚信;谋事办事之时,应寻思是否做到了敬慎;遇到疑惑之事,应考虑如何向人请教;忿怒难抑之时,应考虑可能产生的后患;看到可得之利,应考虑是否合于道义。"

16.11 孔子曰:"见善如不及④,见不善如探汤⑤。吾见其人矣,吾闻其语矣⑥。隐居以求其志⑦,行义以

---

① 思:反思。《孟子·告子下》:"耳目之官不思,而蔽于物,物交物,则引之而已矣。心之官则思,思则得之,不思则不得也。"

② 忿思难:忿,愤懑。难,祸患。《大戴礼记·曾子立事》:"君子见利思辱,见恶思诟,嗜欲思耻,忿怒思患,君子终身守此战战也。君子虑胜气,思而后动,论而后行,行必思言之,言之必思复之,思复之必思无悔言,亦可谓慎矣。"

③ 得:财利名位。《论语·宪问》:"今之成人者,何必然? 见利思义,见危授命,久要不忘平生之言;亦可以为成人矣!"

④ 如不及:好像追赶不上。定州竹简本"不"字作"弗"。

⑤ 探汤:把手伸到沸水中。《大戴礼记·曾子立事》:"君子祸之为患,辱之为畏。见善恐不得与焉,见不善者恐其及己也,是故君子疑以终身。"

⑥ 正平本"语"下无"矣"字。

⑦ 隐居以求其志:隐居独处,不愿同流合污,以求保全自己的气节。

达其道①。吾闻其语矣,未见其人也!"

【译文】

孔子说:"见到善的言行,就赶紧学习,仿佛追赶什么似的,只怕追赶不上。见到恶的言行,立即反省检点自己,就好像手触碰沸水马上避开。我见过这样的人,也听过这样的话。隐居独处,不与世俗同流合污,以求保全自己的气节;依道义而行,以求实现王道理想。我听过这样的话,但我还没有见过这样的圣人啊!"

16.12　齐景公有马千驷②,死之日,民无德而称焉③。伯夷、叔齐饿于首阳④之下,民到于今称之。其斯之谓与⑤?

【译文】

齐景公有四千匹马,去世的时候,老百姓却找不到他有什么可称颂的德行。伯夷和叔齐饿死在首阳山下,老百姓到现在还在称颂他们的美德。(《诗》云:"诚不以富,亦祗以异。")说的大概就是这个意思吧?

---

①　行义以达其道:依道义而行,以求实现仁道。定州竹简本"达"作"通"。《孟子·万章上》:"舜相尧,二十有八载,非人之所能为也,天也。尧崩,三年之丧毕,舜避尧之子于南河之南。天下诸侯朝觐者,不之尧之子而之舜;讼狱者,不之尧之子而之舜;讴歌者,不讴歌尧之子而讴歌舜。故曰:'天也。'夫然后之中国,践天子位焉。而居尧之宫,逼尧之子,是篡也,非天与也。《太誓》曰:'天视自我民视,天听自我民听。'此之谓也。"
②　千驷(sì):古代一辆马车由四匹马拉,称驷。千驷即有四千匹马。
③　民无德而称焉:民众找不到他可称颂的德行。皇侃本、正平本、敦伯 3475 号写本作"民无得称焉"。
④　首阳:山名,在今山西永济南,传说伯夷、叔齐在周灭殷之后,耻食周粟,饿死在首阳山。
⑤　其斯之谓与:皇侃本作"其斯谓与"。此句与上句衔接比较突兀,学界认为其间或有文句脱漏,朱子《集注》云:"胡氏曰:'程子以为第十二篇错简"诚不以富,亦祗以异",当在此章之首。今详文势,似当在此句之上。言人之所称,不在于富,而在于异也。'愚谓此说近是,而章首当有孔子曰字,盖阙文耳。大抵此书后十篇多阙误。"

16.13　陈亢①问于伯鱼②曰："子亦有异闻③乎?"对曰："未也。尝独立,鲤趋而过庭。曰:'学《诗》乎?'对曰:'未也。''不学《诗》,无以言也!'④鲤退而学《诗》。他日,又独立,鲤趋而过庭。曰:'学礼乎?'对曰:'未也。''不学礼,无以立⑤!'鲤退而学礼。闻斯二者⑥。"

陈亢退而喜曰："问一得三⑦:闻《诗》,闻礼,又闻君子远⑧其子也。"

【译文】

陈亢问伯鱼:"你从夫子那里听到过什么特殊的教诲吗?"伯鱼回答说:"没有。有一次,家父一个人独立在堂上,我快步从庭院走过。他问我:'学《诗》了吗?'我说:'还没有。'他说:'不学《诗》,就不懂得如何言谈应对。'此后我就学《诗》了。又有一次,他又自己一个人站在堂上,我快步穿过庭院。他问我:'学礼了吗?'我说:'还没有。'他说:'不学礼,

---

①　陈亢:陈子禽。

②　伯鱼:孔鲤,孔子之子。

③　异闻:不同于孔子弟子平日所闻。定州竹简本无"异"字。《韩诗外传》卷六载孔子语:"可与言终日而不倦者,其惟学乎!"

④　不学《诗》,无以言也:清代孙星衍《孔子集语·六艺》四下载孔子语:"《诗》者天地之心,君德之祖,百福之宗,万物之户也。刻之玉版,藏之金府。"皇侃本、正平本"不学《诗》,无以言"有上"曰"字,"言"下有"也"字。

⑤　不学礼,无以立:皇侃本、正平本、定州竹简本"立"下有"也"。《说苑·建本》载孔子语:"鲤,君子不可以不学,其容不可以不饰;不饰则无根,无根则失理;失理则不忠,不忠则失礼,失礼则不立。夫远而有光者,饰也;近而逾明者,学也。譬之如污池,水潦注焉,菅蒲生之,从上观之,谁知其非源也。"

⑥　皇侃本"者"下有"矣"字,正平本"者"作"矣"。

⑦　问一得三:问一个问题,得到三个启发。《孟子·离娄上》:"公孙丑曰:'君子之不教子,何也?'孟子曰:'势不行也。教者必以正。以正不行,继之以怒。继之以怒,则反夷矣。"夫子教我以正,夫子未出于正也。"则是父子相夷也。父子相夷,则恶矣。古者易子而教之,父子之间不责善。责善则离,离则不祥莫大焉。'"

⑧　远:不偏近、不偏厚。陈祥道《论语全解》云:"鲤之才不足以语乐,故特教之以《诗》、礼而已。教之者仁也,远之者义也。"

就不懂得如何立身于世。'此后我就开始学礼。我私下就听到这两次教诲。"

陈亢告辞后,高兴地说:"我问了一个问题,得到了三个启示:懂得了应学《诗》,应学礼,又明白了君子不偏心自己儿子的道理。"

16.14　邦君之妻,君称之曰夫人①,夫人自称曰小童②;邦人称之曰君夫人,称诸异邦曰寡小君③;异邦人称之,亦曰君夫人④。

【译文】

国君的妻子,国君称她为"夫人",她自称为"小童";国人称她为"君夫人",在外邦人面前就称她为"寡小君";外邦人称呼她,也称之为"君夫人"。

---

①　君称之曰夫人:国君称她为"夫人"。《公羊传·隐公二年》:"女,在其国称女,在涂称妇,入国称夫人。"

②　小童:《礼记·曲礼下》:"(夫人)自称于其君,曰'小童'。"

③　称诸异邦曰寡小君:在外邦人面前称其为寡小君。陈祥道《论语全解》云:"盖君子于异邦曰'寡君',故夫人曰'寡小君'。"《史记·孔子世家》:"灵公夫人有南子者,使人谓孔子曰:'四方之君子不辱,欲与寡君为兄弟者,必见寡小君。寡小君愿见。'"

④　亦曰君夫人:皇侃本、正平本句末有"也"字。孔安国说:"当此之时,诸侯嫡妾不正,称号不审,故孔子正言其礼也。"

卷十七　阳货第十七　凡二十六章

17.1　阳货①欲见孔子，孔子不见，归②孔子豚③。孔子时④其亡⑤也，而往拜之。遇诸涂⑥。谓孔子曰："来！予与尔言。"曰："怀其宝而迷其邦⑦，可谓仁乎？"曰："不可。""好从事而亟⑧失时，可谓知⑨乎？"曰："不可。""日月逝矣！岁不我与⑩！"孔子曰："诺，吾将仕矣！"

【译文】

阳货想见孔子，但孔子不想见他。阳货便赠送一头蒸熟的小猪给

---

①　阳货：又名阳虎，季氏的家臣，一度把持了鲁国朝政，后败逃至齐国。《论语·季氏》记载孔子言"陪臣执国命"，即指阳虎专权而言。孔安国云："阳货，阳虎也。季氏家臣而专鲁国之政，欲见孔子，使仕也。"

②　归：同"馈"，馈赠，《释文》曰："郑本作'馈'，《鲁》论读为'归'。"

③　豚（tún）：小猪，这里指蒸熟的小猪。根据当时的礼仪，居上位者赠送礼品给地位较低之人，受赠者如果没有当面接受并致谢，依礼应择日登门拜谢。阳货送孔子小猪，目的就是为了让孔子登门拜谢，以便借此与孔子相见，劝孔子入仕。

④　时（sì）：同"伺"，窥伺，等待。

⑤　亡：不在家，外出。

⑥　涂：同"途"。《孟子·滕文公下》："公孙丑问曰：'不见诸侯何义？'孟子曰：'古者不为臣不见。段干木逾垣而辟之，泄柳闭门而不内，是皆已甚。迫，斯可以见矣。阳货欲见孔子而恶无礼。大夫有赐于士，不得受于其家，则往拜其门。阳货瞰孔子之亡也，而馈孔子蒸豚。孔子亦瞰其亡也，而往拜之。当是时，阳货先，岂得不见？曾子曰：'胁肩谄笑，病于夏畦。'子路曰：'未同而言，观其色赧赧然，非由之所知也。'由是观之，则君子之所养可知已矣。"

⑦　怀其宝而迷其邦：宝，宝藏，此处指治国之道。邢昺《注疏》云："宝以喻道德，言孔子不仕，是怀藏其道德也。知国不治而不为政，是使迷乱其国也。仕者当拯弱兴衰，使功被当世，今尔乃怀宝迷邦，可以谓之仁乎？"定州竹简本"怀"作"抔"，"宝"作"葆"。

⑧　亟（qì）：屡次，多次。

⑨　知：皇侃本、正平本"知"作"智"。孔安国说："言孔子栖栖好从事，而数不遇失时，不为有智也。"

⑩　岁不我与：犹言时不我待。马融说："年老，岁月以往，当急仕也。"

孔子(想让孔子依礼去他家道谢)。孔子特意趁阳货外出不在家的时候,才去他家拜谢,不料在路上相遇了。阳货对孔子说:"来! 我有话跟你说。"阳货接着说:"你身怀治国之才,却听任国家陷于迷乱而不救,这可以叫作仁吗?"孔子说:"不符合仁德。"阳货说:"喜好从政,却一次又一次错失良机,这可以叫作智吗?"孔子说:"不可以称之为智。"阳货说:"日子一天天地过去,岁月不等人啊!"孔子说:"好的,我或许应该出仕了。"

17.2 子曰:"性①相近也,习②相远也。"

【译文】

孔子说:"人的天性相近,后天的习染不同,人与人差距越来越大。"

17.3 子曰:"唯上知③与下愚④不移⑤。"

【译文】

孔子说:"只有心智超凡的智者和最愚笨之人,才不会轻易改变自己。"

---

① 性:天性,定州竹简本作"生"。邢昺《注疏》云:"性谓人所禀受,以生而静者也。未为外物所感,则人皆相似,是近也。"

② 习:后天习染。狄生徂徕《论语微》:"然孔子之心,实在劝学。"孔子所言"仁者安仁,知者利仁"实际上与人性论有涉。《史记·滑稽列传》裴骃《集解》指出"安仁者,性善者也;利仁者,力行者也;强仁者,不得已者也。"反求诸己,人性先天有善,无需外假,人生之幸福莫过于此。也正是在这一意义上,君子可以"安仁"、"乐道"。牟宗三《名家与荀子》认为孔子之"仁即是性,即是天道。"徐复观《中国人性论史》也认为"孔子实际是以仁为人生而即有,先天所有的人性。"

③ 上知:智力超群之人。《论语·季氏》:"生而知之者,上也。"皇侃本、正平本"知"作"智"。

④ 下愚:愚蠢至及之人。愚蠢至极是一种道德缺陷,这种人往往不愿通过自身努力改变自身的品行和生活方式。

⑤ 不移:不会改变。邢昺《注疏》云:"此章言君子当慎其所习也。性谓人所禀受,以生而静者也,未为外物所感,则人皆相似,是近也。既为外物所感,则习以性成,若习于善则为君子,若习于恶则为小人,是相远也,故君子慎所习。然此乃是中人耳,其性可上可下,故遇善则升,逢恶则坠也。孔子又尝曰:唯上知圣人不可移之使为恶,下愚之人不可移之使强贤。此则非如中人性习相近远也。"

17.4　子之武城①,闻弦歌②之声,夫子莞尔③而笑,曰:"割鸡焉用牛刀④?"子游对曰:"昔者,偃也闻诸夫子曰:'君子学道则爱人,小人学道则易使也⑤。'"子曰:"二三子! 偃之言是也。前言戏之耳⑥!"

【译文】

孔子来到(子游做邑长的)武城,听到弹琴歌咏之声。孔子欣然微笑地说:"杀鸡哪里用得上宰牛刀呢!"子游回答说:"以前我曾经听夫子说过:'在位的君子学了礼乐之道就懂得以仁爱之心待人,平民百姓学了礼乐之道就易于调动起来去做有益的事。'"孔子说:"弟子们啊,言偃说得对。刚才我只是跟他开个玩笑而已。"

---

① 武城:鲁国的城邑,子游曾任武城宰。《论语·雍也》:"子游为武城宰。子曰:'女得人焉尔乎?'曰:'有澹台灭明者,行不由径,非公事,未尝至于偃之室也。'"

② 弦歌:用琴瑟伴奏唱歌。弦指琴瑟。皇侃《义疏》列举了两种观点:"但解闻弦歌之声,其则有二:一云,孔子入武城界,闻邑中人家,家有弦歌之声,由子游正化和乐故也。又一云:谓孔子入武城,闻子游身自弦歌以教民也。"朱子《集注》:"时子游为武城宰,以礼乐为教,故邑人皆弦歌也。"

③ 莞(wǎn)尔:微笑。

④ 割鸡焉用牛刀:喻指大材小用。孔安国说:"言治小何须用大道也。"皇侃《义疏》云:"譬如武城小邑之政,可用小才而已,用子游之大才,是才大而用小也。"朱子《集注》又云:"因言其治小邑,何必用此大道也。"

⑤ 君子学道则爱人,小人学道则易使也:道指礼乐。《礼记·乐记》:"乐者为同,礼者为异。同则相亲,异则相敬。乐胜则流,礼胜则离。合情饰貌者,礼乐之事也。礼义立,则贵贱等矣;乐文同,则上下和矣;好恶著,则贤不肖别矣;刑禁暴,爵举贤,则政均矣。仁以爱之,义以正之,如此则民治行矣。"邢昺《注疏》云:"子游见孔子笑其治小用大,故称名而引旧闻夫子之言以对之。道谓礼乐也。礼节人心,乐和人声。言若在位君子学礼乐则爱养下人也,若在下小人学礼乐则人和而易使也。"

⑥ 前言戏之耳:孔安国说:"戏以治小而用大道也。"朱子《集注》云:"嘉子游之笃信,又以解门人之惑也。治有大小,而其治之必用礼乐,则其为道一也。但众人多不能用,而子游独行之。故夫子骤闻而深喜之,因反其言以戏之。而子游以正对,故复是其言,而自实其戏也。"

17.5　公山弗扰①以费畔②，召，子欲往。子路不说，曰："末之也已③，何必公山氏之之也④？"子曰："夫召我者而岂徒哉⑤？如有用我者，吾其为东周乎⑥！"

【译文】

公山弗扰以费邑为据点反叛季孙氏，召请孔子，孔子打算前往了解实情。子路不高兴，说："没地方去也就算了，何必去公山氏那里呢？"孔子说："他召请我前往，难道只是做个姿态吗？如果有人真心任用我，我想复兴周代的典章制度。"

17.6　子张问仁于孔子⑦。孔子曰："能行五者于天下，为

---

① 公山弗扰：季氏的家臣，又名公山不狃，皇侃本作"公山不扰"。

② 以费畔：据《史记·孔子世家》记载，定公十二年（前498年），孔子以鲁大司寇"行摄相事"，其地位实际已仅次于定公、季氏而跃居鲁国第三位。"孔子言于定公曰：'臣无藏甲，大夫毋百雉之城'"，提出"堕三都"，即拆毁季孙氏、叔孙氏、孟孙氏采邑城堡费都、郈都、成都，削弱家臣势力，维护与提高国君权力。堕三都由孔子弟子子路（时被命为季氏宰）具体监督执行，"于是叔孙氏堕郈"。季氏准备拆毁费邑城堡时，遭到久已心叛季氏的费宰公山不狃的强烈反对。公山不狃先发制人，"率费人以袭鲁"。"公与三子入于季氏之宫，登武子之台。费人攻之，弗克"，孔子当即命令申句须、乐颀率兵反击，费人败北，公山不狃奔齐，费都终于被攻克。但是，由于三桓背后反对孔子"堕三都"，"冬十二月，公围成，弗克。"堕成以失败而告终。"堕三都"是鲁国历史发展一重大转折点，鲁国公室最后一次恢复统治权力和地位的努力失败了，春秋时代最后一次恢复周代社会秩序的行动破产了，先王之治彻底成了历史。畔，通"叛"，叛变、叛乱。

③ 末之也已：没有地方可取也就算了。已：止，算了。

④ 何必公山氏之之也：第一个"之"字为助词，第二个"之"字为动词，前往。

⑤ 岂徒哉：难道会白白邀请我吗？

⑥ 吾其为东周乎：我也许可以复兴文王之道。皇侃《义疏》："若必不空然而用我时，则我当为兴周道也。鲁在东，周在西，云东周者，欲于鲁而兴周道，故云吾其为东周也。一云：周室东迁洛阳，故曰东周。王弼曰：'言如能用我者，不择地而兴周室道。'"朱子《集注》："为东周，言兴周道于东方。程子曰：'圣人以天下无不可有为之人，亦无不可改过之人，故欲往。然而终不往者，知其必不能改故也。'"

⑦ 定州竹简本"孔子"作"子"，下文同。

254

仁矣①。""请问之?"曰:"恭、宽、信、敏、惠。恭则不侮②,宽③则得众,信则人任焉,敏则有功④,惠则足以使人⑤。"

【译文】

　　子张向孔子询问如何行仁。孔子说:"如果能够在天下践行五种美德,就是仁者了。"子张说:"请问是哪五种?"孔子说:"谦恭、宽厚、守信、敏捷、慈惠。谦恭就不会招辱,宽厚就能得到大众的拥护,守信就能得到天下大众的重用,勤勉敏捷就能获得成功,慈惠就能让天下大众听命于你。"

　　17.7　　佛肸⑥召,子欲往。子路曰:"昔者由也闻诸夫子曰:'亲于其身为不善者,君子不入也⑦。'佛肸以中牟⑧畔⑨,子之往也,如之何?"子曰:"然,有是言也⑩。不曰坚乎,磨

---

　　① 定州竹简本"能"作"耐","仁矣"作"仁者"。
　　② 恭则不侮:谦恭就不见侮于人。孔安国云:"不见侮慢也。"刘师培《理学字义通释》辨析敬与恭之别:"盖恭指容言,乃威仪发现于外之谓也;敬指事言,乃人心恒自警肃之谓也。""恭"重在外在礼仪,"敬"重在内心情感。顾炎武在《廉耻》一文中说:"然而四者之中,耻尤为要。故夫子之论士,曰:'行己有耻。'孟子曰:'人不可以无耻,无耻之耻,无耻矣。'又曰:'耻之于人大矣,为机变之巧者,无所用耻焉。'所以然者,人之不廉而至于悖礼犯义,其原皆生于无耻也。故士大夫之无耻,是谓国耻。吾观三代以下,世衰道微,弃礼义,捐廉耻,非一朝一夕之故。然而松柏后凋于岁寒,鸡鸣不已于风雨,彼昏之日,固未尝无独醒之人也。"
　　③ 宽:宽厚、宽让。
　　④ 敏则有功:孔安国说:"应事疾则多成功也。"
　　⑤ 惠则足以使人:江熙说:"有恩惠则民忘劳也。"荻生徂徕《论语徵》:"子张才大,故孔子以行仁于天下告之。孔子以天下告者,惟颜子、子张耳。"
　　⑥ 佛肸(bì xī):晋国大夫范氏的家臣,担任范氏私邑中牟的邑长。定州竹简本作"佛腌"。据《史记·赵氏世家》记载,晋定公十八年(公元前494年),赵简子攻打中行氏和范氏,佛肸以中牟为据点与赵简子对抗。但据清人崔述《洙泗考信录》认为佛肸叛变之时,赵简子和孔子皆已不在世。
　　⑦ 定州竹简本"不"作"弗"。
　　⑧ 中牟:地名,晋国范氏的封邑,在今河北邯郸与邢台之间。
　　⑨ 畔:通"叛"。
　　⑩ 正平本"言"作"曰"。

而不磷①,不曰白乎,涅②而不缁③'。吾岂匏瓜④也哉？焉能系而不食⑤?"

【译文】

佛肸召请孔子,孔子想要前往。子路说:"以往我听夫子说过:'亲身干坏事的人,君子是不到他那里去的。'现在佛肸凭借中牟反叛,您却要前往,这事如何解释呢?"孔子说:"是的,我说过这样的话。但难道没有听说过真正坚固的东西再怎么磨也磨不薄吗？真正洁白无瑕的东西再怎么染也染不黑吗？我难道像是一只中看不中用的葫芦吗？怎么能总悬挂在那里不让人食用呢?"

17.8　子曰:"由也⑥,女⑦闻六言⑧六蔽⑨矣乎?"对曰:"未也。""居! 吾语女。好仁不好学⑩,其蔽⑪也愚⑫;好知⑬不

---

①　磨而不磷:坚硬的物体再磨也磨不薄。定州竹简本"磨"作"靡",借字。磷(lìn):薄。皇侃本无"而"字,当脱。

②　涅(niè):一种用作黑色染料的矾石。这里作动词用,染黑。

③　缁:黑色。孔安国云:"言至坚者磨之而不薄,至白者染之涅不黑,喻君子虽在浊乱,浊乱不能污。"

④　匏(páo)瓜:瓠瓜,葫芦科,一年生草本植物,果实不能食用,但可以系在腰间用于泅渡,或者剖制为水瓢。一说,指天上的瓠瓜星。

⑤　焉能系而不食:何晏《集解》云:"言瓠瓜得系一处者,不食故也。吾自食物,当东西南北,不得如不食之物系滞一处。"朱子《集注》云:"匏瓜系于一处而不能饮食,人则不如是也。张敬夫曰:'子路昔者之所闻,君子守身之常法。夫子今日之所言,圣人体道之大权也。然夫子于公山佛肸之召皆欲往者,以天下无不可变之人,无不可为之事也。其卒不往者,知其人之终不可变而事之终不可为耳。一则生物之仁,一则知人之智也。'"

⑥　据定州竹简本、皇侃本无"也"字。

⑦　皇侃本、正平本"女"作"汝"。

⑧　六言:六种美德,指下文的仁、知、信、直、勇、刚。

⑨　蔽,遮蔽,引申为弊病。六蔽指愚、荡、贼、绞、乱、狂。王弼云:"不自见其过也。"

⑩　学:觉悟。邢昺《注疏》云:"学者,觉也,所以觉寤未知也。"朱子《集注》云:"六言皆美德,然徒好之而不学以明其理,则各有所蔽。"

⑪　皇侃本"蔽"作"弊"。定州竹简本"蔽"下无"也"字。

⑫　愚:愚昧。孔安国说:"仁者爱物,不知所以裁之,则愚。"邢昺《注疏》云:"仁之为行,学则不固,是以爱物好与曰仁。若但好仁,不知所以裁之,所施不当,则如愚人也。"朱子《集注》云:"愚,若可陷可罔之类。"

⑬　皇侃本"知"作"智"。

好学,其蔽也荡①;好信不好学,其蔽也贼②;好直不好学,其蔽也绞③;好勇不好学,其蔽也乱④;好刚不好学,其蔽也狂⑤。"

【译文】

孔子说:"仲由,你听说过'六言六蔽'吗?"子路回答说:"没有。"孔子说:"坐下!我告诉你。笃爱仁却不爱学习,其弊病必至于愚昧;笃爱智慧却不爱学习,其弊病必至于心游荡不定;笃爱守信却不爱学习,其弊病必至于害人害己;笃爱耿直却不爱学习,其弊病必至于尖刻偏激;笃爱勇却不爱学习,其弊病必至于横暴无礼;笃爱刚强却不爱学习,其弊病必至于狂纵。"

17.9　子曰:"小子⑥!何莫学夫《诗》⑦?《诗》,可以兴⑧,

① 荡:放荡、浮荡。孔安国云:"荡,无所适守也。"朱子《集注》云:"谓穷高极广而无所止。"

② 贼:伤害。孔安国云:"父子不知相为隐之辈也。"朱子《集注》云:"贼,谓伤害于物。"荻生徂徕《论语徵》认为专指"任侠之辈"。

③ 绞:偏激、偏执。邢昺《注疏》云:"绞,切也。正人之曲曰直,若好直不好学,则失于讥刺太切。"

④ 乱:横暴无礼。《荀子·荣辱》将勇概括为四大类:"狗彘之勇"、"贾盗之勇"、"小人之勇"和"士君子之勇":"有狗彘之勇者,有贾盗之勇者,有小人之勇者,有士君子之勇者。争饮食,无廉耻,不知是非,不辟死伤,不畏众强,牟牟然惟利饮食之见,是狗彘之勇也。为事利,争货财,无辞让,果敢而振,猛贪而戾,牟牟然惟利之见,是贾盗之勇也。轻死而暴,是小人之勇也。义之所在,不倾于权,不顾其利,举国而与之不为改视,重死持义而不桡,是士君子之勇也。"

⑤ 狂:狂妄。《孟子·公孙丑上》曰:"敢问何谓浩然之气?曰:'难言也。其为气也,至大至刚,以直养而无害,则塞于天地之间。其为气也,配义与道;无是,馁也。是集义所生者,非义袭而取之也。行有不慊于心,则馁矣。'"荻生徂徕《论语徵》:"殊不知六言本言六种德耳,德以性殊,故有多品。然必学以成之,然后可以为德,当其未成德,则性之所近,好之矣。"

⑥ 小子:弟子门人。

⑦ 何莫学夫《诗》:为何不去读《诗》呢?何莫,何不。定州竹简本无"夫"字。清代孙星衍《孔子集语·六艺四下》载孔子语:"《诗》者天地之心,君德之祖,百福之宗,万物之户也。刻之玉版,藏之金府。"

⑧ 兴:兴起,感发志意。孔安国云:"兴,引譬连类也。"朱子《集注》云:"感发志意。"

可以观①,可以群②,可以怨③。迩④之事父,远之事君;多识于鸟兽草木之名。"

【译文】

孔子说:"年轻人! 你们为何不学《诗》呢?《诗》可以感发情志;可以体悟吟诗者的心志;可以从诗感悟人心所向;可以以诗讽谏时俗,纾解哀怨。学《诗》近可以孝敬父母尊长,远可以用其中的道理奉事君上;不仅如此,学《诗》还可以亲近大自然。"

17.10　子谓伯鱼曰:"女⑤为《周南》、《召南》⑥矣乎? 人而不为《周南》、《召南》,其犹正墙面而立⑦也与?"

【译文】

孔子对伯鱼说:"你学过《周南》和《召南》了吗? 一个人如果不学《周南》、《召南》,就好像面朝墙壁而立,目光短浅,寸步难行。"

---

① 观:观察、观赏。郑玄曰:"观,观风俗之盛衰也。"朱子《集注》云:"考见得失。"
② 群:会合、合群。孔安国云:"群居相切磋也。"朱子《集注》云:"和而不流。"
③ 怨:怨刺、讽刺。孔安国云:"怨,刺上政也。"朱子《集注》云:"怨而不怒。"《孟子·告子下》曰:"《凯风》,亲之过小者也。《小弁》,亲之过大者也。亲之过大而不怨,是愈疏也。亲之过小而怨,是不可矶也。愈疏,不孝也。不可矶,亦不孝也。孔子曰:'舜其至孝矣! 五十而慕。'"
④ 迩(ěr):近。
⑤ 皇本、正平本"女"作"汝",定州竹简本无"曰"字。
⑥ 《周南》、《召南》:《诗经·国风》的两部分,所言皆修身齐家之事。朱子《集注》云:"所言皆修身齐家之事。"皇侃本、正平本"召"作"邵"。《说苑·建本》载孔子语:"鲤,君子不可以不学,见人不可以不饰;不饰则无根,无根则失理;失理则不忠,不忠则失礼,失礼则不立。夫远而有光者,饰也;近而逾明者,学也。譬之如污池,水潦注焉,菅蒲生之,从上观之,知其非源也。"
⑦ 犹正墙面而立:脸正对着墙壁而立,比喻目光短浅。马融云:"《周南》、《邵南》,国风之始。得淑女以配君子,三纲之首,王教之端,故人而不为,如向墙而立也。"朱子《集注》云:"正墙面而立,言即其至近之地,而一物无所见,一步不可行。"

17.11　子曰："礼云礼云,玉帛①云乎哉? 乐云乐云,钟鼓②云乎哉?"③

【译文】

孔子说:"礼啊礼啊,难道只是指玉器、丝帛之类的礼器吗? 乐啊乐啊,难道只是指钟、鼓之类的乐器吗?"

17.12　子曰："色厉④而内荏⑤,譬诸小人⑥,其犹穿窬⑦之盗也与!"

【译文】

孔子说:"外表严厉而内心怯懦之人,用各色小人来比喻,就好像那种穿墙打洞的盗贼。"

---

①　玉帛:定州竹简本"玉帛"作"玉白"。郑玄云:"玉,珪璋之属。帛,束帛之属。言礼非但崇此玉帛而已,所贵者乃贵其安上治民也。"《礼记·乐记》:"铺筵席,陈尊俎,列笾豆,以升降为礼者,礼之末节也,故有司掌之。乐师辨乎声诗,故北面而弦;宗祝辨乎宗庙之礼,故后尸;商祝辨乎丧礼,故后主人。是故德成而上,艺成而下;行成而先,事成而后。是故先王有上有下,有先有后,然后可以制于天下也。"

②　钟鼓:马融云:"乐之所贵者,移风易俗也,非谓钟鼓而已也。"朱子《集注》云:"敬而将之以玉帛,则为礼;和而发之以钟鼓,则为乐。遗其本而专事其末,则岂礼乐之谓哉?"《礼记·乐记》:"凡音者,生人心者也。情动于中,故形于声。声成文,谓之音。是故治世之音安以乐,其政和。乱世之音怨以怒,其政乖。亡国之音哀以思,其民困。声音之道,与政通矣。"

③　这一章强调礼乐并不仅仅是玉帛、钟鼓之类的外在礼仪与形式,更重要在于以仁义为本、礼乐为用。

④　厉:威严、严厉。

⑤　荏(rěn):怯懦、软弱。

⑥　譬诸小人:定州竹简本"譬"作"辟"。小人:指品行不端之人,朱子解作"细民",非也。

⑦　窬(yú):通"逾",爬墙。定州竹简本作"媮"。邢昺《注疏》云:"言外自矜厉,而内柔佞,为人如此,譬之犹小人,外虽持正,内常有穿壁窬墙窃盗之心也与。"朱子《集注》云:"言其无实盗名,而常畏人知也。"

17.13　子曰："乡原①,德之贼②也!"

【译文】

孔子说:"伪善欺世之人,确实是道德的祸害!"

17.14　子曰:"道听而涂③说,德之弃也④!"

【译文】

孔子说:"在路上听到传言就不加辨析到处传播,这是修身养性的大忌。"

---

①　乡原:伪善欺世之人。学术史上对此有多种解释:第一种,乡指乡里,原指推原本意,乡原指人每至一处,则揣度人情世故而逢迎,皇侃《义疏》引周生烈云:"所至之乡,辄原其人情而为己意以待之,是贼乱德也。"第二种,乡为向,指人善于逢迎诌媚,何晏《集解》云:"乡,向也,古字同。谓人不能刚毅,而见人辄原其趣向,容媚而合之,言此所以贼德也。"第三种,乡为鄙俗之义,原同"愿",朱子《集注》云:"乡者,鄙俗之意。原,与愿同。《荀子》原悫,注读作愿是也。乡原,乡人之愿者也。盖其同流合污以媚于世,故在乡人之中,独以愿称。"第四种,乡即乡里,原同"傆",巧黠,俞樾《群经平议》:"'原'当为'傆'。《说文·人部》:'傆,黠也。'乡傆者,一乡中傆黠之人也。《孟子》说乡原曰:'非之无举也,刺之无刺也,同乎流俗,合乎污世,居之似忠信,行之似廉洁。'则其人之巧黠可知。孔子恐其乱德,盖即巧言乱德之意。朱《注》谓'原'与'愿'同,虽视旧说为胜,然'愿'自是美名。孔子曰:'侗而不愿,吾不知之矣'。则'愿'固孔子所取也。一乡皆以为愿人,当问其果愿与否? 安得据绝之为德之贼? 且《孟子》所称乡原之行,亦非谨愿者所能为也。然则读'原'为'愿',抑犹未得其字矣。"俞氏之说为是。

②　德之贼:道德的败坏者。《孟子·尽心下》:"其志嘐嘐然,曰:'古之人,古之人!'夷考其行,而不掩焉者也。狂者又不可得,欲得不屑不洁之士而与之,是獧也,是又其次也。孔子曰:'过我门而不入我室,我不憾焉者,其惟乡原乎! 乡原,德之贼也。'"

③　涂:通"途"。

④　德之弃:自弃于美德。钱穆《论语新解》:"德必由内心修而后成。故必尊师博文,获闻嘉言懿训,而反体之于我心,潜修密诣,深造而默成之,始得为己之德。道听,听之易。涂说,说之易。入于耳,即出于口,不内入于心,纵闻善言,亦不为己有。其德终无可成。德不弃人,而曰'德之弃',深言其无分于成德。"皇侃本、正平本句末无"也"字。

260

17.15　子曰："鄙夫可与事君也与哉①？其未得之也②，患得之③；既得之，患失之；苟患失之，无所不至矣④！"

【译文】

孔子说："可以与鄙陋之人一起在朝廷共事吗？这种人没得到爵禄时，总害怕得不到；一旦获得爵禄，又害怕失去。假如害怕失去所得，其手段就无所不用其极了。"

17.16　子曰："古者民有三疾⑤，今也或是之亡也。古之狂⑥也肆⑦，今之狂也荡⑧；古之矜⑨也廉⑩，今之矜也忿戾⑪；古之愚⑫也直，今之愚也诈而已矣⑬。"

---

①　鄙夫可与事君也与哉：鄙夫，鄙俗之人。朱子《集注》："鄙夫，庸恶陋劣之称。"《荀子·强国》云："入其国，观其士大夫，出于其门，入于公门，出于公门，归于其家，无有私事也，不比周，不朋党，偶然莫不明通而公也，古之士大夫也。"皇侃本、正平本无"也与"二字，定州竹简本无"也"、"哉"二字。

②　其未得之也：皇侃本、正平本句末无"也"字。

③　患得之：或当作"患不得之"，孔安国云："患得之者，患不能得之，楚俗言。"《潜夫论·爱日篇》云："孔子病夫未之得也，患不得之，既得之，患失之者。"

④　无所不至矣：朱子《集注》云："小则吮痈舐痔，大则弑父与君，皆生于患失而已。"

⑤　三疾：三种缺点。

⑥　狂：狂放不羁。

⑦　肆：肆意直言、不拘小节。包咸说："肆，极意敢言也。"

⑧　荡：放荡无礼。孔安国说："荡，无所据也。"

⑨　矜：矜持。朱子《集注》："矜者，持守太严。"获生徂徕《论语微》认为矜即狷。

⑩　廉：堂廉之石，引申为棱角分明。许慎《说文解字》："廉，仄也，从广、兼声。""廉"字的本义与建筑物相关联，《仪礼·乡饮酒礼》言"设席于堂廉，东上。"郑玄注曰："侧边曰'廉'。"段玉裁《说文解字注》又云："堂之边曰'廉'。""廉"即侧边、侧隅之意。堂廉之石平正而又棱角峭利，后人多用"廉"来比喻人有"清正"、"洁净"等德行。如《韩非子·五蠹》篇云："今兄弟被侵，必攻者，廉也；知友被辱，随仇者，贞也。廉贞之行成，而君上之法犯矣。"

⑪　忿戾(lì)：横暴无理。孔安国说："恶理多怒也。"

⑫　愚：朴实无欺。《老子》二十章："我愚人之心也哉，沌沌兮。"

⑬　定州竹简本无"矣"字。

【译文】

孔子说:"古时候的民众有三个缺点,如今或许有这三种缺点的人都找不到了。古代的狂人纵情率意,如今的狂人放荡不羁;古代矜持之人棱角分明不可冒犯,如今所谓的骄矜之人蛮横暴虐;古代愚直之人朴实耿直,如今的愚者只是挟私行诈而已。"

17.17　子曰:"巧言令色,鲜矣仁。"①

【译文】

孔子说:"用花言巧语、讨好谄媚的人,很少有仁德。"

17.18　子曰:"恶紫之夺朱也②,恶郑声③之乱雅乐④也,恶利口之覆邦家者⑤。"

【译文】

孔子说:"我憎恨用紫色取代红色,憎恨用郑国的靡靡之音扰乱典雅的音乐,更憎恨那些用巧言利嘴颠覆国家的人。"

17.19　子曰:"予欲无言⑥!"子贡曰:"子如不言,则小

---

①　此章已见《论语·学而》,皇侃本、正平本无此章。

②　恶紫之夺朱:朱,赤色,为五正色(青、赤、黄、白、黑)之一。紫是杂色,孔安国云:"朱,正色。紫,间色之好者。恶其邪好而夺正色也。"

③　恶郑声:《论语·卫灵公》:"子曰:'行夏之时,乘殷之辂,服周之冕,乐则《韶》《舞》。放郑声,远佞人。郑声淫,佞人殆。'"

④　雅乐:雅正音乐。孔子晚年在整理《诗》和《礼》的同时,也对乐进行了整理。《诗》中的每一首诗原来都是配曲演唱,孔子在整理《诗》的时候,也对乐进行了整理,使《诗》诸篇重新配曲演唱。礼和乐不可分割,孔子对与礼相联系的乐进行整理,使之完整配套,从而进一步丰富了礼的内容。

⑤　恶利口之覆邦家者:皇侃本、定州竹简本、敦斯 5789 号写本"者"作"也",覆:倾覆、颠覆。孔安国云:"利口之人,多言少实,苟能悦媚时君,覆倾其国家也。"

⑥　予欲无言:定州竹简本"无"作"毋"。皇侃《义疏》云:"孔子忿世不用其言,其言为益之少,故欲无所复言也。天既不言而事行,故我亦欲不言而教行,是欲则天以行化也。"

子何述①焉?"子曰:"天何言哉②? 四时行焉,百物生焉,天何言哉?"

【译文】

孔子说:"我不想说话了。"子贡问:"老师如果不说话,我们这些弟子传述什么呢?"孔子说:"上天说了什么呢? 四季照常运行,百物照常生长,上天说了什么呢?"

17.20 孺悲③欲见孔子,孔子辞以疾④。将命者⑤出户,取瑟而歌⑥,使之闻之⑦。

【译文】

孺悲请求面见孔子,孔子以生病为由推辞不见。传话人刚出门,孔子就取来瑟边弹边唱,有意让传话人听到。

---

① 何述:传述什么? 朱子《集注》则曰:"学者多以言语观圣人,而不察其天理流行之实,有不待言而著者。是以徒得其言,而不得其所以言,故夫子发此以警之。"

② 天何言哉:天何曾说过什么呢。《礼记·哀公问》云:"公曰:'敢问君子何贵乎天道也?'孔子对曰:'贵其不已。如日月东西相从而不已也,是天道也;不闭其久,是天道也;无为而物成,是天道也;已成而明,是天道也。'"

③ 孺悲:鲁国人,鲁哀公曾经命他向孔子学士丧礼。定州竹简本作"儒悲"。《礼记·杂记》云:"恤由之丧,哀公使孺悲之孔子,学士丧礼。《士丧礼》于是乎书。"

④ 孔子辞以疾:孔子以生病为由推辞不见。皇侃本、正平本、敦斯0618号、斯5789号写本"辞"下有"之"字,定州竹简本无"孔"字。

⑤ 将命者:传话人。

⑥ 取瑟而歌:何晏《集解》云:"孺悲,鲁人也。孔子不欲见,故辞以疾。为其将命者不知己,故歌令将命者悟,所以令孺悲思也。"皇侃《义疏》云:"孺悲使者去,裁出户,而孔子取瑟以歌,欲使孺悲使者闻之也。所以然者,辞唯有疾而不往,恐孺悲问疾差,又召己不止。故取瑟而歌,使使者闻之,知孔子辞疾非实,以遗白孺悲,令孺悲知故不来耳,非为疾不来也。"

⑦ 使之闻之:定州竹简本作"使闻之"。《孟子·告子下》云:"教亦多术矣。予不屑之教诲也者,是亦教诲之而已矣。"

17.21　宰我问："三年之丧①,期已久矣! 君子三年不为礼,礼必坏;三年不为乐,乐必崩②。旧谷既没③,新谷既升,钻燧改火④,期⑤可已矣。"

子曰："食夫稻⑥,衣夫锦⑦,于女安乎⑧?"曰："安!"

"女安,则为之! 夫君子之居丧,食旨⑨不甘,闻乐不乐,居处不安⑩,故不为也。今女安,则为之⑪!"

---

①　三年之丧:关于"三年丧"的周期有两种说法,郑玄说为二十七个月,王肃说为二十五个月。《史记·孔子世家》载:"孔子葬鲁城北泗上,弟子皆服三年。三年心丧毕,相诀而去,则哭,各复尽哀,或复留。唯子赣庐于冢上,凡六年,然后去。"焦循认为,"三年之丧"是殷代旧制。《孟子·滕文公上》焦循疏云:"始悟孟子所定三年之丧,引'三年不言'为训,而滕文奉行。即又曰五月居庐,未有命戒。是皆商以前之制,并非周制。周公所制礼,并未有此。"傅斯年在《周东封与殷遗民》一文中说:"惟一可以解释此困难者,即三年之丧,在东国,在民间,有相当之通行性,盖殷之遗礼,而非周之制度。"胡适在《说儒》一文中也认为:"三年之丧是'儒'的丧礼,但不是他们的创制,只是殷民族的丧礼。"

②　乐必崩:雅乐逐渐散佚。定州竹简本"崩"误作"项"。

③　旧谷既没:定州竹简本"既"作"嚣"。

④　钻燧改火:远古时代人们钻木取火,四季所用木种不同。马融云:"《周书·月令》有更火之文。春取榆、柳之火,夏取枣、杏之火,季夏取桑、柘(zhé)之火,秋取柞、楢(yóu)之火,冬取槐、檀之火。一年之中,钻火各异木,故曰改火也。"定州竹简本"钻"作"锈"。

⑤　期(jī):一年。

⑥　稻:古代北方以粟、稷为主食,稻米为南方作物,属于珍稀之物。皇侃《义疏》指出"稻是谷之美者"。

⑦　衣夫锦:皇侃《义疏》:"锦是衣中之文华者。"

⑧　于女安乎:"安"在《论语》出现多次。"安"是心安,程树德《论语集释》引《四书辨疑》"所安者,言其本心所主定止之处也。"心"定止"于仁,心才能有所安。《为政》篇"视其所以,观其所由,察其所安"文句在《逸周书·官人解》也出现,但无"察其所安"四字,"察其所安"应该是孔子所加。皇侃《义疏》说:"情性所安,最为深隐,故云察也。"皇侃点明"安"与"情性"有关,《礼记·表记》记载孔子语录:"中心安仁者,天下一人而已矣。"皇侃本作"汝",正平本"安"下有"之"字。

⑨　旨:美味。

⑩　居处不安:《墨子·节葬》篇批评社会上流行的厚葬之风:"处丧之法,将奈何哉? 曰:哭泣不秩,声翁,缞绖垂涕,处倚庐,寝苫枕块;又相率强不食而为饥,薄衣而为寒。使面目陷陬,颜色黧黑,耳目不聪明,手足不劲强,不可用也。又曰:上士之操丧也,必扶而能起,杖而能行,以此共三年。"

⑪　女安,则为之:孔安国云:"责其无仁恩于亲,故再言'女安,则为之'。"

宰我出。子曰①:"予之不仁②也! 子生三年③,然后免于父母之怀。夫三年之丧,天下之通丧④也。予也有三年之爱于其父母乎⑤?"

【译文】

宰我说:"父母去世,守丧三年,时间太长了吧! 君子三年不习礼,礼仪势必会废弛;三年不演奏音乐,音乐势必会失传。去年的谷子已经吃完,今年的新谷也已经收割。取火用的燧木也换了一轮,守丧守满一周年也就可以了!"孔子说:"服丧期间就去吃白米饭,穿锦缎衣,你心安

---

① 正平本无"子"字。

② 不仁:指宰我对父母无感恩之心。

③ 定州竹简本脱"生"字。

④ 天下之通丧:上至天子,下自平民百姓,都要遵守此礼仪,因此称作"通丧"。

⑤ 予也有三年之爱于其父母乎:定州竹简本"有"作"又",无"乎"字。此章表面上评论古代流传的"三年之丧",实际上在讨论如何培植感恩之心。在伦理学与心理学意义上,孝敬双亲源于"感恩"意识,这是一种人与动物皆有的初始道德意识。现代英国伦理学大师威廉·大卫·罗斯教授认为,人的自明道德义务有忠诚、公正、赔偿等等,其中重要的一项则是感恩。感恩是一种善良的道德意识与情感,是支配人实现道德行为的思想基础。值得注意的是,在孔子之后,仍然有不少人讨论这一问题。《仪礼·丧服》载:"父,传曰:为父何以斩衰也? 父至尊也。诸侯为天子,传曰:天子至尊也。君,传曰:君至尊也。父为长子,传曰:何以三年也? 正体于上,又乃将所传重也。庶子不得为长子三年,不继祖也。"子为父、诸侯为天子、臣为君必须守孝三年,孟子也曾经与人探讨过这一问题,齐宣王想缩短丧礼规定的守孝时间,齐宣王于是通过公孙丑请教孟子:"'为期之丧,犹愈于已乎?'孟子曰:'是犹或绅其兄之臂,子谓之姑徐徐云尔,亦教之孝悌而已矣'。"孟子认为守孝三年的文化意义在于道德教化,而非单纯地强调时间长短。对此,楚简《六德》也有类似的观点:"是故先王之教民也,始于孝弟。"对此,李泽厚先生在《孔子再评价》中的评论颇为深刻:"在这里重要的是,孔子没有把人的情感心理引导向外在的崇拜对象或神秘境界,而是把它消融满足在以亲子关系为核心的人与人的世间关系之中,使构成宗教三要素的观念、情感和仪式统统环绕和沉浸在这一世俗伦理和日常心理的综合统一体中,而不必去建立另外的神学信仰大厦。这一点与其他几个要素的有机结合,使儒学既不是宗教,又能替代宗教的功能,扮演准宗教的角色,这在世界文化史上是较为罕见的。不是去建立某种外在的玄想信仰体系,而是去建立这样一种现实的伦理—心理模式,正是仁学思想和儒学文化的关键所在。"

吗?"宰我说:"心安。"孔子说:"你如果心安,就那么做吧!君子服丧期间,即使吃美味不觉得香甜,听音乐不觉得快乐,住在家里也不觉得舒服,所以才不做这些事情。你既然心安,你就去做吧!"

宰我退了出去。孔子说:"宰我真不仁啊!孩子出生三年后,才能逐渐离开父母的怀抱。为父母服丧三年,是天下通行的丧礼啊!宰我啊!他难道就没有从他父母那里得到三年的怀抱之爱吗?"

17.22　子曰:"饱食终日,无所用心,难矣哉①!不有博②弈③者乎?为之犹贤乎已④!"

【译文】

孔子说:"整天吃饱了饭,无所事事,真是令人犯难啊!不是还有博戏和围棋吗?做做这些事,也比闲着强!"

17.23　子路曰⑤:"君子尚⑥勇乎?"子曰:"君子义以为上。君子有勇而无义为乱,小人有勇而无义为盗⑦。"

---

①　定州竹简本无"哉"字。

②　博:局戏,古代的一种棋戏,双方各六著,共十二棋。先掷者,视其骰子以行棋。邢昺《义疏》云:"博,《说文》作'簙',局戏也,六箸十二基也。古者乌胄作簙。'"

③　弈:围棋。邢昺《义疏》云:"《说文》弈从廾,言竦两手而执之。棋者,所执之子,以子围而相杀,故谓之围棋。围棋称弈者,又取其落弈之义也。"定州竹简本作"亦",皇侃本作"奕"。

④　贤乎已:贤,胜。已,止。

⑤　定州竹简本"曰"上有"问"字。

⑥　尚:崇尚。

⑦　小人有勇而无义为盗:小人有勇无义就会沦为强盗。程子曰:"北宫黝之勇必行,孟施舍无惧。子夏之勇本不可知,却因北宫黝而可见。子夏是笃信圣人而力行,曾子是明理。公孙丑问孟子,加齐之卿相,恐有所不胜而动心。北宫黝之勇气,亦不知守也。孟施舍之勇,知守气而不知守约也。曾子之所谓勇,乃守约,守约乃义也,与孟子之勇同。"

子路问孔子:"君子崇尚勇敢吗?"孔子说:"君子崇尚义。君子有勇无义就会作乱,小人有勇无义就会沦落为盗贼。"

17.24 子贡曰①:"君子亦有恶②乎?"子曰:"有恶。恶称人之恶者,恶居下流而讪上者③,恶勇而无礼者,恶果敢而窒④者。"

曰:"赐也亦有恶乎?⑤""恶徼⑥以为知⑦者,恶不孙⑧以为勇者,恶讦⑨以为直者。"

【译文】

子贡说:"君子也有所憎恶吗?"孔子说:"当然有所憎恶。憎恶在背后喜欢讲别人坏话的人,憎恶身居下位却喜欢毁谤身居上位的人,憎恶逞血气之勇而无礼义的人,憎恶专断执拗却不通人情事理的人。"

孔子又问子贡:"赐,你也有所憎恶吗?"子贡说:"我憎恶那种把纠人过失当作智慧的人,憎恶那些不逊无礼却自以为勇敢的人,憎恶那些把揭发别人隐私当做品行正直的人。"

---

① 皇侃本、正平本、敦斯 0618 号写本"曰"上有"问"字。
② 恶:厌恶。
③ 恶居下流而讪上者:汉石经本无"流"字,《礼记·少仪》云:"为人臣下者,有谏而无讪。"讪:毁谤。
④ 窒:阻塞不通,这里指不明人情事理。马融说:"窒,窒塞也。"
⑤ 皇侃本、正平本、定州竹简本"乎"作"也"。
⑥ 徼(jiǎo):学术史上有三种解释,其一,抄袭,孔安国云:"徼,抄也。抄人之意以为己有之。"其二,伺察,朱子《集注》:"徼,伺察也"。其三,通"绞",纠人过失以炫耀自身,定州竹简本即作"绞"。
⑦ 知:聪慧。皇侃本、正平本"知"作"智"。
⑧ 孙:谦逊。皇侃本、正平本"孙"作"逊"。
⑨ 讦(jié):揭发他人隐私。包咸说:"讦,谓攻发人之隐私也。"

17.25　子曰:"唯女子①与②小人③为难养也! 近之则不孙④,远之则怨⑤。"

【译文】

孔子说:"擅权乱政的女人如同小人一样,太亲近了,他们无礼;稍微疏远了,他们又会滋生怨恨之心。"

17.26　子曰:"年四十而见恶⑥焉,其终也已⑦!"

【译文】

孔子说:"一个人如果到了四十岁还被人厌恶,他这一生也就完了。"

---

①　女子:并非指所有女性,结合史实勘正,这里专指擅权乱政的卫灵公夫人南子。《史记·卫康叔世家》云:"太子蒯聩与灵公夫人南子有恶,欲杀南子。蒯聩与其徒戏阳邀谋,朝,使杀夫人。戏阳后悔,不果。蒯聩数目之,夫人觉之,惧,呼曰:'太子欲杀我!'灵公怒,太子蒯聩奔宋,已而之晋赵氏。四十二年春,灵公游于郊,令子郢仆。郢,灵公少子也,字子南。灵公怨太子出奔,谓郢曰:'我将立若为后。'郢对曰:'郢不足以辱社稷,君更图之。'夏,灵公卒,夫人命子郢为太子,曰:'此灵公命也。'郢曰:'亡人太子蒯聩之子辄在也,不敢当。'于是卫乃以辄为君,是为出公。六月乙酉,赵简子欲入蒯聩,乃令阳虎诈命卫十余人衰绖归,简子送蒯聩。卫人闻之,发兵击蒯聩。蒯聩不得入,入宿而保,卫人亦罢兵。"
②　与:类、比。
③　小人:道德低劣之人。
④　皇侃本"孙"作"逊"。
⑤　皇侃本"怨"上有"有"字。
⑥　见恶:被人厌恶。
⑦　其终也已:汉石经"四十"合作"卅",无"而"字。《大戴礼记·曾子立事》:"三十、四十之间而无艺,即无艺矣;五十而不以善闻,则无闻矣。"

卷十八　微子第十八　凡十一章

18.1　微子①去之，箕子②为之奴，比干③谏而死。孔子曰："殷有三仁④焉！"

【译文】

微子离开了商纣王，箕子被贬为奴，比干强谏而被剖心处死。孔子说："殷朝有三位仁人。"

18.2　柳下惠为士师⑤，三黜⑥。人曰："子未可以去乎？"曰："直道而事人，焉往⑦而不三黜！枉道而事人⑧，何必去父

---

① 微子：名启，商纣王的庶兄，封国于微，其爵为子，故称微子。纣王无道，微子启多次劝谏不被采纳，于是离纣王而去。周成王初年，周公平叛，令微子统率殷族旧部，封于宋，微子于是成为宋国始祖。

② 箕(jī)子：名胥余，纣王的叔父，多次劝谏纣王不被采纳，于是假装狂颠以避祸，被纣王囚禁，贬为奴隶，周武王灭商后，箕子被释放。《尚书·洪范》篇相传是箕子为周武王而作。

③ 比干：纣王叔父，多次劝谏纣王，结果被剖心而死。

④ 仁：定州竹简本、敦斯 0618 号写本作"人"。

⑤ 士师：刑狱官。孔安国说："士师，典狱之官也。"《张家山汉墓竹简》记载了柳下惠审理的一件司法案例："异时鲁法，盗一钱到廿，罚金一两；过廿到百，罚金二两。过百到二百，为白徒；过二百到千，完为倡。有(又)曰：诸以县官事迤其上者，以白徒罪论之；有白徒罪二者，驾(加)其罪一等。白徒者，当今隶臣妾；倡，当城旦。今佐丁盗粟一斗，直(值)三钱，柳下季为鲁君治之，论完丁为倡，奏鲁君。君曰：盗一钱到廿钱罚金一两，今佐丁盗一斗粟，直(值)三钱，完为倡，不已重虖(乎)？柳下季曰：吏初捕丁来，冠鉥(鷸)冠，臣案其上功牒，署能治礼。濡(儒)服。夫濡(儒)者君子之节也，礼者君子学也，盗者小人之心也。今丁有宵(小)人之心，盗君子节，有(又)盗君子学，以上功再迤其上，有白徒罪二，此以完为倡。君曰：当哉！"

⑥ 黜：罢免。

⑦ 焉往：到哪里去。

⑧ 枉道而事人：以邪曲之道待人待物。朱子《集注》云："柳下惠三黜不去，而其辞气雍容如此，可谓和矣。然其不能枉道之意，则有确乎其不可拔者。是则所谓必以其道，而不自失焉者也。"定州竹简本无此章。

母之邦！"

【译文】

柳下惠担任鲁国刑狱官，多次被罢免。有人劝他说："你怎么不离开鲁国？"柳下惠说："依正道为官处事，在哪里不会被罢免多次呢？如果不按正道为官为人，那又何必要离开父母之邦呢？"

18.3　齐景公待①孔子，曰："若季氏，则吾不能，以季、孟之间待之②。"曰："吾老矣，不能用也。"③孔子行。

【译文】

齐景公谈及如何礼遇孔子，说："像鲁国国君对待季氏一样，我做不到。我可以用介于对待季氏和孟氏之间的规格来礼遇他。"不久，又说："我老了，不能用他了。"于是孔子离开了齐国。

18.4　齐人归④女乐，季桓子⑤受之，三日不朝，孔子行。

---

①　待：礼遇、对待。邢昺《注疏》云："待，遇也，谓以禄位接遇孔子也。"据《史记·孔子世家》记载：齐景公曾经问政于孔子，孔子回答："君君，臣臣，父父，子子。"齐景公说："善哉！信如君不君，臣不臣，父不父，子不子，虽有粟，吾岂得而食诸！"又云："异日，景公止孔子曰：'奉子以季氏，吾不能，以季、孟之间待之。'齐大夫欲害孔子，孔子闻之。景公曰：'吾老矣，弗能用也。'孔子遂行，反乎鲁。"

②　以季、孟之间待之：以次于季孙氏、高于孟孙氏的待遇任用孔子。

③　吾老矣，不能用也：朱子《集注》引程子曰："季氏强臣，君待之之礼极隆，然非所以待孔子也。以季、孟之间待之，则礼亦至矣。然复曰'吾老矣不能用也'，故孔子去之。盖不系待之轻重，特以不用而去尔。"

④　归（kuì）：同"馈"，馈赠。

⑤　季桓子：季孙斯，鲁国上卿，季平子之子。据《史记·孔子世家》记载，"堕三都"失败后，孔子与三桓之间的矛盾不断加深。而"夹谷之会"上孔子的杰出表现，也引起了邻国齐国的恐惧。"齐人闻而惧，"认为"孔子为政必霸，霸则吾地近焉，我之为先并矣。"于是齐国采用了卑劣手段，在国内挑选美女与骏马"遗鲁君"，目的是让他们迷于声色，怠于政事，疏远孔子。这一招果然奏效，季桓子微服前往观看，一日之间往返三次，"乃语鲁君为周道游，往观终日，怠于政事。"鲁定公从此终日观舞听乐，不愿过问政事。在鲁国内外政治势力的合力排挤之下，孔子实现王道政治的愿望愈加渺茫，正如子路所说："夫子可以行矣！"

【译文】

　　齐国送了一批歌姬舞女给鲁国,季桓子接受了。鲁国君臣一连三天不上朝理政。于是,孔子离开了鲁国。

　　18.5　楚狂接舆①歌而过孔子②,曰:"凤③兮! 凤兮! 何德之衰④? 往者不可谏,来者犹可追⑤。已而! 已而! 今之从政者殆而⑥!"孔子下,欲与之言⑦。趋而辟⑧之,不得与之言⑨。

【译文】

　　楚国狂人接舆唱着歌从孔子的车旁走过:"凤凰啊,凤凰! 你的德行为何如此衰弱无力? 过去的已经不能挽回,未来的还可以设法补救。算了吧! 算了吧! 如今的从政者都很危险啊!"孔子急忙下车,想和他交谈。他却快步避开,孔子无法和他说话。

---

　　①　接舆:楚国的隐士。《庄子·人间世》中也有类似的记载:孔子适楚,楚狂接舆游其门曰:"凤兮凤兮,何如德之衰也! 来世不可待,往世不可追也。天下有道,圣人成焉;天下无道,圣人生焉。方今之时,仅免刑焉。福轻乎羽,莫之知载;祸重乎地,莫之知避。已乎已乎,临人以德! 殆乎殆乎,画地而趋! 迷阳迷阳,无伤吾行! 吾行却曲,无伤吾足!"
　　②　皇侃本、正平本"子"下有"之门"。
　　③　凤:凤凰。凤凰在有道之世则现,在无道之世则隐。接舆将孔子比作凤凰,劝其在无道之世应隐退保身。获生徂徕《论语徵》认为"子欲见楚王,盖圣人之过也。接舆过而歌,其辞若讥,而实所以喻孔子也。门人录之,见圣人之多助也。后世《诗》学不传,遂以为实讥孔子。夫比孔子以凤,岂讥之者乎?"
　　④　唐石经本句末有"也"字。
　　⑤　皇侃本、正平本、定州竹简本"谏"、"追"下皆有"也"字。
　　⑥　殆而:算了吧。朱子《集注》云:"凤有道则见,无道则隐,接舆以比孔子,而讥其不能隐为德衰也。来者可追,言及今尚可隐去。已,止也。而,语助辞。殆,危也。接舆盖知尊孔子而趋不同者也。"
　　⑦　欲与之言:敦斯0618号写本作"孔子欲下与之言"。
　　⑧　辟:同"避",皇侃本、正平本、敦斯0618号写本即作"避"。
　　⑨　皇侃本句末有"也"字。

18.6　长沮、桀溺①耦而耕②。孔子过之,使子路问津③焉。

长沮曰:"夫执舆者④为谁⑤?"子路曰:"为孔丘。"曰:"是鲁孔丘与?"⑥曰:"是也。"⑦曰:"是知津矣⑧!"

问于桀溺,桀溺曰:"子为谁?"曰:"为仲由。"曰:"是鲁孔丘之徒与?"对曰:"然。"曰:"滔滔⑨者天下皆是也,而谁以⑩易⑪之? 且而与其从辟人之士也⑫,岂若从辟世之士⑬哉?"耰⑭而不辍⑮。

子路行以告⑯,夫子怃然⑰曰:"鸟兽不可与同群,吾非斯人之徒与而谁与? 天下有道,丘不与易也⑱。"

---

①　长沮、桀溺:两个隐者。
②　耦(ǒu)而耕:两人合力耕田的耕作方式。郑玄说:"耜广五寸,二耜为耦。"
③　津:渡口。
④　执舆者:手执缰绳之人。定州竹简本、汉石经"舆"作"车"。执舆者,本来应该是子路,他下车问路后,孔子临时执舆。
⑤　皇侃本句末有"乎"字,定州竹简本、汉石经句末有"子"字。
⑥　敦斯 0618 号写本作"对曰是孔丘之徒"。
⑦　皇侃本、正平本"曰"上有"对",汉石经无"也"字,敦斯 0618 号写本"是也"作"然"。
⑧　是知津矣:孔子周游列国应当知道渡口在何处。马融曰:"言数周流,自知津处也。"
⑨　滔滔:洪水汹涌。孔安国云:"滔滔者,周流之貌也。"卢文弨《释文考证》云:"《史记·孔子世家》集解引此注'滔滔'作'悠悠'。又《文选》四十九干令升《晋纪总论》'悠悠风尘',注所引孔注亦同。"
⑩　以:与。
⑪　易:改变。
⑫　辟人之士:指孔子这样避开无道之君的人。皇侃本、正平本作"避人之士"。正平本、敦斯 0618 号写本句末无"也"字。
⑬　辟世之士:避开纷扰之世的隐士。皇侃本、正平本作"避世之士"。
⑭　耰(yōu):用土覆盖种子。汉石经"耰"下无"而"字。
⑮　辍(chuò):停止。
⑯　子路行以告:汉石经、定州竹简本无"行"字。
⑰　怃(wǔ)然:怅然若失。朱子《集注》云:"怃然,犹怅然,惜其不喻己意也。"定州竹简本作"抚然"。
⑱　定州竹简本"不"作"弗"。

【译文】

长沮和桀溺并肩在田间耕种。孔子路过那里，让子路向他们询问渡口。

长沮问子路说："那个在车上拉着缰绳的人是谁？"子路说："是孔丘。"长沮问："是鲁国的那个孔丘吗？"子路说："是的。"长沮说："那他应该知道渡口在哪。"

子路转身又去问桀溺，桀溺说："你是谁？"子路说："我是仲由。"桀溺说："是鲁国孔丘的学生吗？"子路回答说："是的。"桀溺说："现如今不义之事犹如滔滔洪水，数不胜数，你们想和谁一起去改变它呢？你与其跟随躲避无道之君的人，还不如跟随我们这种躲避整个社会的人！"说完不停地耙土覆盖种子。

子路回来把情况告诉了孔子，孔子怅然若失地说："我们又不能和鸟兽合群共处，我不同这世上的芸芸众生同群，还能和谁同群呢？如果天下有道，我也就不会和你们一起致力改变它了。"

18.7 子路从而后，遇丈人①，以杖荷蓧②。子路问曰："子见夫子乎？"丈人曰："四体不勤，五谷③不分，孰为夫子④？"植⑤其杖而芸⑥。子路拱而立。止子路宿，杀鸡为黍⑦而食之，见其二子焉。

---

① 丈人：老人，身世、姓名不详。

② 蓧（diào）：古代用于锄草的竹制工具。定州竹简本"荷"作"何"，敦伯2628号写本"蓧"作"篠"。

③ 五谷：黍、稷、稻、麦、菽（shū）。

④ 四体不勤，五谷不分，孰为夫子：朱子《集注》云："五谷不分，犹言不辨菽麦尔。责其不事农业而从师远游也。"皇侃《义疏》提出不同看法："四体，手足也。勤，勤劳也。五谷，黍稷之属也。分，播种也。孰，谁也。子路既借问丈人，丈人故答子路也，言当今乱世，汝不勤劳四体以播五谷，而周流远走，问谁为汝之夫子，而问我索之乎？袁氏曰：'其人已委曲识孔子，故讥之。四体不勤，不能如禹、稷躬殖五谷，谁为夫子而索耶。'"

⑤ 植：倚立。汉石经本作"置"。孔安国说："植，倚也。"

⑥ 芸：同"耘"，除草。汉石经本即作"耘"。

⑦ 黍：黏性的黄米，五谷之一。

明日，子路行以告。子曰："隐者也。"使子路反①见之。至，则行②矣。子路曰③："不仕无义④。长幼之节，不可废也⑤；君臣之义，如之何其废之⑥？欲洁其身，而乱大伦⑦。君子之仕也，行其义也。道之不行，已知之矣！"⑧

【译文】

子路跟随孔子出游，有一次落在了后面，遇到一位用木杖挑着除草工具的老人。子路于是问他："您看见我的老师了吗？"老人说："四肢不勤，五谷不分，谁会是你的老师？"说完把木杖插在田里，开始除草。子路恭敬地拱着手站在一边。老人留子路在他家住宿，杀鸡做黍米饭给他吃，又让自己的两个儿子跟子路见面。

第二天，子路赶上孔子，并把这件事告诉了他。孔子说："这是位隐士啊！"便让子路返回找他。可是，当子路到达的时候，老人已经出门了。子路留言说："拒绝出仕不符合道义。长幼之间的礼节既然不可以

---

① 定州竹简本"反"作"返"。

② 行：出行。朱子《集注》云："孔子使子路反见之，盖欲告之以君臣之义。而丈人意子路必将复来，故先去之以灭其迹，亦接舆之意也。"

③ 子路曰：指子路留言以告荷蓧丈人及其二子。朱子《集注》云："福州有国初时写本，路下有'反子'二字，以此为子路反而夫子言之也。未知是否？"

④ 不仕无义：隐居不仕废弃仁义之道。

⑤ 长幼之节，不可废也：孔安国说："言女知父子相养不可废，反可废君臣之义耶？"定州竹简本句末无"也"字。

⑥ 君臣之义，如之何其废之：皇侃本、正平本、敦伯 2628 号写本作"君臣之义，如之何其可废也"，定州竹简本句末有"也"字，汉石经作"君臣之礼如之何其废之也"。

⑦ 伦：伦常，儒家有五伦：父子有亲，君臣有义，夫妇有别，长幼有序，朋友有信。

⑧ 道之不行，已知之矣：邢昺《注疏》云："'子路曰：不仕无义者'，丈人既不在，留言以语丈人之二子，令其父还则述之。此下之言，皆孔子之意，言父子之道，天性也。君臣之义也，人性则皆当有之。若其不仕，是无君臣之义也。'长幼之节，不可废也；君臣之义，如之何其废之'者，言女知父子相养，是知长幼之节不可废也。反可废君臣之义而不仕乎？……欲清洁其身，则乱于君臣之义大道理也。'君子之仕也，行其义也。道之不行，已知之矣'者，言君子之仕，非苟利禄而已，所以行君臣之义。亦不必自己道谓行。孔子道不见用，自己知之也。"

废弃,君臣之间的大义又怎么可以废弃不顾?一个人只考虑洁身自好,肯定会损害君臣有义这样的大伦。君子出仕是为了履行仁义之道,至于大道难以在当今之世推行,我们早就知道了。"

18.8　　逸民①:伯夷、叔齐②、虞仲③、夷逸④、朱张⑤、柳下惠⑥、少连⑦。子曰:"不降其志,不辱其身⑧,伯夷、叔齐与!"谓柳下惠、少连,"降志辱身矣,言中⑨伦⑩,行中虑⑪,其斯而已矣⑫!"谓虞仲、夷逸,"隐居放⑬言,身中清⑭,废中权⑮。我则异于是⑯,

①　逸民:节行超逸之人。何晏《集解》云:"逸民者,节行超逸者。"朱子《集注》则认为指没有官位之人:"逸,遗逸。民者,无位之称。"

②　伯夷、叔齐:古代隐士。《孟子·公孙丑上》云:"孟子曰:'伯夷,非其君不事,非其友不友,不立于恶人之朝,不与恶人言。立于恶人之朝,与恶人言,加以朝衣朝冠坐于涂炭。推恶恶之心,思与乡人立,其冠不正,望望然去之,若将浼焉。是故诸侯虽有善其辞命而至者,不受也。不受也者,是亦不屑就已。"

③　虞仲:朱子《集注》:"虞仲,即仲雍,与大伯同窜荆蛮者。"顾炎武认为是周武王封于有虞国之故墟的仲雍曾孙。

④　夷逸:见于《尸子》,不肯为官之隐士。

⑤　朱张:生平事迹不详。

⑥　柳下惠:《孟子·公孙丑上》云:"柳下惠,不羞污君,不卑小官,进不隐贤,必以其道。遗佚而不怨,阨穷而不悯。故曰:'尔为尔,我为我。虽袒裼裸裎于我侧,尔焉能浼我哉!'故由由然与之偕而不自失焉,援而止之而止。援而止之而止者,是亦不屑去已。"孟子曰:"伯夷隘,柳下惠不恭。隘与不恭,君子不由也。"

⑦　少连:少连见于《礼记·杂记》:"孔子曰:'少连、大连善居丧,三日不怠,三月不解,期悲哀,三年忧。东夷之子也。'"

⑧　皇侃本、定州竹简本、正平本"身"下有"者"字,简本"辱"误作"唇"。不降其志,不辱其身:指不屈改其志、不辱没自身去事奉庸碌的君主,郑玄注曰:"言其直己之心,不入庸君之朝。"

⑨　中(zhòng):符合。

⑩　伦:法度,朱子《集注》云:"伦,义理之次第也"。

⑪　虑:情理。孔安国说:"但能言应伦理,行应思虑,若此而已。"

⑫　其斯而已矣:汉石经本作"其斯以乎"。

⑬　放:放置言谈。包咸曰:"放,置也。置不复言世务也。"

⑭　身中清:立身处世合于洁身自爱之道。皇侃《义疏》:"身不仕乱朝,是中清洁也。"《史记·孔子世家》有"行中清",可合观。

⑮　废中权:去职符合儒家权变之道。马融曰:"清,洁也。遭世乱,自废弃以免患,合于权也。"

⑯　我则异于是:定州竹简本"我则异任民"。

无可无不可①。"

【译文】

遁世隐居的人才有:伯夷、叔齐、虞仲、夷逸、朱张、柳下惠、少连。孔子说:"不贬抑自己的志向,不辱没自己的人格,真正做到这一点的人,大概只有伯夷和叔齐。"孔子评价柳下惠和少连说:"志向有所降低,人格有所辱没,但言谈合乎法度,行为合乎情理,他们也不过如此而已。"谈及虞仲和夷逸则说:"隐居避世,不谈世事。他们隐居做到了洁身自爱,去官合乎权变之道。我和他们都不同,既不拘泥于这样,也不拘泥于不这样。"

18.9　大师挚②适齐,亚饭③干④适楚,三饭缭适蔡,四饭缺适秦,鼓方叔⑤入于河⑥,播⑦鼗⑧武入于汉⑨,少师⑩阳、击磬⑪襄入于海。

---

①　无可无不可:不拘泥于可,也不拘泥于不可。马融曰:"亦不必进,亦不必退,唯义所在也。"《孟子·公孙丑上》云:"可以仕则仕,可以止则止,可以久则久,可以速则速,孔子也。"

②　大(tai)师挚:即太师挚,太师为乐官之长,乐官之长名挚。《周礼·春官·大师》云:"大师掌六律,六同以合阴阳之声。阳声:黄钟、大簇、姑洗、蕤宾、夷则、无射。阴声:大吕、应钟、南吕、函钟、小吕、夹钟。皆文之以五声:宫、商、角、徵、羽;皆播之以八音:金、石、土、革、丝、木、匏、竹。教六诗:曰风、曰赋、曰比、曰兴、曰雅、曰颂。以六德为之本,以六律为之音。"

③　亚饭干:亚饭即次饭,古时天子、诸侯进食皆要奏乐,第二次用饭时奏乐的乐师为"亚饭"。邢昺《注疏》云:"亚,次也。天子诸侯,每食奏乐,乐章各异,各有乐师。次饭乐师名干,往楚。三饭乐师名缭,往蔡。四饭乐师,名缺,往秦。"朱子《集注》云:"亚饭以下,以乐侑食之官。"后文的三饭、四饭分别指第三次、第四次用饭时奏乐的乐官名。

④　干:人名,下文的缭、缺皆为人名。

⑤　鼓方叔:司鼓的乐师,名方叔。

⑥　河:黄河。

⑦　播:摇拨。

⑧　鼗(táo):乐器名,两边系有小槌的小鼓,俗称拨浪鼓。邢昺《注疏》云:"播,摇也。鼗如鼓而小,有两耳,持其柄摇之,旁耳还自击。"皇侃本、正平本作"韶",同"鼗";敦伯2628号写本作"靴"。

⑨　汉:汉水。

⑩　少师:副乐官长。

⑪　击磬:击磬的乐师。孔安国云:"鲁哀公时,礼坏乐崩,乐人皆去。"

【译文】

　　太师挚流落到齐国,亚饭乐师干流落楚国,三饭乐师缭流落蔡国,四饭乐师缺流落秦国,击鼓的方叔入退隐黄河之滨,摇鼗鼓的武隐居汉水之涯,少师阳和击磬的襄隐居于海边。

　　18.10　周公谓鲁公①曰:"君子不施其亲②,不使大臣怨乎不以③。故旧无大故④,则不弃也⑤。无求备于一人⑥。"

【译文】

　　周公旦告诫鲁公伯禽说:"君子不疏远自己的亲族,不让大臣抱怨自己没有被重用。老臣旧友如果没有犯大错,就不要舍弃不用。不要对某一个人求全责备。"

　　18.11　周有八士⑦:伯达、伯适、仲突、仲忽、叔夜、叔夏、季随、季騧⑧。

【译文】

　　周代有八位值得称道的贤士:伯达、伯适、仲突、仲忽、叔夜、叔夏、季随、季騧。

----

　　①　周公谓鲁公:正平本"谓"作"语"。鲁公:周公之子伯禽,代表周公受封于鲁,鲁国始君。
　　②　施:同"弛",疏远、怠慢。孔安国说:"施,易也。不以他人亲易其亲也。"朱子《集注》云:"施,陆氏本作弛,诗纸反。福本同。"
　　③　以:用,任用。《中庸》云:"仁者人也,亲亲为大;义者宜也,尊贤为大。亲亲之杀,尊贤之等,礼所生也。"
　　④　大故:大的过错。
　　⑤　定州竹简本"不弃也"作"弗舍也"。
　　⑥　定州竹简本"无"作"毋"。
　　⑦　八士:周代八位值得称道的贤士,郑玄认为为周成王时之人,马融认为是周宣王时之人。包咸说:"周时四乳得八子,皆为贤士,故记之耳。"
　　⑧　季騧(guā):生卒年、事迹不详。班固《白虎通·姓名》云:"称号所以有四何?法四时用事先后,长幼兄弟之象也,故以时长幼号曰伯、仲、叔、季也。伯者,长也。伯者,子最长,迫近父也。仲者,中也。叔者,少也。季者,幼也。"

卷十九　子张第十九　凡二十五章

19.1　子张曰："士^①见危致命^②，见得思义^③，祭思敬，丧思哀^④，其可已矣。"

【译文】

子张说："一个士人，遇到国家危难，应不惜献出自己的生命；看见有利可得，首先应考虑是否合乎道义。祭祀的时候心存恭敬，居丧的时候心存哀戚。能做到这四点，也就可以称其为士了。"

19.2　子张曰："执德不弘^⑤，信道不笃^⑥，焉能为有？焉能为亡^⑦?"

---

①　士：邢昺《注疏》云："士者，有德之称，自卿大夫已下皆是。"

②　见危致命：遇到危难不惜献出生命。孔安国云："致命，不爱其身也。"

③　见得思义：以义融摄利。叶适《习学记言序目》云："仁人正谊不谋利，明道不计功。此语初看极好，细看全疏阔。古人以利与人，而不自居其功，故道义光明。后世儒者行仲舒之论，既无功利，则道义者乃无用之虚语尔。"

④　祭思敬，丧思哀：在丧祭之礼中，孔子及其弟子强调内在自然的悲痛与哀思之情。"哀"与"敬"二字代表儒家孝论在丧祭之礼上的基本态度，《孝经·丧亲》云："孝子之丧亲也，哭不偯，礼无容，言不文，服美不安，闻乐不乐，食旨不甘，此哀戚之情也。三日而食，教民无以死伤生。毁不灭性，此圣人之政也。"邢昺《注疏》云："子张言，为士者见君有危难，不爱其身，致命以救之；见得利禄，思义然后取；有祭事，思尽其敬；有丧事，当尽其哀。有此行者，其可以为士已矣。"朱子《集注》云："四者立身之大节，一有不至，则余无足观。故言士能如此，则庶乎其可矣。"

⑤　弘：弘扬、光大。

⑥　笃：笃厚、忠诚。

⑦　焉能为有，焉能为亡：朱子《集注》云："有所得而守之太狭，则德孤；有所闻而信之不笃，则道废。"亡，同"无"。孔安国云"言无所轻重"，未切其义。

278

【译文】

子张说:"持守美德却不能发扬光大,信奉大道却不够笃诚,这种人,有他不算多,没他不算少。"

19.3　子夏之门人问交①于子张。子张曰:"子夏云何②?"对曰:"子夏曰:'可者与③之,其不可者拒④之。'"子张曰:"异乎吾所闻⑤:君子尊贤而容众,嘉⑥善而矜⑦不能。我之大贤与⑧,于人何所不容? 我之不贤与,人将拒我,如之何其拒人也⑨?"

【译文】

子夏的学生向子张请教交友之道。子张说:"子夏是怎么说的呢?"子夏的学生回答说:"子夏说:'值得相交的人就结交他,不值得相交的就拒绝他。'"子张说:"我所听到交友之道与子夏所说的不一样:君子尊重贤人,又能够包容众人;赞美有才德之人,也怜悯能力不足之人。如果我是贤者,对于别人有什么不能包容呢? 如果我不是贤者,别人会拒绝与我交往,我又有什么资格去拒绝别人呢?"

---

① 问交:请教交友之道。

② 定州竹简本"云"作"曰"。

③ 与:交往。《吕氏春秋·观世》云:"周公旦曰:'不如吾者,吾不与处,累我者也;与我齐者,吾不与处,无益我者也。'惟贤者必与贤于己者处。"

④ 拒:皇侃本、正平本、敦伯2628号写本"拒"作"距",下文同。

⑤ 正平本、敦伯2628号写本句末有"也"字。

⑥ 嘉:褒奖。

⑦ 矜:同情、怜悯。

⑧ 正平本"我"下无"之"字。李贽在《李生十交文》中自称"余交有十","最切为酒食之交,其次为市井之交"。其他分别为遨游之交、坐谈之交、技能可人、术数之人、文墨之交、骨肉之交、心胆之交和生死之交。在十交中,他最推崇生死之交:"能下人,故其心虚;其心虚,故所取广;所取广,故其人愈高。"

⑨ 包咸曰:"友交当如子夏,泛交当如子张。"

19.4　子夏曰："虽小道①，必有可观者焉；致远恐泥②，是以君子不为也③。"

【译文】

子夏说："即便是一些小技艺，也一定有可取之处；但对致力于远大理想的士人而言，这些小技艺起不到多大作用。所以，君子不应花费大量精力从事这些小技艺。"

19.5　子夏曰："日知其所亡④，月无忘其所能，可谓好学也已矣！"

【译文】

子夏说："每天都能弄懂一些原本不知道的东西，每个月都能牢记已经学会的知识，就可以说是好学之人了。"

19.6　子夏曰："博学而笃志⑤，切问⑥而近思⑦，仁在

---

①　小道：小技艺、小技能。皇侃《义疏》云："小道，谓诸子百家之书也。"朱子《集注》则认为"小道，如农圃医卜之属。"

②　致远恐泥：定州竹简本"致"作"至"。泥：不通达。朱子《集注》："泥，不通也。"

③　是以君子不为也：《大戴礼记·小辨》云："辨而不小。夫小辨破言，小言破义，小义破道。道小不通，通道必简。"

④　日知其所亡：每天掌握一些自己不知道的知识。亡：同"无"，己所未有。

⑤　笃志：笃守志向。皇侃《义疏》云："笃，厚也；志，识也。言人当广学经典，而深厚识录之不忘也。"

⑥　切问：真切追问。皇侃《义疏》云："切，犹急也。若有所未达之事，宜急咨问取解，故云'切问'也。"邢昺《义疏》云："切问者，亲切问于己所学未悟之事，不泛滥问之也。"

⑦　近思：切近思考。朱子《集注》云："四者皆学问思辨之事耳，未及乎力行而为仁也。然从事于此，则心不外驰，而所存自熟，故曰仁在其中矣。程子曰：'博学而笃志，切问而近思，何以言仁在其中矣？学者要思得之。了此，便是彻上彻下之道。'又曰：'学不博则不能守约，志不笃则不能力行。切问近思在己者，则仁在其中矣。'又曰：'近思者以类而推。'苏氏曰：'博学而志不笃，则大而无成；泛问远思，则劳而无功。'"

其中矣。"①

【译文】

子夏说:"广博学习并且笃守远大志向,恳切请教并且能切己运思,为仁之道也就在其中。"

19.7 子夏曰:"百工②居肆③以成其事,君子学以致其道④。"

【译文】

子夏说:"工匠们在作坊成就自己的技艺,君子通过学习以求得为仁之道。"

19.8 子夏曰:"小人之过也必文。"⑤

【译文】

子夏说:"小人犯了过错,往往会找理由掩饰。"

---

① 获生徂徕《论语微》认为:"仁与学殊,然士之所以行仁于世者,必由学而得之,故曰:'仁在其中矣'。后儒不知仁,故其解皆失之。夫博学而笃志,则先王之道可举也;切问而近思,则其所以求藏诸身者至矣。孔子曰:'我欲仁,斯仁至'。亦此意。"

② 百工:各行各业的工匠。

③ 肆:作坊。皇侃《义疏》云:"居肆者,其居者常所作物器之处也。"俞樾《群经平议》释为"市场":"肆者,市中陈物之处。故《周官》有肆长。以肆为官府造作之处,于古未闻,《正义》说非也。"

④ 致其道:达至仁义之道。

⑤ 小人之过也必文:皇侃本"必"下有"则"字。《孟子·公孙丑下》云:"周公弟也,管叔兄也。周公之过,不亦宜乎!且古之君子,过则改之;今之君子,过则顺之。古之君子,其过也,如日月之食,民皆见之;及其更也,民皆仰之。今之君子,岂徒顺之?又从为之辞。"邢昺《注疏》云:"此章言小人不能改过也。小人之有过也,必文饰其过,强为辞理,不言情实也。"朱子《集注》云:"文,饰之也。小人惮于改过,而不惮于自欺,故必文以重其过。"

281

19.9　子夏曰:"君子有三变①:望之俨然②,即之也温,听其言也厉③。"

【译文】

子夏说:"君子给人的印象有三种变化:远望其人,神态庄严;和他接近时,令人温蔼可亲;听他说话时,率直不苟。"

19.10　子夏曰:"君子信而后劳其民,未信则以为厉④己也;信而后谏,未信则以为谤己也⑤。"

【译文】

子夏说:"君子先要取得民众的信任,才去役使他们。如果还没有取得民众的信任,民众就会以为你在虐害他们;君子先要取得君主的信任,然后才进谏。如果尚未获得君主信任,君主就会以为你在诽谤他。"

19.11　子夏曰:"大德⑥不逾⑦闲⑧,小德出入可也⑨。"

---

① 君子有三变:定州竹简本无"有"字。

② 俨然:庄重。皇侃本"俨"作"严"。

③ 厉:正直、直率。郑玄说:"厉,严正也。"邢昺《注疏》云:"此章论君子之德也。望之、即之及听其言也,有此三者,变易常人之事也。厉,严正也。常人,远望之则多懈惰,即近之则颜色猛厉,听其言则多佞邪。唯君子则不然,人远望之则正其衣冠,尊其瞻视,常俨然也;就近之则颜色温和,及听其言辞,则严正而无佞邪也。"

④ 厉:虐害。邢昺《注疏》云:"言君子若在上位,当先示信于民,然后劳役其民,则民忘其苦也。若未尝施信而便劳役之,则民以为从欲崇侈、妄加困病于己也。"

⑤ 未信则以为谤己也:定州竹简本无"己"字。朱子《集注》云:"信,谓诚意恻怛而人信之也。厉,犹病也。事上使下,皆必诚意交乎,而后可以有为。"

⑥ 大德:大节。《论语·泰伯》云:"可以托六尺之孤,可以寄百里之命,临大节而不可夺也,君子人与? 君子人也。"

⑦ 皇侃本、唐石经"逾"作"踰"。

⑧ 闲:阑,栅栏,引申为法度、界限。朱子《集注》云:"闲,阑也,所以止物之出入。"

⑨ 出入可也:在某些特殊情况下可以权变。荻生徂徕指出《晏子春秋》以此为晏子之语,"大德小德"作"大者小者"。

子夏说:"人在大节上不可超出法度,小节上有所权变是可以理解的。"

19.12　子游曰:"子夏之门人小子,当洒扫、应对、进退,则可矣,抑①末②也。本③之则无,如之何?"

子夏闻之曰:"噫④! 言游过矣! 君子之道,孰⑤先传焉⑥? 孰后倦⑦焉? 譬诸草木,区以别矣。君子之道,焉可诬⑧也? 有始有卒⑨者,其惟圣人乎!"

【译文】

子游说:"子夏的那些弟子,让他们做点洒水扫地、应答酬对、迎送宾客之类的工作还可以,只不过这些都是细枝末节。学问的根本没有学到,这怎么可以呢?"

子夏听到后,说:"咳! 言游说错了! 君子的学术思想(有本有末、有先有后),哪些应该先传授? 哪些应该后讲述呢? (讲授学问)就像给草木分门别类一样,有类有别,有先有后。君子之道,怎么可以随意歪曲呢? 传道授业,真正能做到有始有终,大概只有圣人吧!"

---

①　抑:不过,语助词,表转折。

②　末:细枝末节。子游批评子夏教学过于重视洒扫应对进退等末节,忽略了对儒家根本精神的传授。

③　本:根本,即孔子学说的精神。

④　噫:感叹词。

⑤　孰:哪个,哪样。

⑥　皇侃本无"焉"字。

⑦　倦:教诲。何晏《集解》与皇侃《义疏》释"厌倦";朱子《集注》又云:"倦,如诲人不倦之倦。区,犹类也。言君子之道,非以其末为先而传之,非以其本为后而倦教。"

⑧　诬:歪曲。马融说:"君子之道,焉可使诬? 言我门人但能洒扫而已也。"

⑨　卒:终。皇侃本"卒"作"终"。孔安国说:"始终如一,唯圣人耳也。"朱子《集注》引程子曰:"君子教人有序,先传以小者近者,而后教以大者远者。非先传以近小,而后不教以远大也。"

19.13　子夏曰:"仕①而优②则学,学而优则仕。"

【译文】

子夏说:"读书有余力就可以入官为仕,为官有余力就可以进一步为学。"

19.14　子游曰:"丧致③乎哀而止④。"

【译文】

子游说:"丧葬之礼,子女自然而然表达哀戚之情就可以了。"

19.15　子游曰:"吾友张⑤也,为难能也⑥,然而未仁。"

---

①　仕:仕宦。定州竹简本作"学而优则仕,仕而优则学",在逻辑上更加自洽。《说文》:"仕,学也,从人从士。"段玉裁注:"训仕为入官,此今义也。古义宦训仕,仕训学。故《毛诗传》五言士,事也。而《文王有声》传亦言:'仕,事也。'是仕与士,皆事其事之谓。"马融云:"行有余力,则可以学文也。"邢昺《注疏》又云:"言人之仕官行己职,而优闲有余力,则以学先王之遗文也。"

②　优:宽绰,有余力,朱子《集注》云:"优,有余力也。"

③　致:至,尽。

④　丧致乎哀而止:居丧自然而然表达哀戚之情即可。《论语·子张》:"士见危致命,见得思义,祭思敬,丧思哀,其可已矣。"皇侃《义疏》云:"致,犹至也。虽丧礼主哀,然孝子不得过哀以灭性,故使各至极哀而止也。"朱子《集注》云:"致极其哀,不尚文饰也。杨氏曰:'丧,与其易也宁戚,不若礼不足而哀有余之意。'愚按:'而止'二字,亦微有过于高远而简略细微之弊。学者详之。"

⑤　张:即子张。《大戴礼记·卫将军文子》记载孔子对子张的评价:"业功不伐,贵位不善,不侮可侮,不佚可佚,不敖无告,是颛孙之行也。孔子言之曰:'其不伐则犹可能也,其不弊百姓者则仁也。诗云:'恺悌君子,民之父母。'夫子以其仁为大也。"

⑥　为难能也:包咸说:"言子张之容仪之难及者也。"此说恐非。程树德《论语集释》引《论语驳异》云:"'为字盖语助,犹云为不可及耳。'此说非也。'为'字系行为之为,是实字,不是虚字,言其平日行为均系难能之事耳。"根据王应麟《困学纪闻》考证,子张之子申祥,娶了子游之女言思,二人为儿女亲家。

【译文】

子游说:"我的朋友子张,知与行高人一筹,但是还没有臻至仁的境界。"

19.16　曾子曰:"堂堂①乎张也,难与并为仁矣②。"

【译文】

曾子说:"子张伟岸健硕,难以与他一起践行仁道。"

19.17　曾子曰:"吾闻诸夫子:'人未有自致③者也④。必也,亲丧⑤乎!'"

【译文】

曾子说:"我听老师说过:'人很少有情感难以自控的时候。如果有,那一定是在父母尊长去世的时候吧!'"

---

①　堂堂:高大健硕。朱子《集注》云:"堂堂,容貌之盛。"

②　难与并为仁矣:邢昺《注疏》云:"曾子言子张容仪堂堂然盛,于仁道则薄,故难并为仁矣。"朱子《集注》观点与邢昺相同:"言其务外自高,不可辅而为仁,亦不能有以辅人之仁也。"程树德《论语集释》提出不同观点:"《论语训》:'亦言子张仁不可及也。难与并,不能比也。曾、张友善如兄弟,非贬其堂堂也。'按:子张少孔子四十八岁,在诸贤中年最少,他日成就如何虽无可考,而其弟子有公明仪、申详等,皆贤人也。其学派至列为八儒之一,非寂寂无闻者也。《集注》喜贬抑圣门,其言固不可信。如旧注之说,子游、曾子皆以子张为未仁,摈不与友,《鲁论》又何必记之?吾人断不应以后世讲朱、陆异同之心理推测古人。况曾子一生最为谨慎,有口不谈人过之风,故知从前解释皆误也。王氏此论虽创解,实确解也。"

③　致:尽致、致力。马融云:"言人虽未能自致尽于他事,至于亲丧,必自致尽也。"

④　正平本、汉石经"者也"作"也者"。

⑤　亲丧:父母尊长去世。《孟子·滕文公上》云:"孟子曰:'不亦善乎! 亲丧,固所自尽也。'"

285

19.18　曾子曰:"吾闻诸夫子:'孟庄子①之孝也,其他可能也;其不改父之臣与父之政②,是难能也③。'"

【译文】

曾子说:"我听老师说过:'孟庄子的孝行,别人大多也能做到;但他留用父亲的旧臣和沿袭父亲的政治举措,这一点很难做到。'"

19.19　孟氏使阳肤④为士师⑤,问于曾子。曾子曰:"上失其道⑥,民散⑦久矣! 如得其情⑧,则哀矜⑨而勿喜。"

【译文】

孟氏任命曾子弟子阳肤为刑狱官,阳肤向曾子讨教。曾子说:"如今居上位的人不依正道治国,民心离散已经很久了。你断案时,如果迅速查明犯罪的实情,首先应哀悯、同情他们,切不可因为自己的一点小业绩而沾沾自喜。"

19.20　子贡曰:"纣⑩之不善⑪,不如是之甚也⑫。是以君

---

①　孟庄子:鲁国大夫仲孙速,其父为孟献子仲孙蔑,有贤德。庄、献为谥号。
②　其不改父之臣与父之政:定州竹简本"政"作"正"。马融说:"谓在谅阴之中,父臣及父政,虽不善者不忍改之也。"《论语·学而》云:"父在,观其志;父没,观其行;三年无改于父之道,可谓孝矣。"
③　是难能也:皇侃本、正平本、敦伯2628号写本无"能"字。
④　阳肤:曾参的学生。
⑤　士师:典狱官。
⑥　道:治国的正道。
⑦　民散:民心离散,朱子《集注》云:"民散,谓情义乖离,不相维系。"
⑧　情:情实,指案件的实情。
⑨　哀矜:同情、怜悯。马融说:"民之离散为轻漂犯法,乃上之所为也,非民之过也。当哀矜之,勿自喜能得其情也。"
⑩　纣:即商纣王,名辛,纣是其谥号。
⑪　皇侃本、正平本句末有"也"字。
⑫　不如是之甚也:纣王所作的恶事并没有后人传闻的那么多。

子恶居下流①,天下之恶皆归焉。"

【译文】

子贡说:"商纣王的恶行,并不像后世传说的那么多。所以君子憎恶处于下流的地方,一旦如此,天下的恶名都归集到他身上。"

19.21　子贡曰:"君子之过也,如日月之食焉②:过也③,人皆见之;更也,人皆仰之。"

【译文】

子贡说:"君子的过错,就好像日食和月食一样:犯错的时候,人人都看得到;他改正错误的时候,人人又都敬仰他。"

19.22　卫公孙朝④问于子贡曰:"仲尼焉学⑤?"

子贡曰:"文、武之道⑥,未坠于地⑦,在人⑧。贤者识其大者⑨,不贤者识其小者,莫不有文、武之道焉。夫子焉不学,而

---

①　下流:地形卑下之处。朱子《集注》云:"下流,地形卑下之处,众流之所归。喻人身有污贱之实,亦恶名之所聚也。"邢昺《注疏》云:"下流者,谓为恶行而处人下,若地形卑下,则众流所归。人之为恶,处下,众恶所归。"

②　日月之食焉:皇侃本、正平本、敦伯2628号写本"食"作"蚀",皇侃本、正平本、定州竹简本"焉"作"也",敦伯2628号写本无"焉"字。

③　定州竹简本无"也"字。《孟子·公孙丑下》云:"周公弟也,管叔兄也。周公之过,不亦宜乎!且古之君子,过则改之;今之君子,过则顺之。古之君子,其过也,如日月之食,民皆见之;及其更也,民皆仰之。今之君子,岂徒顺之?又从为之辞。"

④　卫公孙朝:卫国的大夫公孙朝。当时鲁国、郑国、楚国也有公孙朝,因而加卫字以别之。

⑤　焉学:从何处学。

⑥　文、武之道:周文王与周武王之道,代指周代礼乐文明。朱子《集注》云:"文武之道,谓文王、武王之谟训功烈,与凡周之礼乐文章皆是也。"

⑦　未坠于地:从未失传。汉石经、戴氏本"坠"作"隊"。

⑧　在人:朱子《集注》云:"在人,言人有能记之者。"

⑨　汉石经"识"作"志",下同。

亦何常师①之有?"

【译文】

　　卫国的公孙朝问子贡:"仲尼的学问从哪里学来的?"

　　子贡说:"文武礼乐之道,并没有失传,而是散落于民间。贤能的君子能领悟文武之道根本,不贤的人只了解一些细枝末节,可以说无处没有文武之道。我的老师处处留心学问,而又何必要有固定的老师呢!"

　　19.23　叔孙武叔②语大夫于朝曰:"子贡贤于仲尼。"

　　子服景伯③以告子贡。子贡曰:"譬之宫墙④,赐之墙也及肩,窥见室家之好;夫子之墙数仞⑤,不得其门而入⑥,不见宗庙之美,百官⑦之富。得其门者或寡矣⑧! 夫子之云⑨,不亦宜乎!"

---

　　①　常师:固定的老师。鲁昭公十七年(前525),鲁属国郯国国君郯子来朝,鲁昭公设宴款待。郯国是少昊氏后裔,少昊部落作为东夷族的主体,保存许多古老的习俗。宴会上,鲁国大夫昭子问郯子少昊氏何以以鸟名官。郯子答:"我高祖少暤挚之立也,风鸟适至,故纪于鸟,为鸟师而鸟名。"远古之时,黄帝以"云"纪事,以"云"命名百官;炎帝以"火"纪事,以"火"命名百官;共工以"水"纪事,以"水"命名百官;太昊以"龙"纪事,以"龙"命名百官。少昊以鸟为图腾,所有百官都以鸟命名。主管天文历法的叫凤凰氏;主管春分、秋分的叫玄鸟氏;主管夏至、冬至的叫伯赵氏;主管立春、立夏的叫青鸟氏;主管立秋、立冬的叫丹鸟氏。任司徒的叫祝鸠氏,任司马的叫鴡鸠氏,任司空的叫鸤鸠氏,任司寇的叫爽鸠氏,任司事的叫鹘鸠氏等。孔子耳闻郯子在鲁昭公宴席上的一番谈话之后,亲自赶赴郯国求见郯子,向他请教少昊氏时代职官制度的问题。回来后对人说:"吾闻之,'天子失官,学在四夷',犹信。"
　　②　叔孙武叔:鲁国大夫,名州仇,武是谥号。
　　③　子服景伯:子服何,鲁国大夫。
　　④　譬之宫墙:皇侃本、正平本、汉石经、定州竹简本作"譬诸宫墙"。宫墙:围墙。
　　⑤　仞:古代的度量单位,七尺为一仞。包咸说:"七尺曰仞也。"
　　⑥　皇侃本、正平本句末有"者"字。
　　⑦　官:通"馆",指房屋。
　　⑧　得其门者或寡矣:孔子思想博大精深,只有少数人才能真正领悟。邢昺《注疏》云:"言夫圣阈非凡可及,故得其门而入者或少矣。"
　　⑨　夫子之云:皇侃本无"之"字,定州竹简本"云"作"员"。

叔孙武叔在朝廷上对大夫们说:"子贡比仲尼更贤能一点。"

子服景伯把这话告诉子贡。子贡说:"拿围墙来做一个比喻吧。我家的围墙只有肩膀高,别人一眼就可以看清楚房屋的雅致。夫子的围墙高耸入云,如果找不到正门进入,就看不到宗庙的辉煌壮观和馆舍富丽多彩。能找到夫子家正门的人或许不多吧!叔孙武叔这么说,不也很自然吗?"

19.24　叔孙武叔毁①仲尼。子贡曰:"无以为②也!仲尼不可毁也。他人之贤者,丘陵③也,犹可踰④也;仲尼,日月⑤也,无得而踰焉⑥。人虽欲自绝⑦,其何伤于日月乎?多⑧见其不知量⑨也!"

【译文】

叔孙武叔毁谤仲尼。子贡说:"不要这么做!仲尼是毁谤不了的。其他人的贤能,就像小丘陵一样,还可以超越;仲尼的智慧与贡献,就像太阳和月亮一样高,他人无法超越。一个人非要自绝于日月,对日月又有什么损害呢?只不过表明他太不自量力而已。"

---

①　毁:诋毁。

②　无以为:不要这么做。以,此。

③　丘陵:朱子《集注》云:"土高曰丘,大阜曰陵。"

④　踰:超越。

⑤　日月:朱子《集注》云:"日月,喻其至高。"

⑥　无得而踰焉:定州竹简本无"而"字。

⑦　自绝:自弃于日月。朱子《集注》云:"自绝,谓以谤毁自绝于孔子。"皇侃本、正平本、敦伯 2628 号写本句末有"也"字。

⑧　多:只,只是。

⑨　不知量:朱子《集注》云:"不知量,谓不自知其分量。"

19.25　陈子禽①谓子贡曰②："子为恭③也,仲尼岂贤于子乎?"子贡曰:"君子一言以为知④,一言以为不知,言不可不慎也!夫子之不可及也,犹天之不可阶而升⑤也。夫子之得邦家⑥者,所谓立之斯立⑦,道⑧之斯行,绥⑨之斯来⑩,动之斯和⑪。其生也荣,其死也哀⑫,如之何其可及也?"

---

①　陈子禽:陈亢。《学而》和《季氏》篇出现此人。

②　定州竹简本无"曰"字。

③　为恭:故作谦恭。朱子《集注》云:"为恭,谓为恭敬推逊其师也。"

④　一言以为知:徐灏《说文解字注笺》曰:"知,智慧,即知识之引申,故古只作知。"定州竹简本"一"作"壹",皇侃本、正平本、敦伯2628号写本"知"作"智",下文同。

⑤　阶而升:顺着阶梯往上攀登。《韩诗外传》卷八:"齐景公问子贡:'先生何师?'对曰:'鲁仲尼。'曰:'仲尼贤乎?'曰:'圣人也,岂直贤哉?'景公嘻然而笑曰:'其圣何如?'子贡曰:'不知也。'景公悖然作色曰:'始言圣人,今言不知,何也?'子贡曰:'臣终身戴天,不知天之高也;终身践地,不知地之厚也。若臣之事仲尼,譬犹渴操壶杓,就江海而饮之,腹满而去,又安知江海之深乎?'景公曰:'先生之誉,得无太甚乎!'子贡曰:'臣赐何敢甚言,尚虑不及耳!臣誉仲尼,譬犹两手捧土而附泰山,其无益亦明矣;使臣不誉仲尼,譬犹两手杷泰山,无损亦明矣。'景公曰:'善!岂其然?善!岂其然?'诗曰:'民民翼翼,不测不克。'"

⑥　得邦家:得邦得家而为诸侯、卿大夫。邦,诸侯的封国。家,卿大夫的采地食邑。孔安国云:"谓为诸侯若卿大夫也。"正平本、定州竹简本无"之"字。

⑦　立之斯立:以礼立身,人自然立家立业。

⑧　道:引导,同"导"。皇侃本、正平本、敦伯2628号写本即作"导"。

⑨　绥:安,安抚。

⑩　来:同"徕",归服、归附。《论语·季氏》云:"丘也,闻有国有家者,不患寡而患不均,不患贫而患不安。盖均无贫,和无寡,安无倾。夫如是,故远人不服,则修文德以来之。既来之,则安之。今由与求也,相夫子,远人不服而不能来也;邦分崩离析而不能守也。而谋动干戈于邦内。"

⑪　动之斯和:以乐感动人,则人心谐和。

⑫　其生也荣,其死也哀:夫子生时,百姓荣之;夫子死后,百姓哭之。孔安国云:"言孔子为政,其立教则无不立,导之则莫不兴行,安之则远者至,动之则莫不和穆,故能生则见荣显,死则见哀痛也。"朱子《集注》云:"荣,谓莫不尊亲。哀,则如丧考妣。"俞樾《群经平议》释"荣"为乐:"《国语·晋语》曰:'非以翟为荣',韦《注》曰:'荣,乐也。'是古谓乐为荣。其生也荣,其死也哀,言其生也,民皆乐之;其死也,民皆哀之也。荣与哀相对,非荣显之谓。《荀子·解蔽篇》:'生则天下歌,死则四海哭。'语意与此相近。"

【译文】

　　陈子禽对子贡说:"你是故作谦恭吧,仲尼在贤德方面真的超过你了吗?"子贡说:"君子一句话就可以表明他有智慧,一句话也可以显露他无知,所以说话不能不慎重。夫子的境界高不可及,就好像天不可攀着阶梯爬上去一样。如果夫子能够得到诸侯或卿大夫之位治理国家,那他真能像人们所说的那样,想要天下大众以礼立身,天下大众就会以礼立身;想要天下大众以德待人待物,天下大众就会以德待人待物;想要用仁政治理天下,天下大众就会远来归附;想要用乐教感化天下大众,天下大众就能和睦相处。夫子健在时,天下大众以他为荣;夫子去世,天下大众为他哀痛。这样伟大的圣人,我们如何能企及呢?"

卷二十　尧曰第二十　凡三章

20.1　尧曰："咨①！尔舜！天之历数②在③尔躬，允④执其中⑤。四海困穷，天禄永终⑥。"舜亦以命禹。

【译文】

尧说："啊！舜啊！好好地揣摩上天的历数，上天的命数已落在你身上。真诚公允地秉持中正之道！如果天下平民百姓都陷于贫苦困穷之中，上天赐予你的禄位也将永远终止。"舜禅位给禹时，也用这番话告诫禹。

曰⑦："予小子履⑧，敢用玄牡⑨，敢昭告于皇皇后帝⑩：有

---

①　咨：感叹词。王应麟《困学纪闻》卷八云："《论语》终于《尧曰》篇，《孟子》终于'尧舜汤文孔子'，而《荀子》亦终于《尧问》，其意一也。"

②　天之历数：依照天命排定的帝王继位次序。历数，天命决定的次序。

③　在：察，省察。《春秋繁露·郊语篇》引此文云："今切以为其当与不当，可内反于心而定也。尧谓舜曰：'天之历数在尔躬。'言察身以知天也。今身有子，执不欲其有子礼也！圣人正名，名不虚生。天子者，则天之子也。以身度天，独何为不欲其子之有子礼也！今为其天子，而阙然无祭于天，天何必善之？所闻曰：天下和平，则灾害不生。今灾害生，见天下未和平也，天下所未和平者，天子之教化不行也。"

④　允：信，真诚。包咸说："允，信也。"《古文尚书·大禹谟》云："人心惟危，道心惟微，惟精惟一，允执厥中。"

⑤　中：中正。《中庸》云："舜其大知也与！舜好问而好察迩言，隐恶而扬善，执其两端，用其中于民，其斯以为舜乎！"

⑥　四海穷困，天禄永终：包咸说："困，极也。永，长也。言为政信执其中，则能穷极四海，天禄所以长终也。"朱子《集注》观点与包咸不一："四海之人困穷，则君禄亦永绝矣，戒之也。"

⑦　朱子认为"曰"前脱"汤"字："此引《商书·汤诰》之辞。盖汤既放桀而告诸侯也。与《书》文大同小异。曰上当有汤字。"

⑧　履：商汤的名。班固《白虎通·姓名》："汤，生于夏时，何以用甲乙为名？曰：汤王后乃更变名，子孙法耳。本名履。故《论语》曰：'予小子履。'履，汤名也。"

⑨　玄牡：黑色的公牛，孔安国云："殷家尚白，未变夏礼，故用玄牡。"皇侃《义疏》云："玄，黑也。牡，雄也。夏尚黑，尔时汤犹未改夏色，故犹用点削以告天，故云果敢用于玄牡也。"

⑩　皇皇后帝：天帝。孔安国云："皇，大也。后，君也。大大君帝，谓天帝也。"《墨子》引《汤誓》，其辞若此也。"

罪不敢赦。帝臣不蔽,简在帝心①！朕②躬有罪,无以万方③;
万方有罪,罪在朕躬④。"

【译文】

　　(商汤)说:"我小子履,谨用黑色的公牛祭祀,昭告皇皇在上的天帝:如果有罪过,我不敢求赦免。作为天帝的臣民,我不敢隐瞒任何事情,因为您心如明镜,鉴别与决断全在于您一人。如果我自己有罪,希望不要牵连天下万民;如果天下万民有罪,应该由我一人来承担。"

　　周有大赉,善人是富⑤。"虽有周亲⑥,不如仁人⑦。百姓有过,在予一人。"⑧

---

　　①　帝臣不蔽,简在帝心:邢昺认为"帝臣"指桀:"帝,天也。帝臣谓桀也。桀是天子,天子事天犹臣事君,故谓桀为帝臣也。言桀居帝臣之位,罪过不可隐蔽,以其简阅在天心故也。"朱子认为"帝臣"指天下贤人,朱子《集注》云:"简,阅也。言桀有罪,己不敢赦。而天下贤人,皆上帝之臣,己不敢蔽。简在帝心,惟帝所命。"三,帝臣乃汤之自谓也,韩愈认为"帝臣"指商汤:"帝臣,汤自谓也,言我不可蔽隐桀之罪也。"简,鉴别。

　　②　朕躬:我,我身,天子的自称。

　　③　无以万方:汉石经本、定州竹简本作"毋以万方"。以,及,牵连。万方:天下百姓。

　　④　万方有罪,罪在朕躬:汉石经本、皇侃本、正平本作"万方有罪,在朕躬"字。阮元校勘记云:"案《书·汤诰》云'其尔万方有罪,在予一人'。"《墨子·兼爱篇下》又云:"万方有罪,即当朕身"。

　　⑤　周有大赉(lài),善人是富:何晏《集解》云:"周,周家也。赉,赐也。言周家受天大赐,富于善人也,'有乱臣十人'是也。"朱子《集注》则认为"大赉"指周初大分封:"此以下述武王事。赉,予也。武王克商,大赉于四海。见《周书》《武成》篇。此言其所富者,皆善人也。《诗序》云:'赉所以锡予善人',盖本于此。"荻生徂徕《论语征》对朱子"此言其所富者,皆善人也"观点有所批评:"虽圣世,岂有是理乎?"赉:赏赐,赠送。定州竹简本"大赉"作"泰来"。

　　⑥　周亲:至亲。

　　⑦　仁人:有仁德仁行之人。孔安国说:"亲而不贤不忠则诛之,管、蔡是也。仁人箕子、微子,来则用之也。"

　　⑧　朱子《集注》云:"此《周书·太誓》之辞。孔氏曰:'周,至也。言纣至亲虽多,不如周家之多仁人。'"

【译文】

    周朝大封诸侯,有贤德之人越来越多。周武王说:"即使是至亲,也不如有仁德之人。如果天下大众有过错,责任全在我一人。"

    谨权量①,审法度②,修废官③,四方之政行焉④。兴灭国,继绝世⑤,举逸民⑥,天下之民归心⑦焉。

【译文】

    慎重地规范度量衡,推广礼乐制度,重新修复已废弃的官职,政令就能通行天下。复兴已经灭亡的邦国,接续那些已经断绝禄位的世家,举用被遗落的人才,天下的百姓就会诚心归服。

    所重:民、食、丧、祭⑧。

【译文】

    所应重视的四件事:人民、粮食、丧礼、祭祀。

---

    ① 权量:权指秤等重量的工具,量指斗、斛等量度容积的工具,邢昺《注疏》云:"权,秤也。量,斗斛也。谨饬之使钧平。"

    ② 法度:指礼乐等制度,邢昺《注疏》云:"法度,谓车服旌旗之礼仪也。审察之,使贵贱有别,无僭偪也。"朱子《集注》则认为指礼乐制度:"法度,礼乐制度皆是也。"

    ③ 废官:废弃的官制。赵佑《四书温故录》云:"或有职而无其官,或有官而不举其职,皆曰废。"

    ④ 定州竹简本"政"作"正";皇侃本"焉"作"矣"。

    ⑤ 兴灭国,继绝世:朱子《集注》:"兴灭继绝,谓封黄帝、尧、舜、夏、商之后。"

    ⑥ 举逸民:定州竹简本"逸"作"泆"。

    ⑦ 归心:诚心归附。

    ⑧ 民、食、丧、祭:孔安国云:"重民,国之本也。重食,民之命也。重丧,所以尽哀。重祭,所以致敬也。"朱子《集注》引《武成》曰:"重民五教,惟食、丧、祭。"

宽则得众①,信则民任焉②,敏则有功,公则说③。

【译文】

宽惠就能得到人民的拥护,守信就能得人民的信任,勤勉就能使事业取得成功,公正就能使人民心悦诚服。

20.2 子张问于孔子曰④:"何如斯⑤可以从政矣⑥?"子曰:"尊五美,屏⑦四恶,斯可以从政矣⑧。"

子张曰:"何谓五美⑨?"子曰:"君子惠而不费⑩,劳而不怨⑪,欲而不贪,泰而不骄⑫,威而不猛⑬。"

子张曰:"何谓惠而不费?"子曰:"因民之所利而利之,斯不亦惠而不费乎⑭? 择可劳而劳之⑮,又谁怨⑯! 欲仁而得

---

① 宽则得众:《论语·阳货》有类似记载:"子张问仁于孔子。孔子曰:'能行五者于天下,为仁矣。'请问之? 曰:'恭、宽、信、敏、惠。恭则不侮,宽则得众,信则人任焉,敏则有功,惠则足以使人'。"定州竹简本无"则"字。

② 信则民任焉:汉石经本、定州简本、皇侃本、正平本无此句,阮氏校勘记云:"此语疑因《阳货篇·子张问仁章》误衍。"

③ 公则悦:皇侃本、正平本作"公则民悦"。《礼记·礼运》云:"大道之行也,天下为公。"

④ 皇侃本"问"下有"政"字。

⑤ 斯:就。

⑥ 定州竹简本"政"作"正"。

⑦ 屏(bǐng):同摒,摒除、摒弃。孔安国说:"屏,除也。"

⑧ 定州竹简本无"斯"字。

⑨ 定州竹简本"谓"作"胃",下文同。

⑩ 惠而不费:施惠于民众而又不耗费财力。

⑪ 劳而不怨:民众辛勤劳作而且心不生愤懑。皇侃《义疏》:"君使民劳苦,而民甘心无怨。"

⑫ 泰而不骄:言语举止安泰有礼且不张扬跋扈。

⑬ 威而不猛:《论语·述而》云:"子温而厉,威而不猛,恭而安。"

⑭ 定州竹简本无"斯"字。王肃说:"利民在政,无费于财也。"

⑮ 皇侃本、正平本"择"下有"其"字。

⑯ 定州竹简本"又"作"有"。

仁，又焉贪！君子无众寡、无小大，无敢慢①，斯不亦泰而不骄乎！君子正其衣冠，尊其瞻视，俨然人望而畏之②，斯不亦威而不猛乎！"子张曰："何谓四恶？"子曰："不教而杀谓之虐③；不戒视成④谓之暴；慢令致期⑤谓之贼；犹之与人⑥也，出纳之吝⑦，谓之有司⑧。"

【译文】

子张问孔子说："如何做才能治理国政？"孔子说："尊崇五种美德，摒弃四种恶政，就可以治理国政。"

子张又问："什么是五种美德？"孔子说："君子从政，施惠于民而不耗费财力，百姓辛勤劳作但心无怨恨，有欲而无自私之贪，举止舒泰而不骄横，仪表威严而无欺凌之貌。"

子张又问："怎么做才能既施惠于民而又不耗费财力？"孔子说："民众在哪些方面可以得利，就引导他们往那些领域去努力，这不就是惠民又不耗费财力了吗？选择适宜服徭役的时间让平民劳作，又有谁会心生怨恨呢？君子所求在于推行仁政，除了追求这一效果又有什么可值得侈求的呢？无论人多人少，无论事大事小，君子都不敢怠慢，这不也

---

① 定州竹简本"无"作"毋"、"慢"作"漫"。
② 定州竹简本"俨"作"严"。
③ 不教而杀谓之虐：不推行道德教化，单纯用杀戮手段治理国政，就叫作"虐"。《礼记·缁衣》云："夫民，教之以德，齐之以礼，则民有格心；教之以政，齐之以刑，则民有遯心。"法家的观点与儒家相反，《韩非子·内储说上》云："公孙鞅之法也重轻罪。重罪者，人之所难犯也；而小过者，人之所易去也。使人去其所易，无离其所难，此治之道。夫小过不生，大罪不至，是人无罪而乱不生也。"
④ 不戒视成：不事先告诫而仅仅审查其成效。马融说："不宿戒而责目前成，为视成也。"
⑤ 慢令致期：邢昺《注疏》云："谓与民无信，而虚刻期，期而不至则罪罚之，谓之贼害，三恶也。"朱子《集注》云："致期，刻期也。贼者，切害之意。缓于前而急于后，以误其民，而必刑之，是贼害之也。"慢令，政令懈怠。致期，限期。
⑥ 犹之与人：犹之，同样。与人，给与人。
⑦ 唐石经"纳"作"内"。
⑧ 有司：专职的办事官员。孔安国云："谓财物也，俱当与人，而吝啬于出纳惜难之，此有司之任耳，非人君之道也。"

是心中舒泰而不骄横吗？君子衣冠整洁,仪态端庄,让人望而生畏,这不就是威严而不凶猛吗?"

子张又问:"什么是四种恶政呢?"孔子说:"不先教化就诛杀,叫做虐;事先不告诫,突然视其所成而治罪,叫做暴;政令拖延懈怠,却又限期论处,叫作贼;应该给人财物,却又出手吝啬,叫做局量狭小。"

20.3　子曰①:"不知命②,无以为君子也;不知礼,无以立也;不知言③,无以知人也。"

【译文】

孔子说:"不通晓命,就无从成为君子;不懂礼,就无法立身于世;不善于辨析言语中的是非善恶,就无法真正了解人。"

---

① 子曰:皇侃本、正平本、唐石经、宋石经作"孔子曰"。

② 命:孔安国云:"命,谓穷达之分也。"《朱子语类》载有人问朱子:"'穷理尽性,则性天德,命天理。'这处性、命如何分别?"朱子回答:"性是以其定者而言,命是以其流行者而言"。

③ 知言:善于辨别别人言语中的是非善恶,马融云:"听言则别其是非也。"《孟子·公孙丑上》云:"'何谓知言?'曰:'诐辞知其所蔽,淫辞知其所陷,邪辞知其所离,遁辞知其所穷。生于其心,害于其政;发于其政,害于其事。圣人复起,必从吾言矣。'"

图书在版编目(CIP)数据

论语解诂 / 曾振宇校注. -- 上海 ：上海三联
书店，2024. 10. (2025. 7 重印) -- ISBN 978-7-5426-8662-6

Ⅰ. B222.22

中国国家版本馆 CIP 数据核字第 2024LS3647 号

论语解诂

校　　注 / 曾振宇

责任编辑 / 徐建新
装帧设计 / 一本好书
监　　制 / 姚　军
责任校对 / 王凌霄　张　瑞

出版发行 / 上海三联书店
　　　　　(200041)中国上海市静安区威海路 755 号 30 楼
邮　　箱 / sdxsanlian@sina.com
联系电话 / 编辑部：021 - 22895517
　　　　　发行部：021 - 22895559
印　　刷 / 上海展强印刷有限公司

版　　次 / 2024 年 10 月第 1 版
印　　次 / 2025 年 7 月第 2 次印刷
开　　本 / 710mm × 1000mm　1/16
字　　数 / 216 千字
印　　张 / 19.25
书　　号 / ISBN 978 - 7 - 5426 - 8662 - 6/B・921
定　　价 / 99.00 元

敬启读者，如发现本书有印装质量问题，请与印刷厂联系 021 - 66366565